普通高等教育"十一五"国家级规划教材

体育院校通用教材

运动竞赛学

刘建和 主编

全国体育院校教材委员会 审定

人民体育出版社

图书在版编目（CIP）数据

运动竞赛学 / 刘建和主编. -- 北京：人民体育出版社，2008 (2024.8重印)
体育院校通用教材
ISBN 978-7-5009-3374-8

Ⅰ.①运… Ⅱ.①刘… Ⅲ.①运动竞赛—高等学校—教材 Ⅳ.①G808.2

中国版本图书馆CIP数据核字(2008)第021093号

*

人民体育出版社出版发行
三河市紫恒印装有限公司印刷
新 华 书 店 经 销

*

787×960　16开本　16.5印张　307千字
2008年5月第1版　2024年8月第16次印刷
印数：71,001—76,000册

*

ISBN 978-7-5009-3374-8
定价：47.00元

社址：北京市东城区体育馆路8号（天坛公园东门）
电话：67151482（发行部）　　邮编：100061
传真：67151483　　　　　　　邮购：67118491
网址：www.psphpress.com
（购买本社图书，如遇有缺损页可与邮购部联系）

前　言

《运动竞赛学》作为教育部普通高等教育"十一五"国家级规划教材，在编写过程中，特别注意了以下两点：

第一，从20世纪80年代起，我们即开始从事运动竞赛的理论研究，并于1986年编写了《运动竞赛学》专著，此书作为《现代体育科学丛书》之一，于1990年8月由四川教育出版社出版。在较长的一段时期内，该书一直是成都体育学院及有关体育院、系开设同名课程的参考教材。20余年来，我们从没有停止对运动竞赛实践的理论探索。同时，在教学过程中非常注意把研究成果适时地介绍给学生。此外，由于运动竞赛是现代社会中最富吸引力的活动之一，体育科学及相关理论界从不同角度对此进行了大量研究，其中不乏有价值的论述。然而，由于各种原因，这些成果未能在正式出版的教材中得以反映。因此，在编写国家级规划教材《运动竞赛学》过程中，我们力求充分而准确地将这些成果吸收进教材，尤其是对运动竞赛中存在的具有重大实践意义的热点问题的研究成果，例如，我们辟出专章，对"高水平竞技比赛的基本特征""运动员比赛能力""运动员良好竞技状态的培养"等进行了介绍。此外，在"竞技比赛战术"专章中，增加了"同场对抗项群战术的共通性"等成果，这些，都成为了紧扣现代运动竞赛时代脉搏的重要教学内容。

第二，根据教育部有关文件，在提高教学质量的过程中，加强学生能力的培养是极为重要的环节，这在教材编写过程中也力求有所反映。例如，在"运动竞赛中的道德问题"专章中，既向学生介绍已有公论的竞技道德准则及道德失范现象，又用一定篇幅向学生介绍竞技比赛中战术安排和传统道德之间有可能发生的矛盾冲突，以及理论界目前对此感到的困惑，以此启发学生思考问题的能力，培养学生用发展的眼光看待运动竞赛中出现的种种新问题。再如，"赛前直接准备""技能主导类项群制胜因素""体能主导类项群制胜因素""竞赛规则""竞赛规程"等专章都增加了培养学生操作性能力的内容。

本教材由成都体育学院组织编写，刘建和任主编。参加编写的人员有刘建和（第一章、第三章、第四章、第五章、第六章、第七章、第八章、第九章、第十二章);蒲鸿春(第十章、第十一章);胡小明(第二章);刘建(第十三章、第十四章);李林(第十五章);吴艳红(第十二章);张颖(第十二章)。全书最后由刘建和统一串编、修改后定稿。

  本教材主要适用于运动训练、民族传统体育、体育教育等专业的教学。参考教学时数为36~48学时。

  在教材编写过程中,我们参考了部分国内学者的研究成果,除在文中予以注明外,在此亦表示真诚的感谢。

2008 年 3 月

目 录

第一单元　学科简介与运动竞赛概述 ……………………………………… 1

　　授课导入 ……………………………………………………………………… 1

第一章　运动竞赛学学科简介 …………………………………………………… 2

　　第一节　运动竞赛学的历史沿革 …………………………………………… 2
　　第二节　运动竞赛学的研究对象、研究的基本问题与具体问题 ………… 3
　　第三节　运动竞赛学的学科特点 …………………………………………… 4
　　第四节　运动竞赛学的研究方法和理论基础 ……………………………… 5
　　第五节　运动竞赛学与相邻学科的关系 …………………………………… 6
　　第六节　运动竞赛学近期重点关注的研究课题 …………………………… 7
　　第七节　运动竞赛学学科建设中存在的问题 ……………………………… 9
　　思考题 ………………………………………………………………………… 10

第二章　运动竞赛的起源与发展、生物学基础、社会价值和分类 ………… 11

　　第一节　运动竞赛的起源与发展 …………………………………………… 11
　　第二节　运动竞赛生物学基础的理论探讨 ………………………………… 19
　　第三节　运动竞赛的社会价值 ……………………………………………… 21
　　第四节　运动竞赛的分类 …………………………………………………… 27
　　思考题 ………………………………………………………………………… 29

第三章　高水平竞技比赛的基本特征 ………………………………………… 30

　　第一节　高水平竞技比赛基本特征的一般性描述 ………………………… 30
　　第二节　高水平竞技比赛中的复杂性问题 ………………………………… 32
　　思考题 ………………………………………………………………………… 36

第二单元　运动竞赛中的制胜问题 ··· 37

　　授课导入 ··· 37

第四章　制胜系统、运动竞赛与运动训练 ··· 39

　　第一节　制胜系统 ·· 39
　　第二节　运动竞赛与运动训练 ·· 42
　　　思考题 ··· 44

第五章　运动员比赛能力 ··· 45

　　第一节　认识能力：深入把握比赛规律 ·· 45
　　第二节　基础能力：运动员具备的竞技能力 ·· 47
　　第三节　善用机遇及适应与调整能力：运动员稳定发挥的保障 ················ 48
　　第四节　创造性能力：运动员的即兴发挥 ·· 59
　　　思考题 ··· 60

第六章　竞技比赛战术 ··· 61

　　第一节　竞赛战术与运动员战术能力 ·· 61
　　第二节　战术训练方法 ··· 77
　　第三节　战术方案的制定 ··· 79
　　第四节　战术训练的基本要求 ·· 81
　　　思考题 ··· 88

第七章　运动员良好竞技状态的培养 ·· 89

　　第一节　竞技状态概念的多义性及存在问题 ·· 89
　　第二节　良好竞技状态形成的规律性及其表现形式 ··································· 91
　　第三节　竞技状态与运动成绩的对称与非对称性 ······································· 97
　　第四节　竞技状态的临场可调性、良好状态与关键比赛时段的
　　　　　　吻合性 ··· 98
　　　思考题 ··· 100

第八章　教练员临场指挥 ··· 101

　　第一节　临场指挥与决策 ··· 101

第二节　临场指挥能力的构成 …………………………………………… 102
　第三节　影响临场指挥效果的因素 ……………………………………… 105
　第四节　传输指挥决策的几条途径 ……………………………………… 107
　　思考题 ……………………………………………………………………… 109

第九章　赛前直接准备 …………………………………………………… 110
　第一节　任务及执行流程 ………………………………………………… 110
　第二节　赛前训练计划的制订与实施 …………………………………… 111
　第三节　赛前模拟训练 …………………………………………………… 114
　第四节　参赛影响因素的一般性与个案研究 …………………………… 119
　第五节　比赛的专门计划 ………………………………………………… 127
　　思考题 ……………………………………………………………………… 127

第十章　技能主导类项群制胜因素 ……………………………………… 128
　第一节　表现难美性项群 ………………………………………………… 128
　第二节　表现准确性项群 ………………………………………………… 134
　第三节　隔网对抗性项群 ………………………………………………… 137
　第四节　同场对抗性项群 ………………………………………………… 145
　第五节　格斗对抗性项群 ………………………………………………… 151
　　思考题 ……………………………………………………………………… 154

第十一章　体能主导类项群制胜因素 …………………………………… 156
　第一节　快速力量性项群 ………………………………………………… 156
　第二节　速度性项群 ……………………………………………………… 163
　第三节　耐力性项群 ……………………………………………………… 168
　　思考题 ……………………………………………………………………… 171

第十二章　运动竞赛中的道德问题 ……………………………………… 172
　第一节　运动竞赛道德概述 ……………………………………………… 172
　第二节　运动竞赛道德失范 ……………………………………………… 180
　第三节　当前运动竞赛中的道德冲突 …………………………………… 186
　　思考题 ……………………………………………………………………… 190

第三单元　竞赛规则、规程与常用竞赛方法 …………………… 191

  授课导入 ………………………………………………………… 191

第十三章　竞赛规则 ………………………………………………… 192

  第一节　竞赛规则概述 ………………………………………… 192
  第二节　竞赛规则的基本内容 ………………………………… 198
  第三节　制定竞赛规则的基本原则 …………………………… 203
  第四节　竞赛规则发展变化的内外部动因 …………………… 206
  思考题 …………………………………………………………… 212

第十四章　竞赛规程 ………………………………………………… 213

  第一节　竞赛规程的作用 ……………………………………… 213
  第二节　竞赛规则与规程的异同 ……………………………… 215
  第三节　制定竞赛规程的依据和具体内容 …………………… 216
  第四节　全国运动会竞赛规程演变的主要内容和特点 ……… 219
  思考题 …………………………………………………………… 225

第十五章　常用竞赛方法 …………………………………………… 226

  第一节　循环赛制 ……………………………………………… 226
  第二节　淘汰赛制 ……………………………………………… 236
  第三节　混合赛制 ……………………………………………… 242
  思考题 …………………………………………………………… 244

参考文献 ……………………………………………………………… 245

第一单元

学科简介与运动竞赛概述

授课导入

　　本单元共分三章。在"运动竞赛学学科简介"专章中,将探讨运动竞赛学的历史沿革;运动竞赛学的研究对象、研究的基本问题与具体问题;运动竞赛学的学科特点;运动竞赛学的研究方法和理论基础;运动竞赛学与相邻学科的关系;运动竞赛学近期重点关注的研究课题;运动竞赛学学科建设中存在的问题。在"运动竞赛的起源与发展、生物学基础、社会价值和分类"专章中,将分析运动竞赛的起源和在东西方的发展、运动竞赛的生物学基础、运动竞赛的社会价值、运动竞赛的分类。在"高水平竞技比赛的基本特征"专章中,将在对高水平竞技比赛基本特征作一般性描述的基础上,重点探讨高水平竞技比赛中的复杂性问题。

第一章 运动竞赛学学科简介

第一节 运动竞赛学的历史沿革

运动竞赛学研究在中国发端于 20 世纪 80 年代中后期。在这一时期，中国成都体育学院学者刘建和及其科研团队在中国率先开展了运动竞赛学学科研究。1990 年，刘建和主编的中国第一部《运动竞赛学》专著由中国四川教育出版社正式出版，从而开创了这门学科的先河。近 20 年来，随着人们对运动竞赛实践规律性认识的加深，运动竞赛学学科建设也逐渐得以加强。

一、运动竞赛学的产生

运动竞赛过程相对于运动训练过程的差异是运动竞赛学产生的最主要的实践根源。

评价学科能否成立的标准主要有两条：其一，有无相对独立的研究领域；其二，在相同领域内，有无独立的研究视角。运动竞赛是否有"资格"独立于运动训练而成为学科研究的领域，是需要首先确认的逻辑前提。长期以来，运动竞赛研究一直被视为运动训练研究的一部分。20 世纪 80 年代初，在由中国体育科学学会运动训练学学会组织撰写的中国第一部《运动训练学》专著中，即将"比赛和赛前训练"列为专章，这种情况一直持续至 20 世纪 80 年代末。究其原因，是由于运动训练过程和运动竞赛过程具有某种联系性，在某些方面（如竞技能力的生理本质）甚至具有同一性，因此作为对实践理性反映的训练研究和竞赛研究，在这一特定时期融为一体，此状况有其相对的历史合理性。但是，随着运动训练，尤其是运动竞赛实践的发展，两者之间的差异也愈来愈为人们所重视。这种实践中存在的差异（包括时序结构、组织形式；运动员行为的心理学、生理学及社会学动力机制；社会效应、目的与过程的区别，如竞赛过程是目的性过程，训练过程是手段性过程等）使运动竞赛成为竞技体育的一个特殊而高级的阶段，也成为不同学科划分研究疆界的前提条件之一。

即便是对"竞技能力"这一运动训练和运动竞赛都关注的相同领域，运动竞赛学也有自己独特的研究视角，即如果说运动训练主要研究竞技能力的获得条件与过程，那么，运动竞赛学则主要探讨竞技能力的再现条件与过程。

二、运动竞赛学的发展

初期的运动竞赛研究仅限于研究方法和条件、研究人员的视野和知识结构，一般只能就竞赛的某个具体的、局部的问题进行探讨，如竞赛的组织编排、临场指挥中教练员的语言使用等，且这类研究往往只针对某项目进行。不可否认，这些局部性的研究有的已达到相当的深度。然而，由于历史的原因，对于运动竞赛整体抽象概括的系统分析，在很长时期内几近空白。此外，初期的研究偏重于对运动竞赛结果的社会效应（政治、经济、大众心理）进行分析，而对运动竞赛的内部结构与活动过程，包括竞赛的发生发展、竞赛过程的时空界定、竞赛规律与原则，以及如何对竞赛活动实施有效控制等却极少顾及。

随着运动竞赛实践及人们认识的发展，运动竞赛成为体育科学的一块专门研究领域已成为大家的共识，越来越多的研究者开始涉足这块领域，研究成果逐渐增多，体育科学界对这门学科也逐渐趋于认同。

第二节 运动竞赛学的研究对象、研究的基本问题与具体问题

一、研究对象

运动竞赛学是以运动竞赛过程为研究对象的学科，它的研究范围包括三个层面：第一，微观层面为揭示运动竞赛过程的动力学机制，即运动竞赛的内在发展规律，第二，中观层面为分析运动竞赛与其他体育活动的关系，第三，宏观层面为探讨运动竞赛和社会的交互影响。

二、研究的基本问题

科学研究活动首先应从问题开始，本书将全部运动竞赛现象归结为以下三大基本问题：

（一）人类为什么需要运动竞赛，即运动竞赛的价值功效问题。

（二）怎样才能在运动竞赛中获胜，即制胜问题。

（三）如何科学地组织运动竞赛，即运动竞赛管理问题。

三、研究的具体问题

以上三大基本问题构成运动竞赛学的基本研究内容，这些内容可以细化为如下具体问题：

- 运动竞赛的起源与发展。
- 运动竞赛的生物学基础。
- 运动竞赛的社会价值。
- 现代运动竞赛的基本特征。
- 比赛特性与制胜因素、制胜规律。
- 制胜系统。
- 竞技比赛战术。
- 运动竞赛环境的适应与利用。
- 教练员临场指挥。
- 运动竞赛的偶然性问题与竞赛机遇的捕获利用。
- 赛前直接准备。
- 运动竞赛组织与管理。
- 运动竞赛规则与规程。
- 运动竞赛抽签编排原则与方法。
- 竞技体育竞争战略。
- 运动员发挥稳定性研究。
- 运动竞赛与运动训练、运动员选材的关系。

总结运动竞赛学学科发展的经验及教训，我们认为，运动竞赛学的研究范围应当进一步明确、研究问题应当进一步集中。运动竞赛学研究既要注意和其他学科的相关性，更要避免与其重叠。具体而言，"制胜问题"应当成为运动竞赛学最主要的研究领域。在本教材中，也将把此问题作为教学重点。

第三节　运动竞赛学的学科特点

一、涉及范围的巨大性

随着社会的发展，运动竞赛的影响日益增大，4年一届的奥林匹克运动会成为当今世界注目的焦点，有人甚至把"奥林匹克现象（文化现象）"与"联合国现象（政治现象）""跨国财团现象（经济现象）"并称为现代最具国际影响的三大现象。由此可见，运动竞赛学的触角将延伸到世界性范围。同时，社会各种现象对运动竞赛的影响也日渐复杂。所以，探讨运动竞赛在现代社会大背景下如何健康发展，是一个非常大的研究课题。

二、研究对象之一——运动员主体的深层复杂性

运动竞赛学研究的主要任务之一，是运动员在比赛中如何创造优异运动成绩。由于竞赛环境是一种非常态环境，运动员是在高度（有时甚至是极度）应激的条件下进行活动，其生理、心理反映往往迥异于常时。对这种高应激条件下人体反应的深入研究，是运动竞赛学独特的任务，也构成其学科特点。

三、研究过程存在的不确定性

"研究过程"同样为研究对象，它由竞赛过程的不确定性所决定。运动竞赛因其固有的随机——模糊——偶然事件发生概率较大的特点，往往变得扑朔迷离。目前运动竞赛学认识水平尚不足对此进行透彻的、经典式的分析；竞赛组织过程以其涉及利益群体范围宽、扰动因素大亦成为研究的难点。因此，发展中的运动竞赛学，在其研究过程中，存在较多的不确定因素，也是可以理解的。

第四节　运动竞赛学的研究方法和理论基础

一、研究方法

运动竞赛是一种涉及多种因素的实践活动，因此，在研究过程中必须采用多种学科的研究方法和成果。例如，在研究竞赛的产生和发展时，要采用历史学和体质人类学的方法；研究竞赛的价值，要借助社会学的方法；研究竞赛的组织与管理，要使用系统科学、管理学、计算机科学等学科方法；研究制胜问题，要运用决策学、博弈论、军事科学、心理学、生物科学、环境科学等若干学科方法。总之，运动竞赛学的研究方法，是在马克思主义哲学的指导下，运用多种学科进行综合研究的方法。

二、理论基础

（一）唯物辩证法与系统科学理论

运动竞赛过程中的胜与负、偶然与必然、随机与确定等范畴，必须用唯物辩证法观点加以审视。运动竞赛大系统必须用系统科学理论加以透析。

（二）现代数学及管理理论（运筹学与博弈理论）

竞技体育的本质特征即为"竞技"，竞技即竞争。在运动竞赛中，这种竞争性特征表现为直接对抗，在训练中则表现为模拟对抗，因此，竞争不仅是竞技体育的活动形式，而且也是其活动过程。此外，这种竞争是一种有规则、规范的竞争，人们称此为博弈活动，即在竞赛规则的限定下，所从事的竞争优胜的实践活动。毋庸赘言，这种博弈活动必须在博弈理论的指导下方能行之有效地进行。在研究博弈活动中，运动竞赛学必须借靠现代博弈理论。

（三）现代生物学科理论

主要指神经生理——心理学理论。运动员的竞技能力怎样才能在高度应激的竞赛环境中得以高水平的、创造性的再现，牵涉到一系列极为复杂的神经生理——心理因素。可以预言，一系列诸如"运动员超水平发挥"或"极度失常"之类的竞赛之谜，都有待于现代神经生理——心理科学研究去破解。

（四）现代运动训练理论

如前所述，运动竞赛学研究的重点内容是运动员竞技能力在比赛场景中的再现，而运动训练是运动员获得竞技能力的主要渠道之一。从实践角度看，"再现"首先依赖于"获得"；从理论角度看，运动训练理论也将为运动竞赛理论提供坚实的基础。

第五节 运动竞赛学与相邻学科的关系

相邻学科主要指同属竞技体育学科群中的运动训练学和运动员选材学。

从"训练是满足比赛需要"这一根本性要求看，应当据此去选拔运动员、组织运动训练。从目前竞技体育实施的时序过程看为原始选材——训练——竞赛（暂且称其为传统模式），但从逻辑设定程序看（即根据什么去选材、训练）似应采用所谓现代模式，即：

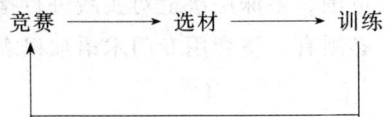

这种模式突出了竞赛的导向作用，强调了竞赛不仅对训练，而且对选材具有极为重要的导向和制约作用。

在现代模式中，竞赛既是竞技体育的起点又是终点。这样，就把"竞赛"这种直接表现和评价运动训练与运动员选材成果的活动，置于整个竞技体育活动的中心，选材和训练也就从根本上具有了针对性，从而为制胜打下了坚实的训练学与选材学基础。

从上述意义上讲，运动竞赛学相对于运动训练学和运动员选材学而言，是所谓目的性学科，即它除探索运动竞赛过程自身的诸多问题外，还为训练学、选材学提供指导性理论与数据。

第六节　运动竞赛学近期重点关注的研究课题

学科的成熟，往往基于自身理论架构的完善与对研究领域中"核心问题"合理解释的成功互动。就前者而言，运动竞赛学应加紧建设概念体系，而后者则需围绕"制胜"这一中心环节，重点关注以下问题：深入了解运动竞赛过程的各种特性、研发竞赛现场信息的采集与分析手段、探讨运动员在比赛中稳定发挥的机制。

一、理论的系统性：建设运动竞赛学的概念体系

现代科学学昭示我们，科学体系从某种角度上说就是一种概念体系，即整个科学体系的理论架构是由一系列的元概念→衍生概念、大概念→小概念按一定逻辑顺序支撑而成，如运动训练学就是由"运动训练""运动训练原则""运动训练方法""竞技能力""运动训练计划""项群理论"等有较为明确定义的基本的上

位概念及较大数量的下位概念支撑。反观运动竞赛学研究，在这个方面尚需大力加强。无论是专著还是论文，对运动竞赛过程中具体问题的探讨较多，对相关概念的定义研究却不够。当然，这种情况在特定条件下有其历史的合理性，但如何将对事物的具象认识上升到抽象认识，不仅关乎学科自身的理论体系建设，而且还关系到理论能在多大范围、多深层次上对实践进行指导，意即运动竞赛学要想成为一门真正的科学，必须有一整套用专门术语加以表述的、逻辑严谨的概念体系。

二、复杂性与随机性：需深入了解的竞赛过程特性

熟知运动竞赛过程的各种特性，尤其是复杂性、随机性和不确定性，是主动控制这个过程，达到制胜目的的前提，也是运动竞赛研究的独特任务。

三、竞赛现场信息采集的艰难性：开发研究手段

信息的采集不只关乎科学研究。实际上，运动员、教练员欲有效地操控比赛、夺取胜利，必须建立在对相关信息尽可能完备占有的基础上。

实事求是地讲，几乎是从运动竞赛学研究的发端伊始，我们就密切关注着竞赛现场信息的采集问题。毕竟，对运动竞赛规律的认识是以对相关信息的把握为基本前提的。然而，由于各种原因，前述"采集"与"把握"的难度相当大。这种难度具体表现在：第一，缺乏共时性。即不能对运动员大部分现场信息（尤其是生理生化指标）进行同步采集和分析，现能进行的工作一般属滞后性工作，由于缺乏共时性，结论的准确性受到较大影响。第二，缺乏定量分析。尤其是心理学和训练学指标，如技术是否变形或变形程度等。因心理学指标无法采集，教练员只能以运动员平时表现为参考，观察、推论、分析其在赛程中表露出的心理信息。这种方法固然可解一时之需，但毕竟带有浓厚的经验色彩（刘建和，1992）。目前，研究难度仍较大，致使研究成果不多。

四、运动员竞技能力发挥的稳定性：探讨内在机制

稳定性问题应当成为运动竞赛学研究的主要问题之一。

稳定性问题的核心是比赛场上的稳定发挥，它是训练与竞赛实现光滑连接的通道，即可从"稳定性"去透视训练与竞赛的关系。此种观点沿循如下逻辑路

线,即训练是竞技能力的积累过程,竞赛是竞技能力的表现(发挥)过程,发挥程度的主要标准是稳定。关于训、竞关系的道理千条万条,最终可简化为一条:如何在竞赛中稳定地发挥训练中获得的竞技能力。

运动员的竞技能力如何在高度应激的竞赛环境中得以高水平的、创造性的再现,牵涉到一系列极为复杂的神经生理——心理因素和竞赛环境因素。解释运行于这些复杂因素下的机制问题,是我们面临的十分艰巨的任务。

第七节 运动竞赛学学科建设中存在的问题

一、缺乏专门的学术组织

目前,我国尚没有一个专门性的运动竞赛学学术组织。包括运动竞赛学在内的竞技体育理论研究,一直归口于中国体育科学学会运动训练学分会组织实施。如果能将运动训练学分会扩展为运动训练与竞赛学分会,将有利于两门学科的不断完善。

二、研究队伍相对薄弱

目前,专门从事运动竞赛学研究的人员为数较少,应有目的地培养一批这方面的人才。

三、学术交流不够

由于没有专门性学术组织和学术刊物,因此宣传力度和研究者之间的学术交流不够,这在一定程度上制约了学科的发展。

四、实证性研究成果不多

由于竞赛环境的特点所限,测试仪器一般不能进入竞赛现场,因此极难采集到运动员生理、心理方面的现场信息,加之竞赛场景所固有的不可重复的特性,因而实证性研究很难行之有效地进行,但此类研究关乎学科发展,必须进一步加强。

思考题

1. 运动竞赛学研究的对象是什么？
2. 运动竞赛学研究的三个基本问题是什么？
3. 运动竞赛学的学科特点有哪些？
4. 分析运动竞赛学与相邻学科的关系。

（刘建和）

第二章 运动竞赛的起源与发展、生物学基础、社会价值和分类

第一节 运动竞赛的起源与发展

运动竞赛的起源基于运动项目的起源。运动项目大致起源于人类的游戏、战斗、劳动及宗教祭祀。这些活动经过不断的演化，尤其是规则的出现与完善，从而形成现代意义上的运动竞赛。

一、运动竞赛的起源

（一）游戏

自古以来，游戏往往就已经具备了竞赛的原始形态，如印度阿瑟姆以狩猎著称的奥拿加斯人，在儿童时代即经常玩一种称为"堵口"的游戏。在此游戏中，竞赛者分为两队，一队扮演老虎，一队扮演村民，老虎企图突破村民的圈子并将游戏中的牺牲品攫走。至于项目起源于游戏，这种特征就更为明显。

例如，现代足球的起源可追溯至公元前3世纪流行于古希腊和古罗马的一种野蛮的手脚并用的游戏——哈帕斯托姆。在公元10世纪前后，这项运动流行于英格兰，与当地的原始足球混杂在一起，形成了形式各样的早期足球游戏，随着时间的推移，到19世纪初，这种游戏已发展为一种类似于现代足球的游戏（刘常伟等，2006）。

再如，网球运动起源于12~13世纪的法国。当时，法国的传教士就常常在教堂的回廊里，用手掌击打一种类似小球的物体（称为"掌球戏"），以此来调节刻板的教堂生活，渐渐地这种活动传入法国宫廷，并很快成为当时贵族的一种娱乐游戏（刘占捷等，2006）。

跨栏跑起源于英国，由牧羊人跨越羊圈栅栏的游戏演变而来（李老民等，2006）。

这些游戏逐步成为一种程式化的竞技，其规则的日益严密和完善，使之变为趣味无穷的游戏——运动竞赛。

（二）战斗和劳动

人类学的研究表明，许多运动竞赛的形式均源于战斗和劳动技能的学习。"平原印第安人的孩子在很小的年纪便使弓弄箭，八九岁便学着射小鸟或兔子。当他射中第一头鹿的那一天，克洛人便举行盛大的庆祝，他的父族中就有一位族人出来穿营走寨唱着歌曲赞美他。平时同伴中间有射靶比赛，还有假的水牛猎和作战演习。儿童们又组织会社，模仿长辈的举动。大人们以打倒敌人为荣，那些少年便拿水牛、狼、山狮等当敌人"[1]。

从本能的攻击动作到防卫动作，再到调整动作，以至积累使用原始武器的最有效的经验，人类在漫长的岁月中经历了艰苦的历程。直到原始社会晚期，才出现了竞技的萌芽。这时，原来仅仅表现狩猎场面的洞穴壁画，也开始描绘人与人之间的格斗，军事训练也开始成为青少年学习的内容。

从对一些竞技项目的考察情况也可清楚地看到这一点：现代五项运动是根据古希腊战争中一个传说演变而来的，即一个通讯兵接受任务后，跨上骏马奔驰在起伏不平的原野上，越过一道道障碍。在遭到敌人的阻击时，他勇敢地拔出利剑杀出重围，并用手枪击退追兵，然后又渡过一条波涛汹涌的大河，最终跑步把情报送到目的地（梁晓杰等，2006）。

原始人狩猎时，为求取食物而登山涉水，在与人或兽的战争或格斗时，游泳是最基本的技能，这在中外文献中都广有记载（傅延浩等，2006）。

此外，撑竿跳高、射箭、标枪等项目的竞赛起源均和战斗及劳动密切相关。

（三）宗教祭祀

在原始部落的传说中，时常提到英雄人物用比赛的方法战胜恶魔的故事，英雄常以超自然的身体能力和智慧，以竞技的方式消除对人类的威胁。原始人祈望通过竞技来使神灵感到喜悦，以期风调雨顺、驱魔避邪。竞赛成为原始宗教仪式，胜者很谦虚，失败者亦无怨言，重要的是参加而不是胜负。

"竞争性的户外运动在有史人民的宗教生活中是很重要的，且一村的运动员与另一村的运动员的比赛，对参与比赛的人以及观众来说都是一件大事。运动员在数周前即练习运动的基本动作，并通过练习跑步来增强耐力以准备参加预定的比赛项目。在此训练期间，巫师或教士规定禁止食用某些食物与两性的性行为，并且每日举行仪式以抵制对方的教士所施行的魔法。在比赛的前一日，巫师用草汁调制清洗剂清洗，自此时起一直到比赛结束，运动员不得对其自身有所脏污。在比赛前一日的晚间，运动员参加村民所举行的典礼仪式，在此仪式中他们尽情舞蹈，不论胜败，每一个人都参加盛宴与狂欢会"[2]。

经过漫长岁月的演变，许多宗教活动到后来在目的上已经逐渐模糊，它们的功利性越来越弱，而娱乐性则变得越来越强。在史前时代，人类为了求生，对跑的能力较近世更为倚重。最能跑的人不论在平时还是在战时作为传达及先头的侦察，都特别有用。举行各种不同距离的赛跑在所有北美印第安人中都是习以为常的事，且都与其部落性的礼仪相配合。沙松族举行礼仪性的男女赛跑。在接力赛跑极为普遍的东南方各部落中，甚至村外都设有圆形跑道。

二、运动竞赛在东西方的发展

历史研究表明，运动竞赛活动的萌芽最早出现在东方。现存于巴格达博物馆的一尊大约于公元前2800年铸造的青铜像，是反映抱腰摔跤仪式的古老文物。约在公元前1800年镌刻在石碑上的表现狩猎、射箭、拳击、车赛的图画，反映了古巴比伦人竞技盛会的状况。在古埃及法老们的墓壁上，还发现了若干角力时捉握连续动作的图画。公元前15世纪创作的浅浮雕，已刻画了划船手比赛和追逐战车飞奔的战士。公元前1360年的赫梯文译本也反映出当时古印度已有了高超的赛马术。

从中国的远古神话传说中，也可见到竞技活动的端倪。蚩尤"与轩辕斗，以角抵人，人不能向。今冀州有乐名蚩尤戏，其民两两三三，头戴牛角而相抵"（《述异记》）。《礼记·王制》载："凡执技论力，适四方，赢股肱，决射御。"表明先秦已出现对抗方式的运动竞赛。西周盛行的"礼射"，按等级排为大射、宾射、燕射、乡射，各有定规，所用的弓、箭、靶、音乐各异，是举世罕见的有一定规模、程序、制度及工作人员分工极细的体育竞赛活动。在春秋战国时期，赛马车较为流行，《史记·孙子吴起列传》中记载了当时齐国的王公贵族赛马车赌钱的故事，军事家孙膑运用机动灵活的战术帮助田忌战胜了对手。令人遗憾的是，东方古国的竞技萌芽一直未脱离军事训练、宗教祭祀、磐乐游戏而独立成形，而在古希腊，却出现了一整套的竞技体制。可以说，较为正式的运动竞赛，已在古希腊绽放出耀眼夺目的光辉，作为典范而照亮着古往今来的运动场。

古希腊竞技产生的原因是多方面的。古代的希腊，其国土包括巴尔干半岛南部、爱琴海诸岛和小亚细亚沿岸。生活在这块土地上的古代希腊人，享受着大自然给予的充足阳光和宜人气候，没有浓雾，没有飓风，温煦而晴朗的天空为他们的户外运动提供了极好的条件。

这里多山多岛，贫瘠的薄土不利于粮食作物的生长，于是，古希腊人不断向外扩张，向周围边远地区移民。在公元前12世纪，希腊人就渡过爱琴海，在小亚细亚占领或建造城市。此后，又在遥远的黑海海岸、沿地中海的非洲海岸、意大利南部、西西里岛、法兰西，以及西班牙沿地中海的海岸，建立了许多殖民地，为聚集财富开拓了大片沃土。由于商业的发达、对外贸易与对外扩张紧密相连，因此带来了频繁的战争，促进了航海事业和体育竞技的高度发达。

古代希腊实施的奴隶制"民主"政治制度，不但使自由平民中的多数成员获得政治权利，而且在经济上也维护了一般劳动者的利益，使小农和手工业者得到保护，工商业得以发展。这比当时的许多政治制度，尤其是东方的奴隶制先进得多。古希腊人承认人的伟大与崇高。古典世界观的主导思想是以人为本，人是主体，是标准，是世间万物的尺度，而神不过是理想的人，对神的赞颂实质上是对人自身的肯定。这样的观念，使得古希腊人对锻炼和炫耀自身强健的肉体、显示超群的运动能力表现出狂热的喜好。他们的一生是竞技的一生。

各种有利条件的综合，使古希腊人率先将原始的攻击本能（侵犯性）渗入到极富文化价值的大规模竞技活动中。他们向外扩张，促进了航海事业的发展。航海需要强壮的身体，航海本身也锻炼了强健的体魄。同时，对外扩张必然也引起各个城邦及有关国家的冲突，所以希腊历史上战争频繁。这时的战争，从广义上说，是一种以生命和鲜血为代价，以领土和奴役为奖赏的残酷竞技。为了应付战争，形成了全民族锻炼身体的风气。古希腊大规模运动竞赛的展开，背后实际上也潜藏着极大的功利性。

早在克里特文明时期，米诺斯人就在庆典和盛宴上形成了竞技的风气。在克里特出土的瓶画上，有不少拳击、斗牛的场面，有趣的是，在娱乐性的斗牛中居然还有女性参加。

多少世纪以来，荷马的叙事诗《伊利亚特》与《奥德赛》仅仅被认为是优秀的文学作品，关于特洛伊战争（公元前1194～1184）的传说并非历史事实。然而，一个世纪以前德国人施里曼的考古发掘纠正了这种看法。荷马史诗中的英雄们热衷于举行的战车竞赛、拳击、角力、徒步赛跑等竞技活动，始被证实。同时，考古学家们陆续挖掘出的文物表明，早在公元前12世纪，古希腊奥林匹克山下就有一个村庄，至迟在公元前9世纪就已开展了敬奉宙斯神的竞技盛会。

第一次有记录的奥林匹克运动会，是在公元前776年举行的。每隔4年，希腊各城邦的选手们在夏季举行一次竞技运动会。参加竞赛的选手，提前 10 个月就要进行经常性的训练，并在比赛前 1 个月向裁判报到以供检查。合格选手的姓名公布在显眼之处，退出比赛者将被罚款并为人们所不齿。

运动会开始前，裁判们要求正在交战的希腊城邦停战 30 天。这时奥林匹克便成为一块中立的乐土，成千上万的人来到奥林匹克村。希腊城邦的官方代表参加壮观的游行行列，以及对宙斯神的祭祀仪式；政治使节们借此良机缔结联盟或讨论条约；艺术家们展示他们的精美作品；学者们研讨深奥的问题；商人们出售货物……

运动会于夏至后的第二次或第三次月圆时开始，为期 5 天。第一天主要用于游行及对宙斯神的祭祀，运动员们站在宙斯神像前宣誓，保证以公平的手段获取胜利，此后开始正式比赛。每天早晨先由一位主持人发表演说，宣布竞赛项目，同时介绍运动员及其父亲的姓名，他们曾在奥运会上获胜的项目，以及他们所代表的城邦。运动员在众人的注视下抽签以决定次序。每项比赛吹号发令，裁判决定胜负。当主持人宣布了胜利者的姓名后，优胜者就走出来让裁判长加冕，戴上一个由橄榄树枝做成的桂冠。

古希腊除了奥林匹克竞技之外，还有三种运动会也很著名。为崇拜阿波罗而在德尔非举行裴西安运动会，奖品是一顶桂冠花环及一枝棕榈；尼米亚运动会每隔一年在阿加利的尼米尼山谷举行，据说是力士赫克勒斯为纪念父亲朱比特而设立的；而在哥斯林南部举行的伊斯玛斯运动会，则是为纪念波塞冬。在希腊半岛，还经常举行赫拉运动会等不同规模的竞技运动会。

古希腊人从小在运动场上锻炼，长大后就上战场，他们的一生都在竞争中度过。希腊青年在竞技场上锻炼身体的传统，随着时代的发展，逐渐演变为一种特殊的全民性文化活动。

公元前 2 世纪，罗马征服者结束了希腊的战乱后，试图将奥林匹克竞技搬到罗马，并参照这种竞赛方式在全国各地举办了形形色色的运动会。后来，竞技内容发生变化，热衷于开展斗兽和角斗士的比赛。竞技场上的表演变得越来越残酷，罗马的居民喜欢看流血的场面，追求野蛮的刺激，为戴着铜箍和铁钉的手套拳击的选手喝彩，微笑着注视猛兽把人咬得肢体破碎，狂喊着敦促角斗士用短剑刺入对手的身体。两千年前的可容纳几万名观众的圆形竞技场遗址，可使我们想见当时的盛况。

欧洲黑暗的中世纪，古代基督教对竞技持反对态度，以致到了文艺复兴时代仍对古希腊竞技加以忽视。其间虽有骑士竞技和民间的娱乐竞技，也有一些项目的规则和竞赛制度，但规模都很小。同一时期的东方，如中国的马球比赛，日本的武士比赛等，也局限在某一阶层和很小的区域内进行。

16世纪以后，资产阶级革命波及英国，发展程度较高的"绅士体育"取代了旧有的传统竞技游戏。代表资产者的"绅士体育"在举办赛马、赛跑、拳击等比赛时，签订商业性契约，搞彩票交易以赚取钱财；同时还组织狩猎、马术、板球、滑冰、划船之类的俱乐部，利用身体活动以享乐消遣。由于竞赛时赌博下注牵涉到经济利益，导致了早期运动竞赛规则的制定。对于关心自己赌注的观众来说，准确记录时间、测量距离、评定成绩等都受到高度重视以防止作弊。因此，从1709年起，开始正式公布赛马成绩、打赌条件和限制。1727年始提前一年公布赛马竞赛大纲和规则及打赌的说明。整个规则的制定都源于赛马场上的经验，并由此推行到其他运动项目中。1732年拳击比赛制定了《伦敦规则》；1946年划分了重量级和轻量级以实现公平原则。在赛跑比赛中，规定了不同距离；在板球比赛中，也制定了相应的分赛体制。规则的制定，促进了许多传统项目的现代化。例如，1830年西班牙国王设立了皇家斗牛场，确立了徒步斗牛的规则，取消了参赛者的出身限制。

资本主义大工业生产，为现代竞技运动的蓬勃发展创造了良好的条件。在1850年以前，除英国之外，运动俱乐部寥寥无几，而过了短短的数十年，竞技运动已遍及全球。欧洲大陆于1875年在布达佩斯首次举办了按英国规则组织的田径比赛，欧洲人为自行车公路赛和赛车场赛的热烈场面所吸引，越野赛马、射箭、滑冰、滑雪竞赛日渐风行；在澳大利亚，游泳选手的成绩超过了英国；在印度和巴基斯坦，盛兴草地曲棍球比赛；日本用柔道比赛代替了粗野的武士摔跤竞技。足球在南美、澳大利亚和欧洲迅速发展为有组织的竞赛项目。

19世纪末期，美国的竞技运动异常繁荣。校际校内比赛频繁，学校里在田径、棒球、橄榄球比赛中崭露头角的学生享有崇高声誉。篮球、排球等项目相继发明。纽约的田径俱乐部组织了最早的田径锦标赛（1868年室内，1876年室外）。1895年，美英俱乐部之间进行了最初的比赛，美国在所有项目中获胜。直至今天，美国选手还在田径、游泳等许多项目中保持领先地位。

运动场地、设施、器材的改善，促使运动技术和比赛规则相应得到发展。田径场上铺上了煤渣跑道，设立了可挪动的栏架，运动员开始使用钉鞋和训练服装，并按照赛马的方式逆时针赛跑。拳击比赛使用了专用手套和围有绳索的拳击台，每一回合的时间有了规定。摔跤、举重等重竞技项目按重量分级。自行车的车轮材料日益更新，修建了内倾的赛车场。内燃机的发明和完善，出现了赛车和摩托车运动，1907年在英国举办了首次摩托车赛。薄冰刀钢鞋的出现，使滑冰分化为速滑和花样滑；19世纪末英法等国已建立了人造运动冰场。足球于1874

年规定了直接任意球，1882年规定了边线球，1891年规定了罚球并给球门挂上网；1878年出现裁判员，1891年出现巡边员，1895年出版的正式规则一直沿用至今。乒乓球最初是实心的，后来使用充气球和蒙皮纸球拍，1899年发明了赛璐珞球，比赛常在咖啡馆里举行。

  运动竞赛越出了学校和贵族的小圈子走向社会。各国开始建立单项俱乐部和运动协会等团体，全国性的运动协会筹办竞赛、制定统一规则、审查纪录、出版刊物。其后，在举办一些项目的国际运动会之后，各种单项的国际运动协会也开始诞生。这样，系统的专门训练随之兴起，医务监督也得到重视。国际间频繁的单项比赛，导致了综合性的现代奥林匹克运动会的产生。

  在欧美一些知名学者的积极倡导下，1894年6月16日在法国召开了国际奥林匹克委员会成立大会；1896年4月6～15日在希腊的雅典举行了第1届现代奥运会。1924年，在法国又单独举行了第1届冬季奥林匹克运动会。在奥林匹克精神的影响下，制定了首批长期使用的国际比赛规则，技战术训练逐渐成熟，运动设施也日渐完善，因而使最重要的运动项目得以在世界范围内流行传播，运动成绩不断提高并作为人类的共同文化财富得到记录保存，同时使各国各族友好交往大大加强，极大地推动了人类体育与文化事业的发展。

  近代形式的运动竞赛活动在中国的出现，是19世纪下半叶随着西方近代体育的传入而开始的。

  在洋务运动的影响下，1873年清政府选派30名青少年学生赴美留学，他们在美国组织了"中华棒球队"并经常参加比赛，战绩卓著。学成回国后，他们把棒球运动带回了中国。

  近代运动会，最早出现在外国人开办的教会学校，如上海圣约翰书院于1890年举行的以田径为主要项目的运动会，可算是中国最早的近代运动会。

  各单项运动的竞赛活动，19世纪末逐渐得以开展，如网球、足球、田径、体操、游泳等。

  一些官立的新式学堂之间举办的运动会推动了早期运动竞赛的发展。例如，1899年天津的北洋大学和"水师""武备""电报"等学堂举行的联合运动会；1902年天津各学校举行的田径联合运动会；1903年山东的一些学校举行的"烟台阖滩运动会"等。从1905年起，京师大学堂也开始举行运动会。清末最大的一次校际运动会是1907年在南京举行的"江南第一次联合运动会"（又称"宁垣学界第一次联合运动会"），计有80多所学校参加，比赛及表演项目共69个，包括花样繁多的赛跑、推铅球、跳高、体操、兵操、击剑、刺枪、赛马及各种游戏。早期的一些大型运动会，几乎都是基督教青年会中的美国人组织的。1913～

1934年共举办过18届华北运动会，其中前10届是受北京基督教青年会中的美国人控制的；1910年举行的第1届旧"全国运动会"是上海青年会发起组织的，美国人爱克斯纳任全委会主席；第1～7届远东运动会的筹备组工作、选拔比赛等，也都是青年会干事美国人柯乐克、麦克乐、葛雷等人所主持。这种状况，恰与当时中国的半封建半殖民地位相适应。

旧中国一共举行过7届"全运会"，时间是1910年、1914年、1924年、1930年、1933年、1935年、1948年。从1913年起，中国开始参加亚洲国际体育组织——"远东体育协会"及其主办的运动会。远东运动会从1913～1934年间共举办过10届，主要参加国有中国、日本、菲律宾等。中国于1932年正式派选手参加奥运会的比赛。1936年和1948年还派出人数较多的代表团参加第11届及第14届奥运会，但均未获奖牌。在很长一段时期，中国运动员的运动水平较低，竞赛成绩与世界纪录有明显的差距。

中华人民共和国成立以后，体育事业发展很快，在竞赛领域取得了最为引人瞩目的成就。

1952年，中国体育代表团（包括游泳、篮球、足球选手）40人，参加了在芬兰赫尔辛基举行的第15届奥运会；1955年，全国第1届工人体育运动大会在北京举行；1956年，全国第1届少年体育运动大会在青岛举行；1957年，中国选手参加第51届世界男子速度滑冰锦标赛和第15届世界女子速度滑冰锦标赛；1958年，中国体操队参加第14届世界体操锦标赛；1959年，中国参加了在意大利举行的首届世界大学生运动会，并举行了中华人民共和国第1届全国运动会；1953年，第1届新兴力量运动会在印度尼西亚举行，中国参加14个项目的比赛，获66个第1名，56个第2名，46个第3名，打破举重、射箭两项世界纪录；1965年，中华人民共和国第2届运动会在北京举行，有24人10次打破9项世界纪录；1974年，中国参加了在伊朗举行的第7届亚洲运动会，获33枚金牌，参加了在联邦德国举行的第1届世界中学生运动会，获16枚金牌。从1959～2005年，我国共举行了10届全国运动会。

20世纪80～90年代，中国在世界体坛上奋起腾飞。我国在国际奥委会合法席位得到解决后，1980年，中国体育代表团首次参加了冬季奥运会。同年开始，台湾海峡两岸的运动员在许多项目上一起参赛，共同努力为中华民族争光。1982年，由400多人组成的中国体育代表团参加了在印度举行的第9届亚洲运动会，赢得61枚金牌，第一次超过日本，成为亚洲竞技体育强国。1984年，第23届奥运会在美国洛杉矶举行，有140个国家和地区参加。中国运动员参加了23个项目中的16项比赛，许海峰为我国夺得了第一枚奥运金牌。此次比赛中，我国运动员名列金牌总数第 4 位，奖牌总分名列第 6 位。

进入 21 世纪，我国在奥林匹克赛场上续写着辉煌。在 2004 年雅典奥运会上，我国首次超过俄罗斯，名列金牌榜第二。我们期待着我国运动员在 2008 年北京奥运会上再创佳绩。

第二节　运动竞赛生物学基础的理论探讨

人们为什么要运动竞赛？什么动力促使其发展至今？它的真正价值何在？目前，对这些问题中外学者们已经进行了大量研究，其中包括关于运动竞赛生物学基础的讨论。

运动竞赛这种人类活动，并非出于人的自由意志，也不是由唯心的价值判断所决定。虽然它现在已经是一种非常重要的社会现象，但是，如果我们以更加广阔的大自然作为背景，仍可以从生物学的意义上追寻它的萌芽。

应该承认，人类在作为动物的生物属性的基础上塑造了人类文明的社会结构，而不是相反。在攻击性、领地欲等问题上，人不可避免地要暴露其强烈的生物学属性。在过去的研究中，人们往往习惯于仅仅把竞赛置于人类社会生活中加以考察，而对于产生竞赛的生物学基础则过于淡化，乃至忽略不计。生物人类学，为我们在物种水平上研究竞赛提供了崭新的途径。将竞赛置于人类进化的漫长过程中来研究，有助于我们拓宽视野，在更为广阔的背景中加深认识。

人具有社会性，但首先必须具有自然本性，自然本性与生俱在。著名的精神分析学家弗洛伊德对人的本能具有独到的解释，他认为人既有爱和建设的本能，又有恨和破坏的本能。破坏性是人的天性，是由于创造力受到阻碍，是因为生活不合理想的后果。这种潜能外向地爆发，将给社会带来危害。

攻击性与生俱来，它是保存生命结构不可缺少的部分，在社会生活中发挥重要作用。缺乏社会联系会助长这种原始的护种本能。正如恩格斯在《反杜林论》中所指出："人来源于动物界这一事实已经决定人永远不能摆脱兽性，所以问题永远只能在于摆脱得多些少些，在于兽性或人性的程度上的差异。"（《马克思恩格斯全集》，第 20 卷，第 110 页）人类是从动物界中分化出来的，其攻击的本能源于自然属性，但是人类自从动物界中分化出来之时，就超越了一切动物，具有了社会属性。人类从动物界分化出来的过程，就是人类创造出璀璨文化的历史。原始的攻击性一旦赋予了文化的色彩，便以崭新的面貌横空出世。攻击性转化为竞技，给人的生物本能提供了一种独特的表现形式，给狂热的冲动加上了安全阀。文化将危险的本能变为和平的运动，导致一种新文化——竞技文化的诞生。文化，使竞技活动具有了人类的行为特征。

从人类的原始本能中去寻求竞赛的起源，近代的许多人类学家已经为此进行了大量的研究工作，其中尤为值得一提的是著名的奥地利动物学家、诺贝尔医学奖获得者康罗·洛伦兹。这位现代行为学的创始人，早期研究本能行为，继后又研究物种行为的进化。他认为动物的攻击行为对其生存有利，并将其与人类行为对比起来，揭示了人类好战行为的先天性基础。为了人类的进步，防止攻击造成灾难性的后果，应利用一些仪式化活动来引导攻击行为使其无害。竞赛是最为现实的有效方式之一。

"竞技运动的最大功能是替那些最不可或缺但又最危险的攻击类型……加上一个健康而安全的活门。奥林匹克运动会是唯一的一个当某一国国旗升起时不会引起他国敌视的场合。所有国际竞赛里的团队精神促进了许多有价值的社会行为，而这些社会行为主要是由攻击性鼓舞的，而且很可能是在自然淘汰的压力下进化来的。……愈艰难且愈危险的运动方式，特别是需要大批人团结合作的竞赛，诸如登山、潜水、近海和远洋的航行、南北极的探险，甚至太空探险等都给予战斗热情许多发挥的机会，使得种族与种族之间彼此在困苦与危险的竞赛中争斗着，却不带来种族或政治上的仇恨。……国际间的运动竞赛之所以有利，不仅是因为它替种族的战斗热情找到发泄的途径，而且因为它们还有对立于战争的危险性的两项效果：第一，它们促进不同种族或团体间人与人的认识。第二，它们促使人们为共同的利益奋斗或结合。事实上，除开这些竞赛活动，种族间就没有什么相同的了"[3]。

用运动竞赛疏导人的攻击性，从理论上看有助于减少战争和暴力行为。

运动竞赛有明确的空间、时间限定，又有明确的竞赛规则和奖罚条例，其总体社会效果有益于人的身心健康，有利于全人类文化的交流与进步，而且这种良好的社会效益将随着竞赛的演进日臻扩大。同时，就历史起源、生理机制等诸方面来看，竞赛活动与表现人的攻击性的战争、暴力等行为极为相似。因此，国内外的人类学家已考虑着手将战争的演化与竞赛的演化相互对照，探索这两种普遍存在而又相近的人类活动产生截然相反结果的原因。

体育活动既能增强个体的体质，又能促进人们的相互了解，增进友谊，将攻击性引向有益的渠道。体育竞赛并不是要从肉体上消灭同类，而是通过公平的竞技而使失败的对手心悦诚服地接受获胜者体格和智力上的优势。

作为一种文化性的仪式，运动竞赛中的礼貌、道德规范，均是为了化解对手间的攻击性，从而显示其深层的文化价值。

竞赛中的各种仪式，足以控制攻击性，并且在群体间产生约束力，这种行为模式将促进人类的相互了解与友爱。

第三节　运动竞赛的社会价值

运动竞赛的社会价值，体现着运动竞赛的社会功能。

竞赛是体育活动中最引人入胜的部分。竞技文化是构成体育文化的核心，社会往往是通过竞赛这个窗口来观察体育运动的发展，了解体育事业的辉煌。因此，运动竞赛对于社会的影响极大，早已超出了强身健体的狭小范围。我们已经认识到的体育中日益增多的功能、价值和意义，很多是由竞赛活动表现出来的。运动竞赛对于人类社会发展的价值，在现阶段主要表现在以下几个方面。

一、促进人类和平

在步入现代社会前的很长一段时期里，人们习惯于通过决斗的方式来裁判争端，双方中谁要是杀死了对方，他就被认为在这场争执中代表着正义。人的攻击性之强烈，是任何生物所不能比拟的。人类的智慧，在战争中得到充分利用。人类漫长的历史，随处可见斑斑血迹。小规模的战争，刺激着社会的发展。而到了今天，人们已经清醒地认识到，有着巨大杀伤力的核武器，足以给人类带来毁灭性的灾难。

竞技场，使发泄原始形式的攻击性有各种形式的替代物，并借助文化性的仪式得以升华。

"竞技运动代表着人类无敌视的特殊形态，它被一些文化发展出来的规则严格限制。……运动的价值远胜于一些直截了当的攻击发泄，例如怒吼或连击沙包，它教导人们有意识且带责任地控制自己打斗的行为。自我控制很少像在拳击赛中任意发脾气那样立刻且严重地遭受惩罚。更重要的是限制的教育价值，此限制乃出于公平和骑士精神的需要，即使面对着最强烈的引发刺激时，也必须公平和有骑士精神"[3]。

控制争斗，使个体团结在一起发挥作用，以独立自主的存在方式与另一结合体抗衡，这在体育性质的运动竞赛中发挥着最佳效益。

竞赛要求所有参与者严格遵循社会规范，不合礼仪的特殊动作会招致参与者谴责，从而，运动竞赛就体现出一种弥足珍贵的社会意义——维护人类和平。

虽然每场比赛至多几十人出场，但却可以使亿万观众如痴如醉、激动万分。运动场上隆重的礼仪，运动员高超的技艺，惊险而激烈的竞争场面，无不扣人心弦，使人们原始的攻击本能移情于此而不致给社会造成危害。

运动竞赛的原则在现代社会中已经放射开来。音乐比赛、舞蹈比赛、知识竞赛、劳动竞赛、市场竞争……从某种意义上讲，都可视做体育竞赛的延伸，是体育的竞技精神对社会生活的渗透，是竞赛的社会效益，这充分体现了维护世界和平与进步的重要价值，各国、各民族的人们都借此和平交往，竞技而守道。

在技术进步的未来，电脑系统终端坐的虽是感性的人，发出的却是充满理性的信息。高人口密度反而因人们板着冷漠的面孔，使孤独和失落感缠绕着每一个缺乏交往的人，而竞赛场所却给人们提供了发泄激情的渠道，为人们交流情感创造最佳氛围。从这个意义上讲，运动竞赛是人们联络感情、增进友谊的场所，为任何地域、任何民族、任何信仰的人们所接受，其价值和功能无与伦比。

运动竞赛所担负的和平使命从联合国有关决议就可窥见一斑。"奥林匹克休战"是国际奥委会根据古希腊神圣休战的做法设计的一项和平运动。1993年，国际奥委会整合184个国家和地区奥委会，以非洲统一组织（非盟前身）名义向第48届联大提交决议草案，呼吁联合国各成员国在每届奥运会开幕和闭幕前后各一周，以及奥运会期间，根据国际奥委会的要求遵守奥林匹克休战的协定。这个决议草案获得121个成员国联署并顺利通过，"奥林匹克休战"从此进入联合国程序。其后，历届夏季和冬季奥运会主办城市所在的国家，都会向联合国大会提交审议并通过《奥林匹克休战决议》。

据新华网联合国2007年10月31日电，第62届联合国大会31日一致通过由中国提出、186个会员国联署的《奥林匹克休战决议》。这是联大连续第8次通过《奥林匹克休战决议》。北京奥组委主席刘淇，国际奥委会主席罗格，第62届联合国大会主席克里姆等出席了会议。

在决议通过前，刘淇向各国代表介绍了由北京奥组委代表中国政府提出的"通过体育和奥林匹克理想建立一个和平的更美好世界"的决议草案（即《奥林匹克休战决议》草案）。他说，奥林匹克休战的历史源远流长，古代奥林匹克运动会参赛城邦签订奥林匹克休战协定的历史曾延续了1000多年，奥林匹克休战协定是人类历史上持续时间最长的和平条约。1894年诞生的现代奥林匹克运动继承古代奥运会传统，在秉承"更快、更高、更强"的奥林匹克精神的同时，把维护世界和平、促进人类共同发展作为自身使命。

刘淇说，联合国与奥林匹克运动是天然盟友，奥林匹克的和平理想与联合国促进人类和平的宗旨高度一致。自1993年以来，联合国大会已连续7次通过奥林匹克休战决议,号召所有会员国遵守奥林匹克休战协定。2000年《联合国千年宣言》也号召会员国遵守奥林匹克休战协定,支持通过体育和奥林匹克理想促进和平及谅解。所有这些,充分显示了联合国及会员国重视体育和奥林匹克理想在促进世界和平方面的积极作用,希望为奥林匹克运动会的顺利举行创造良好的条件和氛围。

　　刘淇指出,作为2008年奥运会主办国,中国按惯例提出了"通过体育和奥林匹克理想建立一个和平的更美好世界"决议草案。"奥林匹克休战"不仅是奥林匹克运动的理念,也是全世界爱好和平人民的共同愿望。北京奥运会的主题口号是"同一个世界,同一个梦想",核心理念是"绿色奥运、科技奥运、人文奥运",这些都充分表达了中国人民和世界各国(地区)人民追求和平进步、和睦共处、和谐发展的共同美好愿望。在奥运筹办工作中,北京奥组委组织了奥林匹克歌曲征集、"福娃全球送吉祥"、奥林匹克与雕塑等活动,广泛宣传和平理念;将奥运会火炬接力命名为"和谐之旅",向全世界传播和平、和谐、合作的思想;开展了奥运知识读本和挂图进校园、命名奥林匹克教育示范学校、同心结交流和北京奥运会奥林匹克青年营项目等教育活动,在广大民众特别是青少年中宣传奥林匹克"和平、友谊、进步"的思想,播撒和平、友谊、进步的种子。在北京奥运会和残奥会期间,还将在奥运村和残奥村内设立一面"和平友谊墙",供运动员和其他人士签名,呼吁遵守《奥林匹克休战决议》,促进世界和平。

　　刘淇说,和平与发展是当今世界两大主题。奥运会不可能在瞬间改变世界,但我们有理由期待,从古代奥运会传承下来的奥林匹克休战传统可以感召各国和地区人民为促进世界的持久和平和共同繁荣而努力。"借此机会,我呼吁联合国会员国本着奥林匹克精神,坚持联合国的宗旨和原则,遵守'奥林匹克休战'的相关协定,促进世界和平"。

　　罗格在大会发言时说,今天联合国大会通过《奥林匹克休战决议》,反映了联合国和奥林匹克运动共有的价值观。各国对决议的广泛支持既具有象征意义,也有实际作用。体育本身不能维护或实施和平,但它将为建立一个更加美好、和平的世界发挥重要作用。筹办北京奥运会已经给中国带来重要的经济和社会利益。

　　可以预期,在未来那无限的年轮里,战争将随着精神的昌明和物质的发达而愈来愈少,人类追求安宁、追求享受的心理趋向将会把战争减少到最低限度。但是,人的本能不会改变。体育的竞争将代替战争,成为没有死亡、富有人道的合理争斗。不同种族、不同国度,谁也不会自愿放弃运动场上的竞争。体育大战将风靡全球。

二、更新传统观念

体育,不仅肩负着增强民族体质的重任,还以运动竞赛为核心深刻影响着社会风气,为改革推波助澜。竞争意识,改变着传统观念,使人们积极向上,勇于进取,不循旧章,不满足现状,自信自强,敢于冒险和创新。竞争意识,已成为促进社会发展的激素,为中国的现代化所必需。

运动竞赛体现了现代人的意志倾向,激发创造性,唤醒竞争意识。封建社会安于现状,不求进取的陈腐观念为竞争意识所不容。封建的等级观念,摧残和窒息人性的无情枷锁,被竞争意识粉碎。长期被禁锢和封闭的人的宝贵创造力,受竞争意识的影响而得以解放。

竞赛使我们提倡进取性精神,推崇热情、勇敢、勤奋、乐观、坚韧不拔、自尊自信的品质,重视人们为了生存和发展所必需的内在的征服力和创造力。

竞争意识必然伴随着平等的观念。在运动场上,竞赛强调规则的完整和准确,一旦认可,任何人必须遵从,据此竞争和创造。规则的存在和完善,是构建竞赛的基本前提。机会均等的竞技促进了人的平等观念。过去人们所理解的平等是平均主义,要求的是终点上的平等;体育竞赛让人们所理解的平等是机会均等,要求的是大家一起站在起跑线上的平等。

没有一种文化能像体育竞赛那样,如此具有国际性,如此不分国界、民族、肤色、信仰,比赛场上大家机会均等,只承认最终的比赛成绩。充满生机的运动场,永远给新秀提供机会,鼓励他们勇于上进。

三、参与政治活动

在阶级社会,运动竞赛与政治的关系非常密切,竞赛往往成为达到政治目标的一种特殊手段。

竞赛活动常常作为外交的一种特殊渠道,使之为政治服务。中国古代,如在唐朝与吐蕃的交往中,就有马球比赛的事例;在现代的国际交往中也不乏其例,如中国乒乓球选手对促进中美关系的正常化作出了卓越的贡献,被誉为"小球转动了大球";在国际比赛中,大陆和台湾的运动员同场竞技,友好交往,促进了祖国统一事业。

然而,把竞赛当作政治斗争的砝码,在客观上对人类体育事业造成了不良影响。美国和苏联等国相互抵制第22届和第23届奥运会,使许多优秀运动员丧失了在自己的黄金时期大显身手的机会。至于恐怖分子在慕尼黑奥运会枪杀运动员等事例，其破坏性更是不言而喻。

在阶级社会中，政治制度和政治的需要影响着竞赛活动的发展。运动竞赛能够改善和促进国家之间的关系，提高国家地位和威望，显示其政治制度的优越性，振奋民族精神，有利于创造安定的社会环境，显示出为政治服务的客观属性。

应该看到，政治与体育竞赛尽管联系十分紧密，但不能把竞赛仅仅视为政治的附庸，视为政治斗争的工具。政治这种现象并非与人类社会共始终，政治对竞赛的影响并非贯穿于整个竞技史中。正如阶级是一个历史范畴一样，政治也是一个历史的范畴。对于运动竞赛的整个漫长的发展进程而言，它参与政治活动、为政治服务的现象并不是永恒的。

四、推动经济发展

举办一次竞赛，从经济学角度看是一次消费。我国开一次全国运动会，至少要花费数亿人民币。据统计，在世界杯足球赛期间，全球因 200 亿人次观看比赛而减少的产值竟高达 500 亿美元。应该看到，围绕竞赛而产生的消费虽然要花费巨额的钱财，但这种消费对于生产也是一种良性刺激。高水平的竞赛活动，吸引成千上万的人前来观看，使旅游业兴旺发达；运动场馆、设施、器材、服装的生产，促进科学技术进步；竞赛借助广播电视等大众传播媒介，结合广告宣传，沟通商品流通渠道；而由各大企业、公司承办运动会，大搞广告和物资交易会，更是获得了明显的经济效益。

对于运动竞赛所需的经费进行科学预算和管理，目前已成为体育经济学的研究课题。善于经营管理者，能够通过举办竞赛活动本身而获得可观的经济效益。1984 年在美国洛杉矶举办的第 23 届奥运会，组委会主席尤伯罗斯善于经营，一改过去奥运会巨额亏损的局面，获得可观的盈利，举世轰动。

通过洛杉矶奥运会，我们便可以了解现代奥运会对促进经济发展的作用。虽然此次运动会开支庞大，如报道人员 8000 人，管理人员 7600 人，1.2 万人参加开幕式表演，入场的运动员 8000 人，20 万件道具，15 万份便餐，1.5 万套演出服和 400 辆大客车，9.2 万余名观众全部用来组成 140 面不同颜色和图案的国旗，花了 6 年的准备时间，还有 5 万名洛杉矶市民自愿服务……但是，在紧张激烈、扣人心弦的各种比赛结束后，居然还盈利 1.5 亿美元！

举办运动竞赛对其牵动经济发展的作用不容低估。一个现代化城市要举办一次大型运动会，必须使公路、港口、机场和通信网络的条件改善，饭店、商店、饮食行业提高质量，兴建一批壮观的大型建筑，使用大批劳动力……各行各业围绕运动竞赛活动努力提高生产力，使城市的经济发展产生一次飞跃。难怪每次奥运会举办地点确定之前，许多国家的大城市相互剧烈竞争，采用各种手段争取奥运会举办权。一旦举办权在握，就不仅是国家的骄傲、都市的荣光，而且是推动经济发展的绝好契机。

五、丰富文化生活

生物人类学家莫利斯认为，体操的发展与舞蹈紧密相关。有节奏的身体动作在儿童的游戏中很快地程式化，同时在既定的结构模式中又保存着强烈的变异成分。动物的体力游戏不会发展成熟而要衰退消亡。相反，人类却要充分探索，在成人生活中将其提炼成许多复杂的体操和竞技运动。体育活动是重要的群体协调手段，是维持我们探索身体能力的媒介。从生物功能的角度来说，体育和其他艺术活动一样，在成人生活中成为幼儿型的游戏模式，并形成并依附于成人信息交流系统之上。

有趣的是，莫利斯还认为科学研究的名字也意味着游戏，科学家严格遵循游戏原则，在"纯粹"的研究中使用想象力实际上与艺术家无异，他们所关注的是完美的试验，是为探索而探索。在人类的若干领域，我们都可以终生地尽情探索，成为复杂而专门的表演者和旁观者，发展人的巨大潜力。"任何时候总有够多的成年人保持了少年的创新力和好奇心，他们推动了人们前进和开拓"。

由此看来，竞技和一切游乐活动都不是可有可无的，都有其举足轻重的文化价值。

运动竞赛的游戏特点，其含义是"离开工作"，通过一些令人愉快的身体活动来化解日常生活的压力，游戏和娱乐的因素始终贯穿于竞赛之中。"只有自由的人，才能够游戏；只有游戏的人，才是完全的人"。席勒在《审美书简》中的名言，完全可以用来说明运动竞赛在人类社会文化生活中的价值。

人们在竞争胜利的喜悦中，对蕴蓄自身的无限生机和潜力表露出由衷的赞颂。运动竞赛，可以在这种竞争的模拟重演中享受到无穷乐趣。

在现代社会里，物质的发达给人们带来的"余暇饥饿"，正向运动竞赛索取精神食粮。丰富多彩的运动竞赛将去扩展人们的生活空间，提供多种空间体验，增强人们空间活动的能力，并调节人们的心理空间。运动竞赛已成为人类文化不可缺少的组成部分。

运动竞赛自其诞生伊始，就寄托了人类在追求自身极限能力甚至超越极限能力的美好梦想，这个梦是古老的，也是永恒的。

人们对于运动竞赛的兴趣，首先在于它的真实性。竞赛要求公平竞争，从参赛选手的资格审查、规则的制定、成绩的评判和记录，体现了较为彻底的民主化氛围。各种规则不断修正使之合理化，要求适应尽可能多的群体，让肤色各异、文化悬殊、地位阶层不一的人们在竞技场上受到平等的待遇。

精彩的运动竞技往往使亿万人如醉如痴。竞赛在满足人们日益增长的精神需要中是不可替代的。

运动竞赛的不确定性，也给人们带来极大的乐趣。运动竞赛和音乐、舞蹈、戏曲、电影、杂技等艺术表演不同，它不是按照预先创作出来的乐谱、脚本、设计、编导排练出来照演的，因而结果是难以预料的。竞赛的结局取决于多种因素的综合，有技术、战术、身体素质、心理、智力的纵横交错，也有天时、地利、人和的巧妙搭配，往往得失于瞬息之间，"爆冷门"的现象时有发生。竞赛结果的不确定性，为竞赛增辉添彩，赋予它无穷魅力，满足人们探索未知事物的心理，丰富着人类的文化生活。这正是运动竞赛在满足人的精神文化生活的需求中，为任何其他艺术种类所不能取代的原因所在。

第四节　运动竞赛的分类

现代运动竞赛是人类的一种实践活动，它有一个特殊的过程，有明确的目的性、有鲜明的竞技特征、有完善的规则和一整套竞赛办法。

运动竞赛的内容十分丰富，除竞技运动所包括的球类、田径、体操、拳击、游泳、射击、滑冰等各类运动的几百个竞赛项目之外，还有数百个甚至上千个表演项目（包括为数众多的民族传统项目）。

运动竞赛的形式也是多种多样，比较常用的形式有以下几种：

一、运动会

运动会是若干项目在同一时期内进行比赛，如奥林匹克运动会、亚运会、全运会、城市运动会、大学生运动会、全军运动会、省运会，以及院校运动会、行业和系统运动会等。其特点是项目多、规模大、组织工作复杂，大多几年举办一次。

二、单项比赛

主要是指单独进行的一个运动项目的比赛。为了增强竞争的激烈性，单项比赛往往采用锦标赛或杯赛的形式，使之成为该项目水平最高的竞赛，如世界杯足球赛、世界羽毛球锦标赛、世界田径锦标赛等。由于这种比赛形式能有效地促进单项运动水平的提高，对于运动员和观众有较大吸引力，故有时由企业赞助并以奖杯作广告宣传，如"柯达杯""丰田杯"等。

三、对抗赛

两个以上的单位联合组织，并协商按同等条件参加的竞赛。如中日田径对抗赛等。其目的在于检验运动技术水平、交流经验、增进友谊。

四、友谊赛

为互相观摩学习，促进友谊和团结而举行的非正式比赛，如某厂际或校际的篮球、排球友谊赛等。采用不定期的形式。

五、邀请赛

一个单位主办，邀请其他单位参加的竞赛。举办者为增进友谊和团结而举办的比赛，以达到观摩技术、交流经验、共同提高的目的。

六、通讯赛

分散在几个地方进行，用通讯的方式把成绩寄给主办机关以评定优胜的竞赛，如儿童游泳通讯赛、少年田径通讯赛等。参赛的项目多是以时间、距离、重量等客观评定成绩，最后主办单位将成绩汇总后排列名次。

七、表演赛

为举行庆祝或纪念活动而组织的宣传性比赛，如武术表演赛、球类表演赛等。对宣传和普及某项运动有一定意义。

八、选拔赛

为选拔优秀运动员或组成代表队而组织的比赛。通常是为参加更高水平的竞赛而举办的，如参加世界中学生运动会田径、游泳、体操代表队选拔赛。

九、测验赛或达标赛

为检查教学、训练效果而组织的比赛。以达到某项标准或测定成绩为主，一般不计名次。

十、等级赛或联赛

按训练水平或等级分级别定期举行的比赛。其目的是检查训练成绩，排列稳定一个时期的等级名次，如篮、排、足球超级联赛；甲、乙级联赛；美国职业棒球、橄榄球、篮球联赛等。

除上述竞赛之外，还有类似锦标赛和"杯赛"的冠军赛，如欧洲足球冠军杯赛，以及根据性别、年龄分组别进行的竞赛等。

以上各种分类在实际应用中要考虑其特点和意义。各类竞赛虽有其特点，但在实际应用中往往又综合渗透，例如，全国运动会，从竞赛任务看是综合性运动会；而从参加对象看，又分性别、年龄和项目；从参赛单位看是地区间的比赛；从计分性质看又有个人和团体之分。

思考题

1. 查找资料理清所修专项竞赛的起源。
2. 说明专项竞赛在我国的发展情况。
3. 举实例说明运动竞赛的社会价值。

（胡小明）

第三章 高水平竞技比赛的基本特征

第一节 高水平竞技比赛基本特征的一般性描述

从一般性意义上看,现代高水平竞技比赛,具备如下基本特征:

一、目的的综合性

人们通过参加竞技比赛达到不同的目的,这些目的有的是为了"为国争光",有的是为了"自我实现",有的则是为了切身利益。由于动机具有多重性、复杂性,人们参加比赛活动也可以达到多种目的。然而,应当指出,"取胜"是比赛最基本和最直接的目的。在大部分情况下,其他目的必须通过"取胜"这一目的的达到才能实现。因而,可以说比赛的目的具有递进性质。

二、对抗的激烈性

现代竞技比赛日趋激烈已是众所周知的事实。造成这种情况的原因大致有三:第一,随着现代科学技术的普及和情报收集系统功能的提高,科学选材、训练方法和先进训练设备会很快地推广开来,从而使运动员之间竞技能力的水平势均力敌。由于训练科学化程度的提高,在很多项目中,运动员的身心潜能几乎被挖掘到极限,比赛在一定程度上是参赛各方在人体机能极限上的竞争,如男子百米跑的世界纪录已达 9.74 秒,参加这个项目比赛的运动员必须为提高百分之一秒而竭尽全力;第二,由于现代竞技比赛的社会效应巨大,社会对运动员的期望水平达到了令人炫目的高度。在很多国家,奥运会冠军被人们奉为民族英雄。第三,运动员、教练员如果在比赛中获胜,可望获得丰厚的物质待遇和殊荣。有时,一场比赛的胜负,就可以决定运动员或教练员的一生。这些,无疑成为比赛中激烈对抗的强刺激因素。

三、影响因素的庞杂性、随机性及边界的开放性

影响比赛过程的因素是极其庞大而复杂的，粗略分析即可包括如下几大类：运动员的竞技能力及其表现；教练员的指挥艺术；比赛环境（包括场地器材、气候地理、观众气氛等）；裁判员的道德水平和业务水平；比赛的组织与管理工作等。

在很多情况下，这些因素之间往往以随机的形式联结起来，这就增大了教练员、运动员控制比赛过程的难度。如果说，训练过程的边界是相对封闭的话，那么，比赛过程的边界则是远为开放的，也就是说，比赛过程中不可知因素突然涌入的概率远较训练过程为大，这也从一个方面增加了研究或控制比赛过程的困难性。

比赛过程不但存在必然性和确定性，而且还大量存在偶然性、随机性。竞技比赛因其固有的随机——模糊——偶然事件发生概率较大的特点，往往变得扑朔迷离。目前，竞技比赛的认识水平尚不足对此进行透彻的、经典式的分析，比赛组织过程以其涉及利益群体范围宽、扰动因素大亦成为研究的难点。

随机性问题是充斥于竞技比赛现场中的长期困扰人们的一个症结，对此，研究成果较少，可能是因该问题的固有难度所致。"随机现象"是指在相同或相似的比赛条件下（含双方运动员的竞技能力、环境等）进行的比赛，由于各种影响比赛结果因素的无序介入，破坏了比赛系统的初始稳定性，引发偶然性在比赛中出现，从而导致比赛过程和结果发生难以预料的变化现象。"随机现象"普遍存在于足、篮球等同场对抗性项目比赛中；哲学中"偶然性与必然性"的辩证关系是产生"随机现象"的根源；体能、技能、战术能力、心理能力是产生随机的重要原因；不同项目之间表现出"随机现象"的共相和个相；由于"随机性"而产生的"随机现象"在竞技比赛中可能出现，也可能不出现；比赛中的"随机现象"必然对比赛进程产生或大或小的影响，只是程度不同；竞技比赛中的"随机现象"可以用"随机链条"来描述：一系列"随机事件"的发生是由一个"随机事件"触发而成；合理利用"随机事件"、防止"随机"带来的不利是增大制胜概率的有效手段。

如前所述，比赛过程中一些偶发的变故往往使教练员、运动员若干年艰苦训练的心血付诸东流。而理论工作者由于对偶发变故及掩藏在偶发变故深层的必然性与偶然性的关系缺乏深入的研究，因而不能完满解释比赛实践中存在的这类现象。于此，竞技比赛实践已对竞技比赛理论提出了尖锐的问题。应当指出，对比

赛过程、比赛结果的完整理论认识中必须包括对比赛中偶发变故的认识。

四、比赛结果有时存在不确定性

由于影响比赛过程因素的庞杂性与随机性，以及比赛过程边界的开放性，使现代竞技比赛的结果在很多场合、很大程度上带有不确定性。比赛中一次偶发事故，就可能使比赛结果发生根本倒转。因此，在现代比赛中，只能用"可能性大小"来预测比赛结果。比赛结果的不确定性，既增加了比赛的魅力，又为检验教练员、运动员训练成效添加了困难。

第二节 高水平竞技比赛中的复杂性问题

复杂性是现代高水平竞技比赛的另一重要特征，需要加以特别阐述。

实事求是地讲，对于竞技比赛的复杂性，人们已经有了许多感性认识，在理论上也有一些论述，如前一节论及的"比赛边界的相对开放性""影响比赛过程因素的随机性""比赛结果的不确定性"等，都牵涉到复杂性问题。然而，多年以来，由于时代提供的认识手段的局限性，对竞技比赛复杂性缺乏系统而深入的研究也是不争之实。所幸的是，近年来复杂科学的兴起，为我们研究比赛复杂性增添了一个新的视角，从而增大了认识深隐于这些复杂性之下的比赛规律的可能性。

应当指出，比赛研究者在研究态度上必须完成从意志本位到规律本位的理性回归——竞技比赛理论应当首先体现竞技比赛的规律，而不能只体现研究者本身的某种意志或愿望，哪怕这种意志愿望是非常美好的。换言之，竞技比赛理论是否具有科学性或科学性的高低只能以其是否揭示了竞技比赛的某些规律，或揭示这些规律的深度（层次）为标准。实践证明，从原则到原则的研究途径是行不通的。

在对竞技比赛的研究中有两种基本态度，一种是"应然"的态度，即竞技比赛"应当"怎么样；一种是"实然"的态度，即竞技比赛"实际"是怎么样。真正科学的态度是后者。比赛研究必须从实然开始。

"如实地、正确地描述现实乃是一项最重要的工作，特别是当我们要揭示现实的运行机制时更是如此。为了更好地做到这一点，关键是要有一个适宜的理论分析框架"（李景鹏，1996）。复杂科学在一定范围内为我们提供了上述这样一个框架,因此,我们可以在这个框架里把竞技比赛认定为复杂系统,并对这个复杂系统的系统特性——复杂性,进行如下初步认识。

一、具有多重复杂性,服从多种规律

在竞技比赛复杂系统中,融会了三种复杂性:第一,生物复杂性。即作为竞技比赛过程主体的运动员、教练员生命系统中存在的复杂性。这种通过体能、技能、临场指挥等方面表现出来的复杂性,在赛场上更加令人捉摸不透。第二,机械(物理)复杂性。通过运动场地、器械、气候,以及运动员自身及相互之间的生物力学特征表现出来。第三,社会复杂性。比赛参与者是社会的人,各种社会因素必然作用于他们。此外,在集体项目中,一个小群体实际上就是一个小社会,在协作、决策等方面表现出错综复杂的关系(成思危,2001)。

进一步考察,上述三种复杂性并不是在各自的领域内发挥独立的作用,而是在竞技场这个特殊的时空范围里交互影响,释放着综合效应,某一事件的发生,往往使人很难判断出是何种因素在产生影响及影响的程度。

再进一步考察,上述三种复杂性及其综合效应涉及到生物、社会、物理等广泛的领域,必然体现着多种规律,比赛参与者如违反任一条规律,都可能导致失败。"支配自然世界运动的是因果必然规律。在原因和结果之间是一种直接的必然联系。在社会领域,因果规律虽然仍然起作用,但与自然界的因果性不同,在原因和结果之间插进了人的目的作用。目的性插入因果链条,引起了一系列的变化:结果变成不只是合规律性的而且是合目的性的存在;因和果之间的必然关系具有了属人的性质和内容;自然因果规律升华为属人的自由规律。在社会领域,目的性因素不仅在因果规律中,而正在统计规律和系统规律中,也同样地起着作用。既合规律性,又合目的性,这是社会规律的特点,是社会规律复杂性和特殊性的主要表现"(艾成福,1996)。

竞技比赛——微社会加自然世界运动,在不同的场景中,对前述因果规律、统计规律、系统规律或全部或部分服从,对某一事件,往往需要从不同领域进行分析,从而大大增加了研究难度。

二、规律具有深隐性质

竞技比赛中某些规律在一般的研究条件下不能得到有效的揭示,尤其是所谓"稀罕现象"下面掩藏着的规律,更具有深隐的性质,即"当具有超耦合关联的某一事物，其某一特殊性质或奇异行为被多重地交叠联结所深深覆盖，且被强烈抑制时，这一特性或行为将处于'冬眠'状态。于是，它在通常条件下是没有表现的"（周守仁，1993）。只有在特殊的条件下（或特殊的刺激下），这种机制才会表现出来。从历史学的观点看，竞技比赛事件往往是不可重复的。然而，比赛事件下面的机制、规律却是可以重复的（规律是反复起作用的）。认识不到这点，无数精彩的比赛事件只能在历史中留下令当时观众激动不已的光点，而这些光点恰又是科学研究的盲点。不澄清这些盲点，竞技比赛科学研究就不能得到长足的进步。

三、复杂度呈动态变化

竞技比赛的复杂性并不是一成不变的，而是根据不同的条件呈弱化或强化的态势。双方运动员各自的表现、教练员的临场指挥、裁判员的判罚等，都可能使比赛过程的复杂度产生变化。从山穷水尽的绝境到柳暗花明的生机，转换往往只在一瞬之间。比赛复杂度的骤增或骤减及由此带来的比赛结果的变化，有时几乎使所有的赛前预测都变得滑稽可笑。

四、运动员赛前状态与比赛成绩的对应关系赖以发展的条件不易确定

赛前状态与比赛成绩的对应关系，历来为教练员和运动员所关注，但影响这些关系的因素却很难确定。简单分析有如下表现：

- 赛前状态不好——运动成绩不好——一种简单的对应关系。许多人的习惯思维模式常常令人不安。
- 赛前状态不好——运动成绩好——令人们不解，感到比赛不可捉摸。
- 赛前状态好——运动成绩不好——令人们感到遗憾、不服。自我感觉好时遭失败最易产生挫折感。
- 赛前状态好——运动成绩好——人们觉得理所当然。这也是一种简单的对应关系。

在这里，第一个问题是怎样评定赛前状态好与不好。目前一般采用运动员主观评价与客观评定相结合的办法。第二个问题是如何评价前述对应关系——是线性关系，还是非线性关系。

我们赞同比赛是一种机制的观点。在这种机制中，双方的即时状态构成一种

环境机运。在此环境机运中，比赛双方的即时状态亦存在几组对应关系：

● 双方都好。此时比实力、比对决定胜负的机会的捕捉能力。

● 双方都不好。此时比谁能尽快调整自己，认识于此的实践意义在于自身竞技状态不好时，决不能丧失信心——对方完全有可能比自己更差。

● 我好对方不好。把握时机，将优势转为胜势。

● 对方好我不好。防止"雪崩效应"，即一垮到底的情况发生，保护好最后的"竞争平台"，以图后起。

"可能性空间"理论也许能为我们在研究上述对应关系时提供一些启迪。"历史决定论不仅承认因果决定性，也承认统计决定性，承认或然规律性的存在，任何个别的历史事件的发展都存在着多种可能性，虽然究竟哪种可能性得以实现难以确定，但这些可能性的范围确是必然的、确定的，因而这些可能性的范围是可以预测的。这样，马克思的历史决定论所讲的可预测性就是有条件的、有限度的预测，与机械决定论所讲的'预测一切'划清了界线"。

"马克思的历史决定论只是承认，在历史进程中，由现成的历史事件所形成的上下波动的曲线的每一部分，相互作用着的每个具有意志、目的、动机、期望的个人所起的作用都是偶然的，由此造成每个个别的或局部的历史事件，其发展的具体面貌，具有偶然性、不确定性，是不可预测的。在社会的统计决定性中，在由诸种可能性总和所形成的确定的可能性范围内，每一种具体可能性的实现都是偶然的、不确定的，是不可预测的"（艾成福，1996）。

对于运动员竞技状态与运动成绩的关系，在"运动员良好竞技状态的培养"专章里将详细阐述。

五、比赛现场信息的采集与分析难度

对规律的认识是以对相关信息的把握为前提的。然而，由于技术手段及运动员的配合等主、客观原因，因此对运动员在比赛现场的生理、生化、心理及训练学等所谓"现场指标"采集的难度相当大。

从比赛实践看，现场信息的采集与处理是个世界级难题，在此方面，体育科学还完全没有成熟。目前，这种采集与处理仍在"人（运动员）—人（教练员）"系统内进行，即教练员通过自己的知识架构，对运动员在比赛中表露出的各种信息进行采集与分析。从某种角度看，现场信息采集的准确性、全面性，以及处理的正确性、及时性是衡量教练员指挥能力的主要指标。

教练员的作用为什么重要？迄今为止，在几乎所有项目的比赛中，运动员与教练员的信息互换全在"人—人"系统里运行,在这个系统里,教练员是不可替代的,否则必然导致系统坍塌。但如果加上一个环节——"机",即属高科技产品的比赛现场信息处理机,情况会发生什么变化?有一点可以确定,信息的多渠道采集比单渠道采集更全面,多指标评价比单指标评价更准确。

可以认为,谁能在比赛现场信息的采集与处理方面(无论是主观还是客观)领先一步,谁就可能在今天的比赛中拥有更大的胜算。让我们看一看与竞技比赛道理相通的军事领域的议论:"世界主要国家已开始把军队建设的重点转向以信息技术为核心的高科技领域,这是当前世纪军事形势的最主要特点之一,并将逐步演化成一场军事革命。各国普遍认为,这场革命的冲击力是空前的,它最终将引起军队作战思想、作战方式和武装力量结构的根本改变。今后,美军将集中发展部队的三种能力:**实时收集战场信息的能力、实时从大量繁杂信息中筛选出真实信息发送到各作战部队的能力、远程精确打击能力。**

军事与竞技比赛基本同理。谁在破解现场信息的收集与分析这道世界级难题方面取得突破,谁就会在对抗中占据有利位置。

思考题

1. 举实例阐述一场高水平比赛对抗的激烈程度。
2. 举实例说明比赛结果存在的不确定性。
3. 试阐述高水平竞技比赛中存在的复杂因数及其相互关联。

(刘建和)

第二单元

运动竞赛中的制胜问题

授课导入

　　本单元是课程教学重点，共分九章。在"制胜系统、运动竞赛与运动训练"专章中，将分析制胜系统的结构与基本特性、运动竞赛与运动训练的关系；在"运动员比赛能力"专章中，将分析构成运动员比赛能力系统的认识性能力、基础性能力、善用机遇及适应与调整性能力及创造性能力；在"竞技比赛战术"专章中，将分析竞赛战术的定义、构成及其分类、战术能力的影响因素、战术训练方法、战术方案的制定、战术训练的基本要求；在"运动员良好竞技状态的培养"专章中，将探讨竞技状态概念的多义性及存在问题、良好竞技状态形成的规律性及其表现形式、竞技状态与运动成绩的对称与非对称性、竞技状态的临场可调性、良好竞技状态的出现与关键比赛时段的高度吻合性；在"教练员临场指挥"中，将在分析临场指挥与决策活动关系的基础上，探讨临场指挥能力的构成、影响临场指挥效果的条件、传输指挥决策的途径；在"赛前直接准备"专章中，将探讨赛前直接准备的任务及执行流程、赛前训练计划的制定与实施、赛前模拟训练，介绍关于参赛影响因素的一般性与个案研究及比赛的专门计划；在"技能主导类项群制胜因素"和"体能主导类项群制胜因素"两章中，将介绍表现难美性项群、表现准确性项群、隔网对抗性项群、同场对抗性项群、格斗对抗性项群、快速力量性项群、速度性项群、耐力性项群等项群制胜共性特征及部分项目制胜要点；在"运动竞赛中的道德问题"专章中，将在概述运动竞赛道德概念、特征、功能的基础上，分析运动竞赛道德行为主体及相应的道德规范、运动竞赛道德的失范、当前运动竞赛中的道德冲突及困惑。

第四章 制胜系统、运动竞赛与运动训练

现代运动竞赛，实质上是参赛各方根据特定的竞赛规则，以各自独有的制胜系统相互对抗和制约，从而力争获得胜利的过程。

在本章及以后相关章节中，将在对制胜系统的基本结构、基本特性进行分析的基础上，就构成这个系统的主要因素——运动员、教练员进行重点讨论，并将阐述运动竞赛和运动训练的关系。

第一节 制胜系统

运动员、教练员参加竞赛的最基本和最直接的目的是为了取得竞赛的胜利，即制胜。为了取胜，参赛各方以不同形式构造了自己独特的制胜系统。竞赛实际上就是不同制胜系统之间整体效应的较量。

一、制胜系统的结构

如果我们从一般意义上对制胜系统进行结构分析，就可发现这个系统由主体因素和客体因素所构成（图1）。

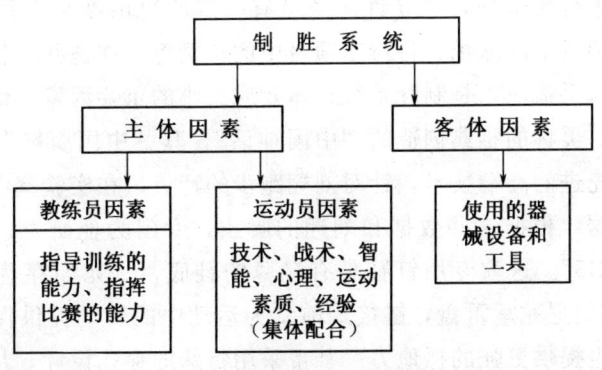

图1 制胜系统结构

在教练员因素中，指挥比赛的能力占有重要的地位。但一个完整的竞赛过程应包括赛前的专门性训练及赛中的针对性或调整性训练，因此指导训练的能力也是十分重要的。

在运动员因素中，技术、战术、智能、心理、运动素质和集体配合等，在以往的研究中讨论得较多，而竞赛经验却阐述得较少。在一些比较权威的运动训练学著作中，论及运动员竞技能力的构成因素时，也未将经验列入其内。然而竞赛实践已多次地、反复地证明，经验是运动员取得优异运动成绩十分重要的因素，在很多情况下甚至是决定性因素。由于缺乏经验，一些运动技术水平很高的运动员或运动队在比赛中败北的事例屡见不鲜。可以毫不夸张地讲，竞赛不单是技术、战术等的较量，也是经验的较量。何况，战术是否得当，是否具有极强的针对性，往往同运动员、教练员是否有丰富的实战经验密切相关。因而，一些国家在选拔运动员组成国家队时，一条重要的标准，就是看运动员有多少场国际比赛的经验。

其实，竞赛经验对教练员来说也是至关重要的。赛前训练和临场指挥中，经验都起着不可低估的作用，这也是在高水平运动队中，教练员一般不是由青年人，而是由年富力强的人担任的主要原因。

明确经验在制胜系统中的重要地位，不仅对竞赛学研究是必要的，而且，还可推广到训练学研究中去。应当明确指出，竞技能力中应包括经验因素。传统的观点认为竞技能力只能通过选材和训练获得，现在则应认为，除上述两条途径外，竞技能力还可通过竞赛途径获得。

对于构成制胜系统的客体因素——使用的器械设备与工具，可从两个方面进行认识。第一，在一部分项目中。规则规定所有参赛运动员必须在同一器械设备场地上比赛，如体操、足球、篮球等。在这种情况下，各制胜系统客体因素的效应从理论上讲是相等的。第二，在另一部分项目中。规则除规定运动员在同一器械设备场地上进行比赛外，还允许运动员有一定的自由度来选用自己使用的工具，如乒乓球项目中的球拍、自行车项目中的车辆等。在这些项目中，工具是否先进或是否被对手适应，是制胜系统整体效应大小的重要因素。例如，刘翔在素有"神话之都"美称的雅典创造的"中国神话"，其"中国魔鞋"功不可没。它是某公司采用先进的高端技术，针对刘翔跑步的特点，在实验室中反复测定刘翔跑步的相关数据，根据这些数据和刘翔的脚模，专门为他研发、制作的，名为"zoomspuerflyG5"。这款专用钉鞋具有轻薄的鞋底，"宛如穿着钉了鞋钉的袜子"。钉鞋柔韧的尼龙承重盘，链接式前掌为运动中的转动提供保护。而5根可拆卸式鞋钉，也提供更强的抓地力。鞋帮采用特殊的穿孔设计，足尖部位设置了"锁定"系统，弹性的底板上有5个可换位的鞋钉。这双鞋不仅比迈克尔·约翰逊那双重 116 克、鞋面全部由 24K 纯金制成的"金色跑鞋"轻，而且比当年一家日本公司给卡尔·刘易斯设计的那双 115 克的跑鞋也要轻（杨桦等，2006）。在乒乓球项目中，中国运动员使用两面不同性能的球拍曾给欧亚选手造成极大的不适应，因而取得优异成绩。正因为认识到客体因素的重要性，这类项目的运动员总是想方设法改进工具性能。

毋须赘言，增强制胜系统的整体效应（或称为系统质、整体战斗能力），可从两方面入手。第一，是提高制胜系统组成要素的数量和质量水平。如尽可能使战术"单调"发展为战术"多变"，使技术"粗糙"发展为技术"细腻"。再如，要尽可能提高教练员的指挥能力，提高运动员心理和运动素质水平等。

需特别指出的是，强调组成要素的数量水平固然重要，但质量水平则更是不容忽视。在日趋激烈的现代运动竞赛中，如果某制胜系统中某个组成因素的质量偏低，就往往可能因此导致全局失利。系统论中曾有一个著名的"木桶原理"，即由数块长短不一的木板箍成一个水桶，水桶的容积不取决最长的木板而取决于最短的那块木板。制胜系统整体效应与其组成要素质量水平之间的关系也如同"木桶原理"一样。因此，在保证足够数量水平的同时，全面提高要素的质量水平，是增大制胜系统整体战斗力的重要一环，这也是当前运动竞赛实践呈现出的新的发展趋势之一。

第二，欲想提高制胜系统的整体战斗力，改善及优化系统结构——要素之间的联系也是极其重要的。就运动员因素而言，有技术与战术的关系、技术与运动素质的关系，战术意识与智能、心理素质的关系，以及与运动队中其他队员的协同配合关系等。此外，还有教练员与运动员之间的关系，运动员与客体因素的关系（如掌握或适应先进器械、工具）等。可以认为，在某些特定的竞赛场合，由这众多关系所组成的制胜系统整体结构的合理与否，直接影响着系统目的的顺利实现，即在竞赛中获胜。因而，广大教练员、运动员和竞赛理论研究人员，正自觉或不自觉地在思维方式上进行着转变，即从所谓"实体性思维"向"关系性思维"转变，在"关系"中把握制胜系统的构建及整个竞赛过程。

二、制胜系统的基本特性

一个具有较强整体战斗力的制胜系统，至少应具备两个基本特性。

（一）要素的全面性与结构的合理性

如前所述，这个特性的具备是制胜系统有较大整体效应的基础。

这个特性的具备，还表现在制胜系统有独特的风格。例如，这个系统中有独特、制胜成功率很高的技术或战术，以及教练员具有卓越的指挥能力等。在全面提高各组成要素水平的同时，使其中部分因素得到最大限度地发展，从而形成所谓"特长"或"绝招"。而独特的风格，就是建立在"特长"或"绝招"的基础之上。现代运动竞赛实践表明，没有鲜明风格的制胜系统，无论是个人项目还是集体项目，要想在竞赛中制胜对手是较为困难的。

（二）适应能力的广泛性

对此可从三个方面进行理解。首先是对社会期望的适应。随着竞赛过程及结果产生的社会效应的增大，社会对以教练员、运动员为主体的制胜系统的期望水平也在提高。在通常条件下，这种期望会转化为巨大的心理压力，如对此不能适应，则会影响制胜系统效应的发挥。其次是对竞赛对手的适应，即对另一制胜系统的适应。这种适应包括技术、战术、心理、运动素质和器械工具等方面的内容。最后是对竞赛环境的适应，如场地器材、气候地理、饮食、观众、裁判等。

任何一个项目的制胜系统，要想取得优异的比赛成绩，必须具备上述三方面的适应能力，缺一不可，否则，都可能导致比赛失利。

应当指出的是，在以往的研究中谈到适应能力时，往往只针对运动员而言。实际上，教练员对上述方面的适应也是至关重要的。由于不适应社会期望水平过高所带来的心理压力，而导致指挥失当，不乏其例。因而我们在讨论适应能力时，应当将教练员因素包括在内。

第二节 运动竞赛与运动训练

运动竞赛和运动训练是两个既紧密联系又相互区别的过程。运动训练是获得优异成绩的重要手段，而竞赛的要求又直接制约着运动训练的方向，运动成绩通过竞赛得到检验，为社会所公认。

对竞赛和训练的关系，可从如下几个具体方面加深理解：

一、目的和时序的异同

竞赛和训练的最终目的都是创造优异运动成绩。但是，运动训练的直接目的是培养运动员的竞技能力，而竞赛的直接目的则是使运动员通过训练所获得的竞技能力得以表现并转化为运动成绩，即运动训练的最终目的只有通过竞赛这一环节才能实现。从时序上看，训练和竞赛是人们为达到获取优异运动成绩这一目的的一个完整过程中的两个不同阶段。一般说来，训练阶段在前，竞赛阶段在后。这两个阶段构成一个完整的周期，一个周期的结束同时就是新的周期的开始。

二、在特定前提下互相"包容"

虽然竞赛和训练在时序上有所不同，但在特定的前提下，训练过程中包含有竞赛（如练习比赛、适应性比赛等），这些比赛本身就可视做训练的一个组成部分。此外，即便是以夺取优异成绩为目的的重大比赛，其本身也可看成是一个特殊的训练过程。例如，运动员在一次比赛中积累的经验将会有益于今后的比赛。从这个意义上讲，竞技能力只能靠训练培养的提法是不全面的，因为比赛对此也起一定作用。

三、具有双向制约作用

竞赛结果一般说来将主要取决于运动员竞技能力的高低，而竞技能力主要通过训练所获得。从这个意义上讲，训练成效制约着竞赛结果。但另一方面，竞赛也直接或间接地制约着训练。严格地讲，竞赛中需要什么训练中就应当练什么。"从实战出发"的指导思想，应当贯穿于训练的全过程。

竞赛对训练具有制约作用，根源在于训练的最终目的只有通过竞赛这条途径才能达到，训练这辆"车"只有遵守竞赛路途的"交通规则"，才能顺利到达目的地。

四、竞赛对训练的检验作用

有人将竞赛比做训练的一面"镜子"，这是很贴切的。运动员的技术、战术、心理、运动素质、智能等训练情况，在比赛这面"镜子"中都可以照得一清二楚。通过这面镜子，还可发现教练员的许多问题，如指挥能力如何等。因此，广大教练员、运动员都有这种看法，即经过一次大的比赛，将使今后训练的方向更加明确。"以赛带练""以赛代练"等形式在特定条件下均可发挥积极作用。

最后要指出的是，竞赛和训练虽然联系紧密，但毕竟分属两个过程（或两个阶段）。竞赛中有些问题的出现是训练始料不及甚至无法解决的。例如，竞赛过程的开放程度远较训练过程高，因而，影响竞赛过程的随机性因素也远比训练过程多，而这些随机因素是很难通过训练予以预测和预防的。再如，重大比赛（如奥运会、全运会等）给运动员心理负荷（或称心理刺激）的量度是平日很难甚至根本达不到的。任何模拟比赛（这里，我们将这种比赛看成是训练的一部分）所造成的竞赛气氛对运动员的心理压力显然不及正式重大比赛，因为前一种比赛不会出现后一种比赛的那种后果。因此可以认为，训练中的心理负荷只能近似于比赛的心理负荷，而不能达到与正式比赛相等的水平。

思考题

1. 结合所修专项，分析制胜系统的结构与特性。
2. 简述运动竞赛和运动训练的关系。
3. 谈谈对"以赛带练""以赛代练"的认识。

（刘建和）

第五章　运动员比赛能力

比赛能力特指运动员在比赛场上表现出的能力。这是一种综合能力，它至少由三个方面的能力组合而成，即认识能力、基础能力、善用机遇及适应与调整能力。此外，对抗类项群运动员还须具备创造性能力。

"如何增强运动员的比赛能力"，因其巨大的实践意义，不仅是教练员最为关心的问题之一，亦是运动竞赛学最为关注的研究领域。然而，和其他行业一样，竞技体育中的"能力"是一个很难用准确语言加以描述的问题，哪怕在训练和比赛实践中大家都能实实在在地感受到。因此，在谈论运动员的比赛能力时，业内人士常以"强、不强和差"来进行一系列的定性评价。所谓"强"是指运动员在各种比赛场合下，能够顺利地展现已经具备的竞技能力水平，甚至还可以"超水平发挥"；而"不强"为运动员不能完全再现已经具备的竞技能力水平或发挥不够稳定；至于"差"，则是指运动员在比赛中经常性地发挥失常。

这里需要强调两点：第一，比赛规律并不完全等同于人们现在经常提及的"制胜规律"。后者涉及的范围要宽泛得多，而前者从一定意义上讲是一种"赛场规律"；第二，应当用"系统"的观点考察运动员的比赛能力。即应把比赛能力看成是一个系统，这个系统由多方面的、不同层次的子能力构成，如"快速适应和利用比赛环境的能力"就由自我控制能力、抗干扰能力、应变能力、有效利用比赛环境的能力等构成。

第一节　认识能力：深入把握比赛规律

运动员比赛能力较强，我们通常评价其为"会"比赛。从更深层次思考则可以领悟到，"会"比赛的前提是"懂"比赛，意即深入认识比赛规律，它是比赛能力强的前提。把握、利用比赛规律，首先得认识比赛规律。

实事求是地讲，在以往理论研究和训练实践中，对如何增强运动员对比赛规律的认识能力，存在着工作力度不够的现象。目前，在电子竞技中，流行一个术语——"阅读比赛"，即要"读懂"比赛。换言之，就是要求运动员尽可能地加深对比赛规律的认识程度。

目前,运动员可考虑加深以下三方面的认识。

一、对比赛节奏的认识

控制、统治、左右比赛节奏是运动员比赛能力强弱的主要标志之一。控制了比赛节奏,从某种程度上来说,就等于把握了比赛的主导权。然而,我们通常所说的"比赛节奏",目前尚无明确具体的定义。但在实践中,教练员、运动员对此均有一定的理解和感悟并经常用来控制比赛过程。

不同类属的比赛项目,其节奏表现形式也有所不同,因而要求运动员所具备控制比赛节奏的能力也会有所差异。我们试着对部分项目比赛节奏的规律性表现作一简单描述(表1)。

表1 部分项目比赛节奏的表现特点及对运动员的能力要求

项目	比赛节奏的类型	控制比赛节奏应具备的能力
同场对抗性(篮球、足球、拳击、击剑、散打等)	进攻节奏、防守节奏 攻防转换节奏	独特的攻防节奏能力 适时、主动变换比赛节奏能力 快速适应对手比赛节奏能力
隔网对抗性(乒、网、排、羽)、	狠——狠、狠——稳 稳——狠、稳——稳	对狠、稳运用的时机把握能力 对狠、稳运用的及时转换能力
体能主导类、表现类	日常训练中的技术节奏	保持训练中良好比赛节奏能力 依据对手适时调整技术节奏能力 在规则范围内去"干扰"对手比赛节奏能力

从表1可以看出,运动员控制、左右比赛节奏的关键之处,是对比赛节奏转换关系的动态处理,以及对技战术运用时机的动态把握能力。

二、对比赛不同阶段呈现出不同规律性的认识

若从"过程"的观点考察比赛的整个进程,大致可分为临赛、起赛(开局)、赛中(中场或中盘)、终场(结束或终盘)等四个阶段。每个阶段都有哪些规律性现象发生?在认识这些规律性现象后,如何培养运动员的全过程比赛能力和阶

段性比赛能力？

现代竞技运动的多场次比赛，以及每一单场的多轮次角逐、运动员竞技实力的差距在逐步缩小等因素，既要求运动员具备较强的全过程比赛能力，同时，根据比赛不同阶段的特点，还须具备较强的阶段性比赛能力，如开局能力、中场（中盘）能力、结束（终盘）能力等。以对抗性项目为例，在比赛的开始阶段，运动员通过试探对手的技战术特点，主动地适应对手并采用相应的技战术行动，以达到遏制对手、争取主动，或不使自己一开始就陷入被动局面，从而建立起对比赛的信心和决心的目的。在比赛的中场阶段，运动员在尽量保持自己竞技能力发挥的前提下，采取灵活的战术调整自己，保持优势或不陷入劣势。在比赛的结束（终盘）阶段，运动员在身体和心理极度疲劳的境况下，利用不多的时间，力图将优势转化为胜势或挽狂澜于既倒，直至赢得比赛。因此可以断言，拥有良好的全过程比赛能力和阶段性比赛能力是优秀运动员的必备条件之一。

三、对比赛中"机遇"问题的认识

由于影响比赛过程各因素组合存在着随机性的特点，因而使得比赛结果往往具有很大的不确定性，这种不确定性常以某种"突发"的形式影响比赛过程。当某种偶然性出现有利于运动员比赛能力的发挥时，我们便谓之运动员获得了机遇，能否及时抓住和有效利用这种机遇是衡量运动员比赛能力的重要标志。

比赛中"机遇"的出现虽在某种情况下带有随机、偶然的性质，但不可否认的是，在很多场合，"机遇"的出现也具有其内在规律性。即便是随机性，也不能将其视为无规律性，而是偶然下掩盖着必然。因而，欲加强运动员"捕捉机遇"这种极为重要的比赛能力，对"机遇"出现的成因分析、赛前预测、临场应对准备是十分必要的。

第二节 基础能力：运动员具备的竞技能力

基础能力指运动员已具备的竞技能力，亦可称之为运动员的"综合实力"。现代运动比赛是参赛双方综合实力整体效应的较量，亦即是运动员通过体能、技术、战术、心理、运动智能的协同组合来制约对手，以确立自己在比赛中的优势地位。

运动员的竞技能力是构成其比赛能力的基础性因素，是运动训练的主要任务，这在《运动训练学》教材中已广有阐述。

第三节 善用机遇及适应与调整能力：运动员稳定发挥的保障

稳定地发挥出平时训练已具备的竞技能力水平，是教练员、运动员对比赛的基本追求。为达此要求，善于利用比赛机遇、具备较强的比赛环境适应能力、应对复杂比赛局面的能力、适时调整竞技状态的能力是十分重要的。

一、"稳定性"的一般性描述

稳定性问题是为广大教练员、运动员所关心的、极富实践价值的重大课题，对此我们可从如下基本思路进行思考：

（一）稳定性问题的核心是比赛场上的稳定发挥

运动员在赛场上的表现可分为三种类型，即失常发挥、正常发挥、超常发挥。根据调查，教练员、运动员追求的是正常发挥，力图避免的是失常发挥。至于超常发挥，则是可遇而不可求的——成熟的教练员、运动员如同真正的战士，从不把在未来战斗中获胜的砝码放在运气上。

正常发挥即稳定发挥。它是教练员、运动员的内在追求，也构成研究的实践起点。

（二）稳定性是训练与竞赛实现光滑连接的通道

关于训练与竞赛的关系，已有多种论述，如练为战、从实战出发、以赛带练、以赛代练、竞赛是训练的导师、竞赛是训练的镜子等。虽不无道理，但都略显生涩。可否从"稳定性"角度去透视这种关系？训练是竞技能力的积累过程，竞赛是竞技能力的表现（发挥）过程，而发挥程度的主要标准则是稳定。关于训、竞关系的道理千条万条，最终可简化成一条，即如何在竞赛中稳定地发挥训练中获得的竞技能力。

(三) 影响稳定性发挥具有多种因素

1. 内源性因素

包括运动员竞技能力和教练员指挥能力。没有"稳定"的竞技能力，何来"稳定"的发挥？教练员指挥得当或失当，亦是影响运动员发挥的一个重要变量。

2. 外源性因素

包括对手因素、竞赛现场因素及意外因素。竞赛双方总是一方面保持自己的稳定性，一方面想方设法破坏对方的稳定性。这在同场对抗、隔网对抗、格斗对抗类项群中表现得尤为突出。

竞赛现场因素包括裁判员的判罚情况、赛场（如主、客场）情况等。

(四) 稳定发挥的表现形式及评价标准

在表现难美项群中，稳定发挥主要表现在技术水平的发挥稳定上。

在竞速及竞距项群中，稳定发挥主要表现在运动素质及技术水平的稳定发挥上。

在对抗性项群中，稳定发挥主要表现在技术和战术的发挥稳定上。

无论哪个项目，"心理稳定"都是运动素质、技术、战术发挥稳定的保证。

至于稳定发挥的标准，在可测量类项目如田径、游泳、射击等中，比赛成绩和训练成绩一做比较，便知"稳定"与否，而在其他项目中，由于有对手干扰或裁判评分等变数，"稳定"与否，则只能依靠教练员及运动员的主观评定。

二、比赛中机遇的捕获与利用

客观地讲，相对运动训练理论而言，目前对比赛的理论研究还较为薄弱。究其原因多种多样，其中较为重要的一条是比赛中的机遇问题使研究者感到无从下手。从实践中看，比赛过程中一些偶发的变故往往使教练员、运动员若干年艰苦训练的心血付诸东流。而比赛理论工作者由于对机遇及掩藏在机遇深层的必然性与偶然性的关系缺乏深入的研究，因而不能完满解释比赛实践中出现的类似现象。比赛实践在这方面已为比赛理论研究提出了尖锐的问题。

不可否认，对比赛中的机遇进行研究，其难度是很大的，这也许是多年来比赛研究对此涉及不多的原因。看来，不跨过这个障碍，比赛研究可能就会深入不下去，起码是不完备、不充分的。所以，在本节中将对这个问题进行一些分析。

(一) 比赛中机遇的现实存在

论及比赛中的机遇问题，我们首先要分析比赛中的偶然性。

现代竞技比赛的一大特点，是比赛结果具有极大的不确定性，这在对抗性项目中表现得尤为明显。

比赛结果的不确定性来源于比赛过程中诸多因素组合的随机性，意即决定比赛结果的除参赛各方制胜系统的整体作战能力外，还要受比赛环境的制约。以随机方式组合起来的庞大而复杂的因素，使比赛中出现了各种各样的偶然性，这种偶然性有时使比赛过程变得错综复杂，扑朔迷离，并且加大了比赛结果的不确定性。正因为如此，现代竞技比赛变得更富魅力，当然，也更增加了教练员、运动员有效控制比赛过程的困难性。例如，1983年8月13日在芬兰首都赫尔辛基举行的第1届世界田径锦标赛男子跳高决赛中，世界纪录保持者朱建华正雄心勃勃地向世界冠军的宝座进军，但在准备试跳2.32米的高度时，赛场上突然沸腾了，鲜花急雨般地投进场地，原来东道国一位运动员刚获得长跑冠军，全场比赛不得不因此而暂停，等比赛重新开始，朱建华重新试跳时，状态已大不如刚才，比赛结束他屈居第三，遗恨赫尔辛基。这个例子，说明了即便是在田径这种没有身体直接对抗的项目中，偶然事件也往往使比赛大受影响。

当某种偶然性的出现有利于某个运动员（队）时，我们便称这个运动员（队）获得了机遇。能否捕获和有效利用这种机遇，是能否获得良好比赛成绩的一个重要方面，在特定条件下，甚至是主要方面。在高水平且实力相当的比赛中，一次机遇（或称机会）的成功利用与否，往往可能成为决定比赛胜负的关键。可以认为，对比赛中出现机遇的发现、捕获、利用是运动员有效控制比赛过程，使其向有利于自己方向发展的一个重要的组成部分。同理可知，能否及时地发现、准确地捕获和成功地利用机遇，是衡量教练员、运动员比赛能力高低的重要标志。这里我们引用普鲁士著名军事家冯·克劳塞维茨的一段话："军事艺术是同活的对象和精神力量打交道，因此，在任何地方都达不到绝对和肯定。战争中到处都有偶然性活动的天地，无论在大事或者小事中，它活动的天地都同样宽广。有了偶然性，就必须有勇气和信心来利用它。勇气和自信心越大，偶然性发挥的作用就越大"[4]。

应当指出的是，由于种种原因，人们长期缺乏对比赛中的机遇这一现实存在的应有的、充分的研究。寻根究底，是人们对比赛中的偶然性缺乏清醒的认识。由于我们长期以来只习惯沿着确定性、必然性的思路思考问题，所以当随机性、偶然性不时在比赛中出现时，我们就不可避免地陷入了茫然不知所措的境地。至于如何利用偶然性给我们造成的机遇来取得胜利，更是长期没有人从理论上加以力析的课题。应当指出，对比赛过程、比赛结果的完整的理论认识中，必须包括对比赛中存在的机遇的认识。

（二）机遇的特点与类型

1. 特点

（1）突发性：现代竞技比赛是在激烈的对抗中进行的。一次机遇的出现往往极其突然，而且，这种突然的机遇往往又出乎人们的意外。例如，足球比赛中，一方运动员在自己禁区内，在无人逼抢的情况下将球误传给对方运动员，使对方运动员意外地获得一次机遇，从而射门成功。导致类似情况的原因在于，人们并不知道机遇在比赛中什么时间、什么空间、以什么形式出现。由于影响比赛过程因素的庞杂性、比赛过程空间边界的开放性及人们对比赛活动认识的局限性，使人们无论怎样在赛前定出多么周密的计划，也不可能将比赛中出现的情况算计无余。就是在今天，尽管人们对比赛活动预测的科学性与准确性已大大增强，但也不能避免比赛中可能出现的种种意外情况。例如，在第23届奥运会女子3000米赛跑中，号称"赤脚大仙"的英国运动员佐拉·巴德无意间在号称"中长跑皇后"的美国运动员德克尔脚上踩了一脚，使德克尔摔倒在地，而巴德的情绪也因此大受影响。这个意外情况的发生，对罗马尼亚老将玛·普伊克不啻是一次难得的机遇，她乘隙而上，独执牛耳。有趣的是，在赛前行家一致认为，此项目金牌非巴德或德克尔莫属。

（2）易逝性：现代竞技比赛的另一大特征是人们对时间要求严格，比赛中一次机遇往往是在百分之一秒甚至更短的时间内闪现，过此即逝，如足球中的抢"点"射门及篮球中的抢"点"投篮，稍一迟缓，防守队员便会紧逼上来，使进攻队员无法起脚或出手。

在很多情况下，比赛中的机遇还表现出不可重复的特点，即一次机遇出现后就再不会出现了，如足球比赛中，一次绝好射门机会出现后，如不能及时把握，在这场比赛中类似机会就可能再不会出现了。

比赛中机遇的这种突发性、意外性、易逝性和不可重复性的特点，往往使比赛的发展方向具有随机的、多样化的可能。一次机遇的出现，往往使整个比赛的形势发生逆转。上述情况导致了比赛结果带有很大的不确定性。这种情况,不但长期困扰着作为比赛实践者的教练员、运动员,在比赛理论研究中,也长期成为研究者深入系统地研究比赛过程的主要障碍之一。

2. 类型

比赛中的机遇,大致可分为直接型和间接型机遇两种。

(1) 直接型机遇:是指机遇的出现对某运动队(员)获取优异运动成绩有直接影响。普伊克获第23届奥运会女子3000米跑冠军,就是抓住了一次直接性机遇。此类机遇,往往出现在一场具体的比赛中。

(2) 间接型机遇:是指机遇的出现对某运动队(员)获取优异运动成绩有间接影响。例如,第8届世界女子排球锦标赛上,中国女排最强劲的对手美国队(在小组赛中,中国队以0:3败于美国队)在半决赛中意外地以1:3负于东道主秘鲁队。这种情形,为中国队顺利夺取世界冠军提供了一个契机。间接型机遇既可出现在一场具体比赛中,又可出现在一次运动会上(如甲乙两队的胜负意外地决定了丙队的名次),还可出现在运动会前〔如某运动队(员)由于各种原因突然不参加比赛,为另外某队(员)夺取优异名次提供了有利机会〕以及比赛的分组情况等。后一种机遇时效较长,可看成是比赛机遇中的特例。

(三) 善用机遇的条件

如前所述,比赛中机遇的作用往往是十分巨大的。那么,作为控制比赛过程主体的运动员,在具备了什么样的条件后,才能准确地发现和有效地利用机遇呢?

1. 较强的观察力

辩证唯物主义认为,偶然性只不过是必然性丰富的表现形式之一。比赛中的一些机遇,看起来十分偶然,但如深入剖析,就会发现其中带有规律性的东西。观察力强弱,是从众多偶然性中发现规律性的一个先决条件。能否及时而准确地认识和评判机遇的价值,往往和运动员在各种场合下进行的各种各样的观察有着密切关系。例如,在1980年举行的汤姆斯杯羽毛球比赛中,第一次参赛的中国队在决赛中以5:4战胜印度尼西亚队,获得了汤姆斯杯。在这次比赛中,中国运动员韩健同印度尼西亚选手林水镜的一场比赛成了决定比赛胜负的关键。第三局韩健以17:16领先,此时,韩健发了一个近网小球,林水镜搓回了一个近网,韩健抓住这个机会扑球成功,拿下了最后一分。实际上,这个机会的抓住,就是和韩健平日能够悉心地观察事物分不开的。原来在赛前，韩健曾多次看过林水镜比赛的录像，发现林在关键时刻，习惯用搓球回击对方发出的网前球。因此，在这次比赛中，韩健成功地利用了这次机会。从这个例子我们可以看出，"机遇只偏爱那种有准备的头脑"。

2. 敏捷的判断和果断的决策

比赛中的机遇具有突发性、意外性、易逝性的特点，如果没有敏捷的判断，是很难在极短的时间内认识到它的价值的。对于球类等对抗性很强的项目来讲，对机遇判断的是否准确、及时，是衡量教练员与运动员思维能力的重要方面。

此外，比赛中的机遇稍纵即逝，如果决策（这种决策在很多场合被称为应变能力）不果断就会坐失良机。这方面，中国女篮参加第12届世界女子篮球锦标赛可为我们提供一个负面的例子。在这次比赛中，中国女篮在小组里与捷克斯洛伐克队相遇。上半时结束，中国队以18分的较大优势领先，可是下半时开始时中国队换下了几名主力队员，捷克斯洛伐克队利用这个时机连投带罚，反超出中国队几分。中国队再换上主力队员已为时过晚，结果输掉了这关键的一场球，失去了进入前4名的机会。现代比赛的激烈程度要求赛中决策带有快速性的特征，在很大程度上亦指对机遇的判断上。

3. 丰富的专项运动经验

在比赛中能及时发现和有效利用机遇的运动员，一般都具有丰富的专项运动经验，这已为对比赛实践的大量观察所证明。比赛中有些机遇的发现和利用与其说是在明确的科学理论指导下，不如说是凭借运动员丰富的感性知识捕获的。

最后我们要说明两点：

第一，虽然我们着力于对比赛中的偶然性及由之而来的机遇进行分析，但我们并不是想否定支配比赛过程、决定比赛结果的那些带有规律性的或称必然性的东西。例如，我们一直认为，在统一的规则和公正的比赛环境中，决定比赛胜负最根本的因素是双方运动员的竞技能力（包括比赛能力）及教练员指挥能力的高低。我们只是认为，对比赛活动的完整认识应当包括对其中的必然性和偶然性的认识。我们只是站在必然与偶然的关系这个立足点上对两者进行分析，从而尽量避免顾此失彼——那样无疑会对比赛过程中部分事实视而不见。我们应当杜绝那种坐等机遇、靠运气取胜的错误想法。因为从某种意义上讲，机遇不是"等"到的，而是"创造"出来的。同样，我们亦应当以丰富的知识和有准备的头脑来认识和利用机遇——从另外一种意义上讲，利用机遇也是一种创造性活动。

第二，承认和研究比赛中的机遇，除了能为教练员、运动员发现和利用机遇、获取优异运动成绩提供理论武器，还能给各级管理者提供这样的启示，即一场带有偶然性的比赛的胜负并不能完全反映或代表一个运动队（员）的真实水平。当机遇降临本方时，应清醒地看到自己取胜的实际原因并找到今后努力的方向；而当机遇降临对方时，亦应实事求是地评价本方运动员（队）的实力，从而从认识上清除以偶尔胜败论英雄的偏见。

三、快速适应和利用比赛环境

比赛环境，是指比赛活动赖以直接在其中进行的环境。比赛环境将给比赛参加者（包括教练员、运动员）的心理和行为带来很大的影响。在一定条件下，比赛环境甚至左右比赛结果。

在通常情况下，比赛参加者不大可能改变比赛环境（例如，不能改变比赛规则、规程所规定的器材设备，以及气候地理条件和观众的倾向性等）。因此，比赛参加者对比赛环境一般只能是适应关系，在一些情况下，对有利于自己的比赛环境，则处于利用关系。

在通常情况下，比赛环境的非绝对人为控制性特点决定了运动员要主动、快速地去适应，并及时地把握与利用好有利于自我发挥的比赛环境，以最大限度地发挥或超常发挥自身的竞技能力水平。具备了快速适应比赛环境的能力，在一定程度上就可把握比赛的先导权。

（一）结构、分类及其适应

比赛的成功在一定程度上取决于对比赛环境的适应程度。而欲求获得这种适应，首先应对比赛环境的构成因素进行科学合理的分析。

比赛环境由自然和人为两大因素构成。

1. 自然因素

包括比赛场地、器材设备、气候地理条件、饮食等。

2. 人为因素

主要指观众情绪及行为、裁判员行为对比赛参加者心理和行为的影响。

比赛实践证明，观众因素对于比赛成绩的作用是不可忽视的。例如，1982年在秘鲁举行的世界女子排球锦标赛半决赛中，正处于巅峰状态的美国女排由于不适应秘鲁观众发出的震耳欲聋的嘘叫声而大失水准，败给了秘鲁队，失去了问鼎世界冠军的机会。

有文献指出，观众对运动员的影响以下列方式体现：观众是否支持本方；观众的喧闹声；观众的评价；观众的位置；观众的人数和性别。

在构成比赛环境的人为因素中，还包括裁判员的作用。裁判员在比赛活动中既是比赛过程的控制者，又是比赛环境的构成者。

对裁判员的适应，正在而且越来越被广大教练员、运动员所重视。在一些项目中，裁判员的"主观尺度"对比赛过程及结果具有很大的影响，如球类、体操等。在这类项目中，如何适应裁判员的"主观尺度"，就成为需要解决的一个十分重要的问题。中国女排的成功经验之一，就是注意培养运动员这方面的能力。

分析比赛环境构成因素的意义，在于指明对比赛环境的适应应有明确的适应对象，即这种适应既包括对其中自然因素的适应，又包括对人为因素的适应。当然，我们在这里仅采用了分析的方法。实际上，上述两方面的适应在很多情况下是同时产生的。另外，尽管我们在下面将详细阐述运动员对比赛环境的适应情况，但因适应比赛环境的含义是广泛的，提高这方面的能力，并不只是运动员，而且也是教练员需要加以解决的一个重要问题。

在研究比赛环境的结构、分类及其适应时，还应注意以下情况：

● 比赛环境具有稳定性与可变性相结合的特征

其中，自然因素相对稳定（但也应注意，即便器材设备一般在赛前就已规定，但赛中由于种种原因突然改变的情况也时有发生，如在1984年第23届奥运会射箭比赛上，比赛组委会突然宣布将一响箭改为二响箭，使我国优秀女选手李玲娟很不适应。至于气候的突然变化，则更难以预料），而人为因素的可变性则相对较大。例如，在第三国（或地区）比赛，当地观众的情绪变化是很难预料的。

● 比赛环境中存在着偶然因素

由于比赛环境是个较为开放的环境，其边界的确定只能是概率性的，所以，有时在这个环境中会出现些始料不及的偶然情况，例如，裁判员不明就里的出现差错、观众突然涌进场内、突降大雨等。因而对比赛环境的适应，必然是个随机适应的过程。

● 运动员对比赛环境的适应具有共同性与特异性相结合的特征

这个结论具有两方面的含义：其一，不同项目的不同运动员在适应不同比赛环境中需要具备一些共同的能力，但因上述不同，又需要具备一些特殊的能力；其二，即便是同一运动员，在适应不同层次的比赛环境时，可能会表现出特异性。在实践中,有的运动员"观众越多,成绩越好",而有的运动员则正好相反。人们可望通过对这种特异性的研究,为教练员在不同的比赛环境中使用运动员提供新的理论依据。

(二) 适应比赛环境需具备的基本能力

运动员对比赛环境具有较高的适应能力,除了能使自己在比赛中正常发挥竞技能力水平,在球类、田径等项目中,还可挖掘出更大的潜能,从而达到"超常发挥"。

运动员适应比赛环境的目的依据项目的不同而有所差异。在体操、武术(技击除外)、跳水、花样滑冰、艺术体操等项目中,适应比赛环境的目的是保证动作完成的稳定性。而在田径、游泳等项目中,适应比赛环境的目的,除了高质量地完成动作外,还要求尽量发挥运动员的体能。至于球类、击剑等项目,除上述两个目的外,还要达到使自己的战术行动更有效的目的。

然而,下述一些能力对无论从事哪种项目的运动员适应比赛环境都是必须具备的。

1. 自我控制能力

这是运动员所需具备的最基本的能力。比赛环境对运动员具有一种特殊的、往往为平时训练所不能给予的刺激。这种刺激同来自比赛对手各方面的刺激信息组合成综合刺激。在这种刺激面前,运动员必然出现一种心理应激状态。如果不能自觉地对这种状态进行有效的调控,势必影响运动员的比赛行为,从而影响比赛结果。

自我控制能力的关键在于自我情绪控制。"运动员在比赛过程中情绪的体验往往最为深刻,其变化也最激烈。来自内部或外部环境的各种刺激都会使运动员产生各种情绪体验。积极的心理定势会增强信心,担心害怕对手会产生焦虑情绪,观众的呐喊会使运动员产生烦躁,而裁判的误判又会使运动员愤怒……比赛场上形势千变万化,运动员内心的思想也在激烈地活动,这些无一不影响着运动员的情绪,而情绪又与肌肉活动息息相关"[5],因而情绪直接影响着行为。所以,无论在任何复杂的环境条件下,保持情绪的稳定并将其控制在适宜的水平,是取得优异运动成绩的重要保证。

影响情绪的因素大致可分为环境、生理、认知三方面。因此,情绪的控制又可细分为环境因素的影响及控制、生理因素的影响及控制和认知过程的影响及调控。其中，认知过程的影响及调控尤为重要。但从比赛环境看，三大因素往往互相作用，在特定条件下，甚至谈不上哪个主要、次要，对其中任一因素的适应能力的培养都不可忽视。

从广义上讲，自我控制能力还包括在比赛中高质量完成技术动作的能力（控制身体姿态与动作的能力）。尽管这种能力受心理状态的影响较大，但它毕竟必须经过专门的训练才能获得。在各种不同场合下保持稳定的情绪是运动员快速适应比赛环境能力的一种表现。

2. 抗干扰能力

比赛环境往往从两方面给予运动员影响，即积极的促进和消极的干扰。如何不受或少受干扰的影响，已越来越成为保证运动员在现代比赛中获得成功的不可缺少的条件。国内外的比赛实践，佐证了如果运动员不具备较高的抗干扰能力就可能导致比赛的失败。

由于"人为"与"自然"两大比赛环境因素构联的复杂性和随机性，"干扰"在很多比赛场合中出现是不可避免的。为应对这种情况，有经验的运动员、教练员总是通过各种努力来自觉培养抗干扰能力。例如，有些运动员善于变"负刺激"为"正刺激"。1979年在平壤举行的第35届世界乒乓球锦标赛上，中国选手童玲在争夺前4名时与两次世界冠军获得者朝鲜的朴英顺相遇。在朝鲜观众为本国运动员震耳欲聋的助威声中，童玲想的却是"这是在为我喝彩呢"！因而没受干扰，苦战一场淘汰了朴英顺。这种做法似乎较为幼稚，但从心理学角度分析，这实际上是运动员自觉或不自觉地完成了一个"信息性质置换"过程，把带有"负"性质的刺激置换成了"正"刺激。

3. 应变能力

如果说自我控制能力和抗干扰能力多从"稳定"角度考虑问题，即"以不变应万变"，那么，应变能力则主要从"动态"角度适应比赛环境。

比赛环境虽有相对稳定的一面，却亦有动态变化的一面。对于变化了的比赛环境，如不能迅速地采取有效的应变措施，就可能造成不适应，从而导致比赛失败。在以往的研究中论及应变能力时，往往多从对比赛对手的应变过程考虑，而对比赛环境有所忽视。实际上，在田径、游泳等没有直接身体对抗的项目中，运动员应变能力的培养应主要放在对比赛环境的应变能力这一环节上。即便在球类等项目中，比赛环境有时也会发生很大变化（如足球比赛中突然下大雨），在类似情况下，如何改变战术从而把比赛导向有利于本方，实际上就是指对比赛环境的应变能力问题。

进一步考察可知,比赛环境集相对稳定性与动态变化性特征于一体。对于变化的比赛环境,如果运动员不能采取及时有效的措施,就有可能造成对比赛的不适应,继而导致比赛失败。可以说,"快速与善变"已成为运动员适应比赛环境的两种能力因素。

4. 有效利用比赛环境的能力

国家体育总局体育科学研究所一位科研人员,曾对足球项目中比赛环境对比赛成绩的影响进行了研究,他指出,尽管技术、战术、身体和心理素质这四项因素的水平高低决定着比赛成绩的好坏,但比赛环境(主要指主场或客场)对比赛成绩的影响同样是十分明显和不容忽视的。这位科研人员在对1964~1987年联邦德国足球联赛材料进行分析后发现,在总共7221场比赛中,主队胜4032场,平1760场,负1429场,进球15078个,失球8794个。与客队相比,主队的胜场数相当于客队的2.82倍,进球数相当于客队的1.71倍,而失球数仅是客队失球数的58.3%。究其原因,主要是主队占尽了天时、地利、人和,以及以逸待劳等优势。尤其是众多如醉如狂般主队球迷的鼓动,更是对运动员最好的心理动员,有利于运动员体能和技术的充分发挥。

综观其他项目的比赛,如篮球、排球、田径、游泳等,运动员如果在本国或本地区参加比赛,亦往往可能获得更优异的成绩,其原因同上述分析。类似情况可启发我们作两方面的思考:

第一,教练员、运动员应尽可能利用有利于自己的比赛环境,为创造优异运动成绩获取环境方面的优势。当然,"有利的"比赛环境不仅限于主客场,气候、地理位置也应包括在内,如足球比赛时适逢天降大雨,此时更习惯于打"水"球的一方就应充分利用这种环境来争取胜利。

第二,管理人员(包括比赛管理人员乃至各级行政管理人员)在各方面条件允许的情况下,应努力为本国或本地区运动员创造有利的比赛环境,如主动承担各种运动会,以赢得主场之利。

四、应对复杂比赛局面

对复杂比赛局面的处理能力是运动员比赛能力的又一重要组成部分。培养这种能力的主要途径有两条:其一,经验的积累。即"实战累积""见多识广"极为重要。其二,临场预测。运动员对比赛战局的综合预测能力往往对比赛的结果产生一定的积极性影响。从比赛的纵向过程来看，正确、有效地对未来局势的预测是建立在运动员对以往局势的总结、对现局势的分析基础之上而得以形成。在此过程中，运动员的经验知识储备和一定的理论知识是对未来比赛局势发展预测的前提。而其想象力、逻辑推理能力和综合概括能力则成为运动员预测能力构成的核心与关键。因此，实践中，唯有在不断提高运动员思维能力的基础上进一步突出预测能力的培养，方能使运动员在赛场上有效地把握与控制比赛的全局，使比赛朝着有利于本方发挥的方向转化，为获取比赛的胜利创造条件。

五、适时调整竞技状态

关于运动员良好竞技状态的培养，本书将辟专章叙述。这里特指赛程中对竞技状态的自我调整，即运动员的竞技状态即便是在临场态势下，也还存在着调整的可能性。

由于运动员竞技状态在比赛中的保持存在着时段性的特点且受到多种因素的影响和制约，加之部分项目比赛时间的短暂性特点，因而要求运动员在比赛中具备主动地、适时地调整竞技状态的能力，以达到抓住战机、出奇制胜之目的。可以认为，在参赛双方博弈的过程中，运动员能否具备适时地调整自我竞技状态的能力往往是提高比赛胜算的关键。

第四节　创造性能力：运动员的即兴发挥

在对抗性项目比赛中，局面的千变万化，导致运动员不太可能完全按照预先设定的模式去应对。针对突如其来的情况，运动员往往会表现出"随意创新动作"，即平日训练中从来没有出现过的技术动作或战术行为。这些技术动作或战术行为事实上就是运动员创造性能力和"即兴发挥"能力的体现。上述技术动作或战术行为使赛场中的"突发"事件得以妥善处置，"危机"得以化解，因此往往会引得满场喝彩，极大地提高了比赛的精彩程度。从比赛实践中可以观察到，顶级运动员如巴西足球、美国篮球等大牌球星，一般在球场上均极富创造力。

目前，关于运动员在赛场上创造性能力的研究尚处于起步阶段。从生理学角度上讲，有人把这种情形称之为运动员神经联系的"突然接通"，这可视做是运动员大脑皮质可塑性的另一种解释。可以认为，"突然接通"机制是否良好，是运动员在比赛场上创造能力高低的神经生理基础。而建构主义学说则主要从认知活动、主体意识、创造性思维等来解释运动比赛中的"创造"现象。

思考题

1. 谈谈对"稳定性"问题的认识。
2. 试用系统的观点阐述运动员比赛能力。
3. 如何提高运动员对比赛规律的认识能力?
4. 怎样快速适应比赛环境?
5. 举实例说明运动员在比赛中创造性的重要性。

(刘建和)

第六章 竞技比赛战术

第一节 竞赛战术与运动员战术能力

一、竞赛战术的定义、构成及其分类

（一）竞赛战术的定义

竞赛战术是指在比赛中为战胜对手，或为表现出期望的比赛结果而采取的计谋和行动。

（二）竞赛战术的构成

竞赛战术由战术观念、战术指导思想、战术意识、战术知识、战术形式和战术行动等构成。

1. 战术观念

指对比赛战术概念、战术价值功效及运用条件等进行认识和思维后产生的观念。战术观念的形成同运动员、教练员所具有的竞赛经验、知识结构、认知特点和思维方式等有密切关系。教练员、运动员的战术观念对其进行战术思考、制定战术计划、实施战术训练等一切战术活动有着重要的导向意义。

2. 战术指导思想

指在战术观念影响下，根据比赛具体情况提出的战术运用的活动准则。它是基于对战术规律认识基础之上，指导战术行动的规范或模式，明显地体现出战术运用者的战术观念。

战术指导思想是战术活动的核心。采用的战术是否具有很强的针对性和实效性，关键取决于战术指导思想正确与否。

3．战术意识

又称战术素养。指运动员在比赛中为达到特定战术目的而决定自己战术行为的思维活动过程。战术意识强的运动员，能在复杂多变的竞赛环境中，及时准确地观察场上的情况，随机应变，迅速而正确地决定自己的行动方案（包括个人行动及与同伴的协同配合行动）。

4．战术知识

指关于比赛战术理论及实践运用的知识，有经验性知识和理论性知识两种形态，包括对专项战术运用原则与战术形式、战术的发展趋势、比赛规则对战术运用的制约等方面的了解与把握程度。

战术知识是掌握和运用具体战术的基础。教练员、运动员制定的战术方案是否合理，运用得是否灵活、机动和有效，往往取决于他们掌握战术知识的广度和深度。

对于战术知识的定义，俄罗斯著名运动训练学家列·巴·马特维也夫这样叙述："运动员的战术知识是指有关在竞技专项（或整个竞技运动）中形成的战术原则和合理的形式、它们的发展趋势、使用的规则和它们最有效表现的条件的科学实践信息，以及有关现实的和潜在的竞技对手（他们素质方面的强弱点、擅长的战术、训练特点等）的信息。虽然，运动员战术意图和计划的合理性、依据和发展性在很大程度上取决于这些知识的广度和深度。"[6] 1990年人民体育出版社出版的体育学院通用教材《运动训练学》则这样描述战术知识：指本专项运用的战术原则，各种合理的战术形式（阵形、套路等），战术的发展、演变和趋势，比赛的规则和最有效发挥战术作用的条件，以及现实与潜在的比赛对手的情况（包括对手的身体、技术、心理、习惯的战术、训练特点等有关知识）。前述俄、中两国学者之所见，基本相同。现在我们明确地把战术知识分为经验性和理论性两种形态。沿着这条思路，我们将会逐次探触到有形战术知识（或称可编码战术知识）、无形战术知识（或称"意会"战术知识）等新概念，进而进入分析战术知识的生理——心理机制（即意识——无意识形态）的较高层次，最终创新战术知识。

根据知识创新的有关理论，有形战术知识是一种可以用文字语言表达并且可以和他人共享的知识，意即可编码。前述中、俄两国学者所述战术知识多属此范围（即所谓理论性知识）。而无形战术知识则以主观经验形态深藏于运动员头脑之中。运动员不能完全意识到它，更不能用语言完整表述，即他们知道的比他们能说出的多得多。运动员一旦进入操作程序（如训练场或赛场）则可得心应手运用这种知识。因此，无形战术知识可称为"意会"战术知识，即"只可意会，不可言传"。再向前发展，展现在我们面前的将是一幅美好的理论图景：现有运动训练学中"战术知识""战术意识"两大内容板块将在更深层次上完成整合。

5. 战术形式

指战术活动中具有相对稳定形态和结构的行动方式，如篮球战术中的掩护、盯人、联防等形式。

6. 战术行动

指为达到特定战术目的而采用的动作、动作系列或动作组合。

（三）战术的分类

1. 按战术的表现特点划分

可将其分为阵形战术、体力分配战术、参赛目的战术和心理战术等。

（1）阵形战术：指在集体性项目中以一定的阵形，使每名运动员有一个相对的位置分工，并按一定的要求相互配合，从而构成一个相对完整的阵营形式去战胜对手的战术行动，如球类项目中进攻或防守的阵形。

比赛实践中我们要特别注意：阵形、位置的相对固定化与战术的多样化并不矛盾。

（2）体力分配战术：指通过体力的合理分配而谋取胜利的战术行动，在体能主导类项群中的周期耐力性项目如长跑、游泳等项目中运用较多。田麦久（1988）将这类项目分为分道竞速和同道争先两种类型，前者（游泳、大跑道速度滑冰等）通常无法预知对手的竞技能力表现，在大多数情况下全力以赴，以最短的时间通过全程，以争取最好名次。相对匀速是这类项目选手最合理的体力分配方案，其速度动态曲线通常呈前高浅凹 U 形（图 2[7]）。在比赛中，运动员要力求严格按照预定计划通过全程。同道争先项目（中长距离走、跑；短距离速度滑冰等）运动员则不必过多考虑速度的快慢，全部战术计划和战术行动均服从于比对手早到达终点这个唯一目标。比赛的速度动态曲线大都呈后高深凹 U 形（图 3[7]），其模式为：中上速起动＋长距离匀速＋高速终点冲刺。

当多名同队选手参加同一比赛时，可运用集体配合战术，包括二号、三号选手的牺牲战术，掩护主要选手出奇不意地夺取最后胜利。

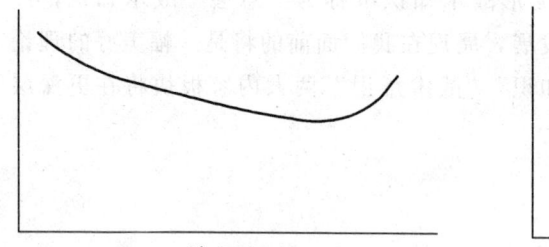
图2 前高浅凹 U 形

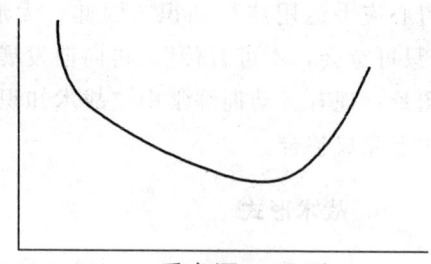
图3 后高深凹 U 形

（3）参赛目的战术：体能主导类项群运动员根据自身参赛目的的不同，比赛时分别采用创纪录战术或夺标战术。

创纪录战术指运动员在比赛过程中，以打破纪录或创造个人最好成绩为目标，按预先制定好的速度、重量及用力程度安排进行比赛。

夺标战术指运动员在比赛过程中，以夺取最好或较好名次为目标而采取的战术。此种战术是运动员在奥运会等重大比赛中采用最多的战术。

采用上述两种战术通常需具备以下条件：运动员已具备创纪录或夺标的竞技能力水平和适宜的竞技状态；已较好地适应了比赛环境；已较为熟悉主要对手的基本情况。

（4）心理战术：指通过一些特定的方式和措施，对参赛对手心理上施加影响，使对手不能顺利完成其预定的战术决策和战术行动。随着运动员训练水平的接近，在比赛前和比赛中，运动员个人或集体任何微小的变化都会给对方以心理影响，扰乱其预先的战术部署，破坏其正常技术发挥。心理战术的主要目的是确立自己的心理优势，使对手在心理上处于劣势。

心理战术的核心是心理干扰。具体手段包括对对手进行威慑、麻痹、迷惑等，以使对手产生心理压力过重、烦躁不安、心理过程紊乱、盲目自信或丧失信心等消极情绪，诱使对手在错误的心理活动支配下进行错误的战术行动。

制造假象、形成错觉是心理干扰常用的手段，可使对手摸不清本方战术意图，从而导致其采用错误的战术行动。

2．按参加战术行动的人数划分

可将其分为个人、小组和集体（全队）战术。

（1）个人战术：指个人所完成的战术行动。在拳击、摔跤、跆拳道、击剑及乒乓球、羽毛球、网球等单打比赛中，个人战术表现得尤为明显。在篮球、排球、足球、冰球等项目中，个人战术是整体战术的组成部分。

（2）小组战术：一般指技能主导类隔网对抗项群（乒乓球、羽毛球、网球）中，双打项目两名运动员之间协同配合所完成的战术行动，以及在其他集体性项目比赛中二、三名运动员共同完成的战术行动，如篮球比赛中的两人快攻、3人快攻，自行车团体赛中的领先战术等。

（3）集体（全队）战术：指赛场上同一运动队中所有运动员按统一的战术方案所进行的战术行动。在集体对抗性项目中，集体战术显得尤为重要，合理有效的集体战术往往是获得胜利的关键。

在集体项目中，个人、小组、全队战术是紧密联在一起的。个人战术是小组战术和全队战术的基础。只有当一个队伍是团结的集体，队里的分工既符合全队的任务，又符合每名运动员的个人能力特点时，集体战术才是行之有效的。

3. 按战术的攻防性质划分

可分为进攻战术、防守战术和相持战术。

（1）进攻战术：指利用掌握主动权的机会，通过个人努力或集体的配合，向对手发动主动进攻所组成的战术行动。

（2）防守战术：由个人、小组或集体协同配合采取的阻碍对手进攻的战术行动。

（3）相持战术：指比赛中双方攻守态势相对均衡时，为争得主动、力求场上形势向有利于己方的方向转化而采取的战术行动。

在势均力敌的比赛中，大量存在着"相持现象"。相持阶段是介于主动与被动的过渡环节。在这一环节中，战术运用是否得当，是能否争得主动、避免被动的主要因素，这在高水平的比赛中显得尤为突出。

4. 按战术的普适性划分

可分为常用战术和特殊战术。

（1）常用战术：又称基本战术、常规战术，是人们在长期竞赛实践中总结出来的、具有较大普适性的战术。例如，乒乓球的发球抢攻战术、篮球的人盯人防守战术、击剑的防守反击战术等。

（2）特殊战术：指比赛中针对特殊对手而专门制定的战术。"一次性效应"是这种战术的显著特征。在争夺名次、出线权等关键性比赛中，特殊战术的有效性是极为重要的。

常用战术能力是衡量运动员（运动队）实力的重要指标，而能否制定出行之有效的特殊战术，并使之与常用战术能力融为一体，却是衡量教练员水平的重要标志。

上述分类体系只是相对而言。在实践中可能出现交叉，如个人战术又可分为个人进攻战术和个人防守战术等。

5．按战术的共通性质划分

近年来，随着对竞技战术研究的深入，人们（姜涛、刘建和，2007）就同场对抗性项群（足、篮、手、曲）的战术问题，提出了"战术共通性"的概念并进行了较为细致的探讨。

（1）共通性定义

共通性定义可以通过两个方面来认知：一是共同性；二是相通性。科学的普遍性，其显性的特征是"同"，可以用"共同性"这个概念来表征。而"通"的意义是成就差异以达成沟通，经由充分的个性化而构成一个"共通性"的境界，做到"通以显体"（李景林，2006）。

战术共通性就是战术的共同性和相通性，通过战术共通性的研究来显示同场对抗性项群的本质特征，做到"通以显体"。通过对同场对抗性项群竞技战术结构和表现形式的共通性的初步研究，揭示其战术的项群特征。

（2）共通性表现形式

——身体对抗战术

本项群的"对抗"，既不同于隔网对抗性项群，又有别于格斗对抗性项群的对抗，前者没有直接的身体接触，而后者又以对方的身体作为攻击对象，无论是对抗的内容还是形式都有所不同。同场对抗性项群的对抗是一种手段，通过必要的身体接触来完成一定的技术和战术，这种对抗又具有集体性和近身性的特点。而身体对抗的最终目的是为了控制球权，完成各种投射得分任务，并取得比赛的胜利。

身体对抗的主要场区特征 离篮圈或球门越近，命中率就越高，这是本项群制胜的基本规律。双方的争夺总是以篮圈或球门为中心，距离越近对抗就越激烈，成功率也就越高。有人统计过，在篮球比赛中3秒区内的身体接触占全部身体接触的95%～98%，3秒区外到三分线一带是2%～3%，而中圈一带的只占1%（徐淑玲、张卉，2004）。在足球比赛中对抗的重点区域则是在中场和罚球区；手球是在球门区和7米线的距离；曲棍球是在球门区附近；篮球是在三分线以内，尤其是在三秒区内。

在这些重点区域内，往往是重点攻防区域，人员比较集中，是频繁的身体接触和身体冲撞的多发之地。

身体对抗的区域有扩大化的趋势。随着比赛激烈程度的增加，身体对抗的地域已逐渐的外扩，如篮球比赛中无球队员的对抗已经扩大到了三分线区域，甚至中圈附近。这种现象和战术形式、比赛场上的局势有关，当队员采用扩大防守或本队在局势方面处于劣势，而急于扭转这种局面时，身体接触的范围必将扩大，以阻止和延缓对手的进攻。但身体对抗区域的扩大，只适合于特定的时间和特定的战术，不可贯穿于比赛的始终，否则将对运动员的体能提出更高的要求，而这种要求并不一定能使攻守产生良性循环，反而会对运动员的身体造成伤害。

身体对抗的表现形式　身体对抗主要表现为身体形态、运动素质、体能等形式。同时，身体对抗的技术和"敢于对抗、善于对抗"的心态也极为重要。

——有球战术和无球战术

有球战术和无球战术的配合是同场对抗球类项群中最为一般性的战术形式，而对"球"的争夺则是此项群发展的主要动力，球也因此成为攻守双方争夺的焦点。有球战术就是进攻战术，无球战术就是防守战术，得则攻，失则守，这充分说明了本项群的战术特点，而作为矛盾的双方，攻和守的不断转换则推动着比赛的进行。

有球战术和无球战术实质是战术的攻防性质在同场对抗性项群的更为具体的表现。

有球战术　有球战术就是利用掌握主动权的机会，通过个人的努力和集体的配合，向对手发动主动进攻所组成的战术行动。

无球战术　无球战术可分为无球进攻战术和无球防守战术两种。前者是属进攻体系的一部分，是配合有球队员进行进攻配合的进攻队员；后者是属防守体系的重要组成部分。

无球队员在进攻时主要是通过自己的跑位、队友的掩护来摆脱防守队员，并创造出有利的得分位置。应该说场上大部分的时间都是无球的跑动，在跑动中，持球者要及时地将球传出，如篮球比赛中的挡拆配合，就是在拆开（挡—拆—给球）之后及时地传球，才有上佳的得分机会。又如，在快攻形成的瞬间持球者要在第一时间将球传给快下的球员。无球队员的快下成了快攻战术的关键，否则就形成不了快攻，也就失去了得分机会，而这种机会在足球和曲棍球的比赛中一旦错失就很难再创；无球队员还要随时做好接球的准备，出球要避免盲目性，要根据赛前制定的战略战术有目的地处理好球，如篮球比赛中，中锋落位后要及时地传球，而不要盲目地在外线出手；足球比赛中，中路突破后，持球者要及时地分球给边路的无球队员，以便创造更好的射门机会。

无球防守战术是指由个人、小组和集体协同配合采取的阻碍对手进攻的战术行动。无球防守时要注意：

第一，防守时要对持球者进行重点防守。通过积极的身体接触和对持球者的各种干扰，延缓进攻速度，破坏传球路线并造成对手的失误。

第二，防守的职责要明确。这里是指防守者是通过什么样的途径来阻止进攻者，是人盯人，还是按照一定的区域各负其责，对对方重点球员又要采取什么样的防守手段等，都要在赛前做到明示，避免出现防守"盲区"。

第三，防守者要随时做好进攻的准备。防守者通过积极的防守迫使进攻者出现各种失误，如通过激烈的拼抢、队友的夹击、快速抢断，在获球的瞬间，无球队员要尽快地摆脱对手，迅速由守转攻。

无球战术和有球战术之间是相互转换的，在攻防节奏的变化中，有球和无球都是暂时的。对于本项群而言，攻防的双方是直接面对面地进行攻击，对球的争夺是攻守的前提，无球就无进攻，无进攻就无得分。按照比赛成绩的评定方法，本项群也可归于命中类，命中多者为胜，所以尽管防守可以阻止对手得分，但防守却不能为己方得分，唯有进攻才是得分的唯一途径。进攻是单方面的，但防守的最终目的还是为了获球进攻，这就是此项群的攻防特点。

——比赛阵形战术

比赛阵形战术是同场对抗性项群比赛中最重要的方面，是指一支球队为实现预定的比赛目的，而将各种不同类型的运动员有机而协调地分配在竞赛场上的一种战术结构。本项群比赛的阵形和战术之间有着密不可分的关系，战术的变化常常伴随着阵形的改变，而不同的阵形又针对着不同的战术部署，阵形之间又要根据对手的布阵形式来确定本方有针对性的阵形，形式上的不同反映在战术上则是对阵双方的相互制约和相互克制，也就是说在战术上要做到攻守兼顾与攻守平衡。尽管有各种不同的阵形，阵形配置的人数也不尽相同，但阵形不是一成不变的，它的变化要取决于竞赛规则的变化、运动员的竞技能力和攻守矛盾的斗争等。根据对手的水平和本队二或三条线攻守力量的需要来配备队员人数，是确定一场比赛阵形的基本原则，比赛阵形是战术的重要组成部分。尽管各项目的比赛人数不尽相同，在战术阵形的布置上也会不同。而且比赛的阵形具有历史性，各个时期的阵形也不会相同。但就阵形的基本内容而言是相同的：划分了运动员活动的一般区域；规定了每个运动员的具体职责；确定了每个运动员与各线之间的关系；明确了个人与整体、局部与全局之间的有目的的联系。

常用阵形 是指在比赛中经常使用的阵形。此项群的每一个项目都有自己惯用的阵形和打法，在人员配备上也相对稳定，各条线上的人员配置和责任的分工较为明确。常用阵形是基础阵形，其他阵形的变化也是在此基础上的衍变，阵形的变化是根据自己的战术目的和对手的具体情况在阵形的局部做适当的调配，而这样的变化不会影响到整个攻防体系。

表2 足、篮、手、曲常用阵形

项目	主要阵形				
足球	4-2-4	4-3-3	4-4-2	3-5-2	5-3-2
篮球	1-3-1	1-2-2	2-3	3-2	2-1-2
手球	3-3	3-2-1	6-0	4-2	5-1
曲棍球	5-3-2	3-3-3-1	4-2-3-1	4-2-4	

阵形的变化 要根据对手在比赛中的攻防变化来调整自己的攻防阵形，在保持整体战略决策不变的情况下，有目的、有针对性地变换、调配和增加各位置上的人员及人数，如1998年世界杯冠军法国队在7场比赛中使用了3种不同的战术阵形与不同的对手交战，取得了良好的效果。

无论阵形如何变化，都应注意尽可能保持战术阵形的完整性，即无论是在进攻还是在防守中，战术的基本阵形要保持一定的完整性，即使是改变阵形后也仍然如此。

完整性首先体现在各个位置的队员无论是在进攻还是防守时，在跑动的方向上（不论是横向还是纵向变换），即不能脱离自己的位置，也不能和队员之间出现位置的重叠，队员间要保持好一定的距离。例如，在足球中，要求横向的距离在5~10米间，而在后场30米区域，队员间的距离宜小；在手球的5-1阵形中，5名队员之间的距离要保持均衡，特别是横向的距离要保持起伏，缩短纵向的距离；在篮球区域联防时，无论是2-3还是3-2联防阵形，两条线上的队员始终要保持好队形，以及队员间的距离，对于有球队员的防守区域要缩小距离，适当加大无球弱势区域的防守距离，但阵形的整体性并没有被破坏。

另外，进攻时整个阵形要向前压进，给防守者以压迫感，但同时也要注意保持好纵向的深度，要充分考虑到对手的防守反击，密切注视场上攻防的变化，做到回防的及时性。在防守时（篮、手、曲），要注意区域联防阵形的一致性，保证好各个位置的队员及时到位。选择好区域联防的阵形，能有效地遏制进攻，发挥联防的作用。

在阵形的选择上要注意形成自己的战术阵形打法，在形成了固有的战术风格后，要选择适合自己的战术阵形。同样是4-4-2的足球战术阵形，欧洲球队和南美球队在效果上却有不同之处，欧洲的粗犷、长传冲吊和南美的细腻、短传渗透形成鲜明的对比。因此，阵形再先进，如果没有与之相适应的球员组合，不但阵形的作用无法有效的实行，运动员的能力也会被阵形所束缚，不能最大限度地发挥自己的水平。

阵形在战术中的作用不在于其多样性，其形式的变化也已为大多数球队所掌握，关键是各线上的队员是否完全适合其所处的位置，以及在此位置上运动能力的发挥是否能够达到最大化。

究其本质，阵形其实是服务于战术的，再有效的阵形，最终是由场上的队员来支配的。因此，队员与战术阵形完美的结合点，才是运用阵形的关键所在。

——以多打（防）少和以少打（防）多战术

可分为四种情况：以多打少、以多防少、以少打多、以少防多。一般而言，前两种情况处于主动地位，后两者则对"少"方的个人能力及小组的协同能力有着更高的要求。

——快攻战术

快攻是此项群进攻战术体系中重要的组成部分，也是进攻战术中最锐利的武器。快攻是由守转攻时，全队以最快的速度、最短的时间，在对手还未部署好防守之前，创造以多打少的良好战机并果断完成投射任务的一种进攻战术。另外一种解释是：由防守转入进攻时，进攻队以最快的速度将球推进至前场，争取造成人数上和位置上的优势与主动，果断合理地进行攻击的一种进攻战术。其特点是发动突然、速战速决，进攻成功率较高。例如，在篮球和手球比赛中，快攻战术使用较多，表现得淋漓尽致，一般在2～3秒钟的时间内就能完成一次快攻；在足球比赛中，快攻更多的是中场抢断球后，迅速地发动防守反击，一旦造成进攻人数上的优势，进球的成功率仍然相当高；在曲棍球比赛中，快攻的发动也可以短角球的形式开始，并且也是有效的和主要的得分手段之一。

快攻的形式可分为长传快攻、追击快攻和抢断球后的快攻。

长传快攻 指队员获球后，立即将球长传给迅速摆脱对手的快下队员而进行反攻的一种战术形式。此战术是建立在长传球技术和快速奔跑、强行突破等技术基础之上。它的特点是进攻时间短、速度快、配合简单，是一种成功率较高的快攻战术形式。长传快攻尽管成功率较高，但对其要求也较高，一传要准，因为距离较远，传球者要在很短的时间内判断好快下队员的跑速和距离，做到人到球到。

追击快攻 是指对手已经退防，长传快攻已无机会，但对方尚未回防到位或是还未站稳阵脚，借此利用队员的快速跑动、短传推进进行快速攻击，以获得个人攻击或以多打少的机会的一种快攻形式。追击快攻具有灵活、机动和多变的特点，参加进攻的人数多，容易造成以多打少的局面。它要求运动员掌握熟练行进间的快速传球、运球技术和较强的快攻战术意识，并保持良好的进攻阵形。在手球和篮球的实战比赛中此种快攻最为常见，也是十分有效的进攻形式。

抢断球后的快攻 通过积极的防守抢断球后，迅速发动组织的快攻战术配合。它必须以抢断球、快速运球突破和快速传球技术为基础，其特点是发动快，具有突然性，对手难以防范。它要求抢断球的队员立即果断地传球或运球推进，以最快速度完成快攻。

此外，在此项群中，还可利用罚边线球、定位球、底线球发动快攻。

——定位球战术

定位球战术是指比赛成死球时所采用的进攻战术方法。定位球在同场集体球类项群诸项目中的地位极为重要，它已成为比赛胜负的重要组成部分，尤其在势均力敌的比赛中，关键时刻的定位球可以一球定胜负。

由于竞赛规则对运动员在比赛中的犯规和球出界等规定了若干判罚条例，因此在比赛中就会经常出现定位球的判罚，如任意球、界外球、球点球等。定位球的形式多种多样，不一而足。表3为诸项目的主要定位球形式。定位球的判罚对进攻者是十分有利的结果，它往往可以获得直接得分的机会，因此，无论是比赛还是训练，对定位球战术要有足够的重视。

表3 同场对抗性项群（足、篮、手、曲）定位球形式

项　目	定　位　球　形　式				
足　球	角球	球门球	任意球	掷界外球	球点球
篮　球	1+1罚球	争球	掷界外球		
手　球	任意球	罚球	掷界外球		
曲棍球	发界外球	任意球	长角球	短角球	点球

任意球战术（足、手、曲） 比赛中出现最多的就是任意球，如足球中1/3的定位球来自任意球。因此，如何利用任意球战术打开局面，或是扩大本队战果对于进攻方有着及其重要的意义。尤其是在球门区附近的任意球，有的可以直接得分，有的虽不能直接得分，但同样能对球门形成威胁。

角球战术（足、曲） 根据定位球的判定要求，防守者必须离开持球者一定的距离，如足球的9.15米，手球的3米等。在持球者的前方存在着大片的空当，这就有利于进攻方选择进攻位置和组织战术配合进行攻击。进攻方要充分利用这

片空当，为自己的进攻争取时间，如可以通过非常规的传球，或利用进攻者的跑动，改变进攻的路线，以获取更多的进攻机会。

角球战术在足球和曲棍球比赛中有着相当重要的地位。角球可以直接将球发到对方罚球区或球门区内，对守方大门的威胁相当大。它已经成为足球和曲棍球比赛中主要得分手段之一。

罚球和点球战术 罚球和点球战术在此项群的诸项目中有特殊的作用，在比赛的关键期或进攻局面难以打破时，可以造成对方的故意犯规，创造出罚球和点球的机会，而在关键比赛中，点球往往是决定比赛结果的最后方法，因此要特别重视罚球和点球战术在战略体系中的地位。

罚球和点球是在无防守的情况下进行的，它的特点是一蹴而就，一般没有补救的可能，所以练好罚球和点球技术至关重要。篮球比赛中的罚球，面对的只是球筐，考验的是运动员的心理素质和基本的投篮技术；足球、手球、曲棍球面对的是球门和守门员，它考验的不仅是心理素质和基本的技术，还要和守门员斗智斗勇，运用假动作骗过对手。

罚球战术在篮球比赛中运用得较多，如在内外线都无法得分的时候，可以制造对手犯规，以获得罚球机会，使得比分不至于被对手拉开，对手的犯规也可以给其防守带来一定的压力。在比赛的最后阶段，比分接近时，可以运用犯规战术，给对手以心理压力，造成罚球失误而获得比赛胜利。足球、手球、曲棍球中的点球战术则是通过强有力的突破或在禁区内造成对手的犯规而获得罚球。点球可以直接得分，成功率高，防守者的难度增大，因此一定要抓住点球得分机会，打破场上僵局或一球定乾坤。

界外球战术 利用好掷界外球的时机，可以发动快攻和防守反击战术，而在一定区域的界外球，可以直接掷入球门区和禁区，给对手造成直接威胁。

二、运动员战术能力的影响因素

战术能力指运动员（队）掌握和运用战术的能力，是运动员（队）整体竞技能力水平的重要构成部分。

运动员（队）战术能力的强弱反映在其战术观念的先进性；个人战术和集体配合意识；战术理论知识；所掌握战术行动的质量和数量；运用战术的针对性和有效性等方面。不同竞技项目对运动员（队）战术能力的要求有所不同。技能主导类格斗对抗性项群、同场对抗性项群、隔网对抗性项群对运动员战术能力的要求最高。不同项群战术特点如表4[8]。

表 4　不同项群竞赛战术的特点

项　　群		竞赛战术特点
体能主导类	速度性项目	科学地分配和运用体力，强调应变能力
	耐力性项目	合理地分配体力、领先与跟随战术、快速地起跑＋匀速跑＋全力冲刺
	快速力量性项目	排除干扰按预定参赛计划比赛，力争首演成功，对手以心理压力，利用竞赛规则以"巧"取胜
技能主导类	表现难美性项目	动作编排上扬长避短，突出绝招；合理布局动作，体力与难度协调搭配；全力争取规定动作比赛和预赛成功
	表现准确性项目	重视一弹一箭的规范化，保证成功率；掌握好一组弹、箭的发射节奏；安排好团体赛上场顺序；比赛间隙的信息回避
	同场对抗性项目	应充分体现整体的攻防配合；强调以多攻少或以少防多；注重攻守转换的速度，尤其是快攻战术；灵活善变的比赛阵形
	隔网对抗性项目	充分利用时空优势制胜；善于利用球的特性，力求先发制人；注重战术创新和战术质量；战术变化灵活多样；集体配合默契
	格斗对抗性项目	因人而异，扬长避短，先发制人，避免消耗战，假、真结合，引诱和借力，消耗战、游击战，利用"边线"战术

（一）军事学与谋略学

"战术"一词原本就是军事术语。竞技比赛就其对抗性的本质而言，就是一种"对局"、一种"博弈"。因此，竞赛战术的发源、形成以及发展，都和军事学、谋略学的影响密不可分。从这个意义上讲，教练员、运动员力求掌握更多军事学、谋略学的知识，对于认识竞赛战术规律和提高知识能力水平十分必要。

军事学、谋略学主要在以下几个方面对比赛战术及战术能力产生影响。

1. 知彼知己，百战不殆

《孙子·谋攻》说："知彼知己，百战不殆；不知彼而知己，一胜一负；不知彼，不知己，每战必殆。"

在竞技比赛中，透彻地了解对手及本方的各种情况，是制胜的先决条件。

2. 奇正

《孙子·势》说："凡战者，以正合，以奇胜。故善出奇者，无穷如天地，不竭如江河……战势不过奇正，奇正之变，不可胜穷也。"

在竞技比赛中，主要攻击方向（攻击点）为正，牵制方向（牵制点）为奇；老队员、老阵容为正，新队员、新阵容为奇；常用战术为正，特殊战术为奇；整体实力为正，机巧手段为奇。教练员、运动员应根据双方实力及场上情况，处理好前述奇、正关系。

例如，当本方实力明显高于对手时，应以"正"为主，即"拼实力"，以"堂堂之阵"同对手对抗。相反，就要考虑采用机巧手段，出奇制胜。于堂堂之阵中突出奇兵，是奇正结合的最高境界。中国乒乓球在多次世界大赛中巧布奇阵取胜，是运用奇正策略的经典之作。

3．攻守

攻与守是竞技比赛中的一对基本矛盾。在技能主导类同场对抗、格斗对抗、隔网对抗项群中，攻守问题是训练中需要解决的重要问题。《孙子·虚实》说："攻而必胜者，攻其所不守也；守而必固者，守其所不攻也。故善攻者，敌不知其所守；善守者，敌不知其所攻。"意即善于进攻的，可使对手不知道防守哪里；善于防守的，可使对手不知道进攻哪里。

进攻时如水银泄地，无孔不入；防守时固若金汤，针插不进，这是教练员、运动员在攻守训练中应追求的理想境界。

4．虚实

兵不厌诈、避实击虚、出其不意、攻其不备、虚虚实实、真真假假等，都是竞赛战术中常用的计谋。战术的灵活性也通过这些方面表现出来。《孙子·虚实》说："兵无常势，水无常形。能因敌变化而取胜者，谓之神。"

5．得失

一名成熟的运动员、一支成熟的运动队，在考虑战术运用时，往往首先是创造条件，不给对手任何战胜自己的机会，在使自己立于不败之地的基础上，想方设法捕捉任何可能战胜对手的机会。

由于比赛过程千变万化，很有可能出现不利于本方的情况，甚至有时会遇到似乎是"山穷水尽"的局面。此时，成熟的运动员（队）不会轻言失败，而会耐心地等待对手犯错误，进而抓住战机，反败为胜。

另外，故意"示强"或"示弱"，为了大"得"（最终胜利）而小"失"（如采用牺牲战术）等，都是军事学、谋略学中得失问题在竞赛战术中的具体表现形式。

（二）心理学与思维科学

心理学与思维科学因素对竞赛战术的影响极大。心理能力和思维能力是运动员学习、掌握和运用战术的保证。

1. 神经过程

不同神经类型的运动员在学习，尤其是运用战术方面有着不同的特点。具有灵活性神经过程的运动员在比赛中往往能准确地预见比赛形势的变化，灵活机动地选择和运用不同的战术手段。虽然可以通过后天性训练来对运动员的神经过程进行一定程度的改造，但为了提高训练的效率和经济性，在篮球项目的后卫运动员、排球项目的二传运动员、足球项目的前卫运动员等所谓"战术组织者""战术发起人"的选材中，适当考虑其神经过程的特点是完全必要的。

2. 注意

运动员的注意品质同其观察能力密切相连。扩大注意视野、注意的高度集中及迅速转移等都是培养和加强战术意识的重要因素。

3. 智能

运动员智能与其技术学习能力，战术理解和运用能力有着密切的关系。竞赛战术的敏捷性、灵活性、预见性和创造性均同运动员的智能息息相关。

4. 学习能力

现代心理学认为，学习能力也是一种心理能力。学习、掌握竞赛战术同运动员的学习能力有很大关系。

5. 思维能力

战术意识是一种思维过程。相对于人类其他思维活动，运动员在战术活动中的思维，有如下非常明显的特征。

（1）快速性：现代竞技比赛是在激烈的对抗中进行的，这种对抗的明显特点就是对时间的严格要求。"时间就是机会、就是胜利"这句话在竞赛中得到最为充分的体现。为此，要求运动员在极短的时间内对一些至关胜负的紧迫问题作出决断，否则就会贻误战机。

（2）逻辑性和直觉性：在某些情况下，运动员的战术思维是一种缜密的逻辑思考，而在另一些情况下则完全是一种直觉思维。正是因为战术是逻辑思维和直觉思维的混合体，而人们对直觉思维的理论研究目前还未取得较为深入的、建立在实验基础上的进展，所以，运动员战术思维及战术意识的培养一直是教练员在训练实践中感到棘手的问题。

（3）操作性：比赛中，运动员战术思维总是伴随着操作（操作自身或同伴或对手的身体，以及操作器械）行动进行的，"思维运动"与"身体运动"联系在一起。

（4）情绪性：运动员的战术思维总是与强烈的情绪体验相联系，包括增力情绪和减力情绪等。

（三）形态学与体能、技能

1. 形态学因素

在一些项目中，运动员形态特点对战术的采用具有很大的影响，如篮球比赛中"高中锋"战术、排球比赛中"高举高打"战术等，无一不是以运动员的高大身材为前提。在拳击、散手等项目比赛中，身体健壮的运动员由于自身抗击打能力较强，往往采用"后发制人"的战术，尽量诱使对手同自己近身对抗，而身体相对单薄的运动员则往往采用游动中寻找战机的战术，尽量避免同对手正面交锋。在击剑项目中，高大运动员往往利用身高臂长的优势，尽量同对手保持距离，而身材相对矮小的运动员则往往主动同对手近距离交锋。

如前所述，教练员、运动员在制定战术计划及进行战术训练时，充分考虑双方的形态学特征是非常必要的。

2. 体能与技能因素

包括身体能力和技术能力。体能在很多项目比赛中，是采用战术或实施战术配合的重要先决条件，如"快"在球类项目比赛战术中起着非常突出的作用，而运动员的"速度"能力则决定着能否"快"及"快"到什么程度。

从某种意义上讲，战术就是技术的有目的的运用。技术风格往往决定着战术风格。战术的多样性决定于技术的全面性，意即灵活多变的战术必须以运动员（队）全面的技术为坚实的基础。在比赛实践中人们已观察到，明知某种战术对对手具有威胁，但因为本方不具备相应的技术能力，无法实现良好的战术意图。

因此，战术的采用应充分考虑本方的技术条件。

第二节　战术训练方法

战术训练方法的采用应根据专项比赛的要求，应有利于发挥运动员的身体和技术特长，应能充分调动运动员的主动性和积极性。

一、分解与完整训练法

分解战术训练法是指将一个完整的战术组合过程划分为若干个相对独立的部分，然后分部分进行练习的方法。这种训练法常在学习一种新的战术配合形式时采用，其目的在于让运动员掌握某种战术配合的基本步骤。

完整战术训练法是指完整地进行战术组合练习的方法。这种方法常在运动员已具备一定的战术知识和战术能力后采用，其目的在于使运动员能够流畅地完成整个战术组合过程。

二、减难与加难训练法

减难训练法是指以低于比赛难度的要求进行训练的方法。这种方法常在战术训练的初始阶段采用，如在同场对抗性项群的球类项目中，最初可在消极防守或不加防守的条件下完成战术练习，待运动员掌握战术的基本步骤后，逐渐加强防守，提高难度以达到比赛要求。

加难训练法是指以高于比赛难度的要求进行训练的方法。这种方法的目的是提高运动员在复杂困难的情况下运用战术的能力。采用的方式一般有限制完成技术动作的空间和时间条件（如限制场地、缩短时间等）；与不属同一级别的高水平运动员或运动队对抗；采用比正式比赛条件更严格、更困难的标准进行训练等。

三、虚拟现实训练法

指运用高科技设备，将未来可能出现的比赛场景提前在电脑屏幕上"虚拟"出来，从而帮助运动员提高预见能力，以及在各种情况下灵活有效地运用战术能力的训练方法。这种方法目前在德国、英国等足球队中运用得较为普遍。可以预见，随着高科技手段在运动训练和竞技比赛中的广泛渗透，虚拟现实训练法也将在更多项目中得到采用。

四、想象训练法

这是一种心理学训练方法。这种方法是在运动员大脑内部语言和套语的指导下进行战术表象回忆，能够帮助运动员在大脑中建立丰富而准确的战术运动表象。

五、程序训练法

程序训练法是近年来从教学领域引进的一种训练法。在运用程序训练法进行战术训练时，除应遵循由易到难、由简到繁、从固定到变异的一般性程序外，还应特别注意编制不同项群战术训练的特殊程序。

体能主导类项群可考虑采用如下训练程序：不同战术方案选优，重复熟练；不同情况下实施战术训练；在实战条件下进行训练。

技能主导类对抗性项群可考虑采用如下训练程序：无防守训练→消极防守训练→积极防守训练→模拟比赛训练→实战训练。

六、模拟训练法

指在获得准确情报信息的基础上，通过与模仿重大比赛中主要对手的主要特征的陪练人员对练，及通过在与比赛条件相似的环境中的练习，使运动员获得特殊战术能力的一种针对性极强的训练方法。

随着运动训练实践的发展，模拟训练方法的应用范围逐渐扩大。它不仅应用于技能主导类格斗对抗、隔网对抗、同场对抗类项群的战术训练之中，而且在体能主导类项群中，为使运动员能针对比赛场地、气候、日程安排等具体情况进行有效的战术准备，模拟训练也在逐渐开展。

在"赛前直接准备"一章中，将对模拟训练法进行详细阐述。

七、实战法

指在比赛中培养战术能力的方法。这种方法可使运动员对战术的理解更为直接、更为深刻。在参加重大比赛前，往往安排一些邀请赛或热身赛等，其目的之一就是演练将在重大比赛中使用的战术,以检验其有效性。

第三节 战术方案的制定

战术方案的制定是赛前战术训练的基础。在制定过程中,首先要考虑充分发挥本方各方面的优势。其次要考虑抑制对方的长处,不让其发挥优势。在集体项目中,要考虑既能充分发挥每个运动员的特点,又有利于展现出最大的整体效应。

一、战术方案的基本内容

(一) 战术任务和具体目标。
(二) 预测对手的战术意图,包括进攻、防守和心理等。
(三) 确定战术原则。
(四) 已方(全队、小组或个人)的战术行动,包括具体的任务分工等。
(五) 预测比赛过程中可能发生的情况及应变措施。
(六) 适应竞赛环境的措施。
(七) 赛前战术训练的安排。
(八) 对本方案的保密要求及赛前隐蔽工作。

赛前隐蔽是有意识地隐藏(不让对方了解)本方真实情况的战术行为,以求达到在比赛中争得主动、出奇制胜的战术目的。赛前隐蔽的内容有技术隐蔽,即不让对方了解本方的创新技术或关键技术;战术隐蔽,即不让对方了解本方的常用战术,尤其是不让对方了解本方针对对方制定的特殊战术;人员隐蔽,即不让对方了解可能对其构成威胁的本方人员(尤其是新手)的情况;阵容隐蔽,即不让对方了解正式比赛中本方主力阵容及替补阵容;器械隐蔽,即不让对手了解本方在比赛中将使用何种性能的器械。

从更积极的意义上讲,赛前隐蔽还可包括向对手提供假情报,以达到迷惑对手的战术目的。

二、制定战术方案的注意事项

(一) 及时收集准确的情报

情报在战术方案的制定过程中具有巨大的作用。所谓"知彼知己,百战不殆",就是通过获取情报来实现的。战术方案的制定应以准确的情报为基础。在现代竞技比赛中,情报是否及时、准确和全面,将直接影响战略决策和战术决策,并进而影响比赛结果。我国乒乓球项目在世界乒坛长盛不衰的重要原因之一,就是建立了一个包括科研人员、翻译、援外人员等在内的高效率信息系统,从而保证了我国乒乓球队在多次重大赛事中,能针对主要对手制定出有效的战术方案,赛前的模拟训练也极富针对性。

鉴于情报信息的重要性,有经验的教练员、运动员都会高度重视这项工作。为此,竞赛双方都会尽量地保守秘密,使对方无从得知本方情况,从而尽量使对手的战术决策陷入盲目状态。有时,竞赛一方还利用多种媒体传播假情报以迷惑对方,使对手情报失准,从而导致战术决策失误。在制定战术方案时,要充分考虑这一点。

有关竞赛对手、竞赛环境的情报内容包括运动员竞技能力情况及比赛风格;教练员指挥能力及指挥风格;传统打法及近期是否有创新;进攻与防守的特点及比赛中常用节奏;主力队员与替补队员的具体情况;近期比赛的成绩及致因;比赛场地、器材、气候、住宿及饮食情况;比赛日程安排;裁判员情况等。

(二) 处理好战略决策和战术决策的关系

所谓战略决策,是指对参加一次比赛的全局性问题(主要为比赛目的、战略原则)所进行的决策。

竞赛战略决策能力的高低,取决于决策者对竞赛全局的了解,它包括竞赛规则的限定及灵活区域、竞赛双方的现时状况及可能发展的程度、影响比赛过程及比赛结果的错综复杂的因素及其相互关系、可能出现偶然情况的预测和应变措施等。

所谓战术决策,是指针对比赛中具体情况而进行的决策。相对于战略决策,战术决策是局部的。战略决策是宏观的,而战术决策则是微观的。战略决策只有通过战术决策才能实现。一般说来,战略决策具有相对的稳定性,即竞赛目的、战略原则等不能轻易改变,而且,战略决策历时较长,而战术决策则具有较大的灵活性,可随竞赛中的具体情况加以必要的调整,因此,战术决策往往表现出快速性的特征。

(三) 考虑竞赛环境的影响

竞赛环境(包括竞赛场地器材条件、地理气候、裁判员、观众等)是制定战术方案时必须加以考虑的又一重要因素。例如，在羽毛球比赛中，比赛馆空气流通情况对球飞行的影响，如打顺风球，拉底线容易出线，因而运动员往往采取打网前球、下压球的战术。再如，在制定足球比赛战术方案时，要研究裁判员的个人风格，如裁判员对犯规尺度掌握较紧，那么采用紧逼防守战术就要慎重。

（四）充分利用竞赛规则

严格地讲，任何战术的运用都要受到规则的制约。因此，在制定战术方案时必须考虑规则因素，同时，应充分利用竞赛规则来达到战术目的。例如，在乒乓球比赛中有"12板"球规则，即一局比赛不得超过15分钟，一旦超过，以后每分球都必须在12板之内决出胜负，否则判发球方失分。当进攻型运动员和防守型运动员交锋时，前者往往采用所谓"12板"球战术，即有意将一局比赛时间拖到15分钟打"12板"球，利用对手进攻力量不强的弱点获胜。

（五）计划性与可变性相结合

战术方案就其实质而言是一种计划。既然是计划，就必然带有预测性。而比赛中的事件往往瞬息万变，经常会出现一些即便是再周详的计划也无从考虑的局面。在这种情况下，如果再按照原有计划进行，便很可能陷入被动。因而，需要迅速改变原定计划，这对对抗性项目来说更为重要。

综上所述，战术方案应保持合理的弹性。战术的结构应是一种弹性结构而不是刚性结构，它的表现随比赛场上的变化而有所调整。在现代运动训练中，战术的高度计划性与运动员、教练员创造性的出色发挥高度统一，已越来越成为决定比赛结果的重要因素。

总之，在制定战术方案时，首先要考虑战术的针对性和实效性，其次是攻守转换的灵活性、运动员对方案的可接受性，以及既能发挥每个运动员的特点及创造性，又有利于集体各个成员之间的协同性等。

第四节　战术训练的基本要求

一、深刻把握项目制胜规律

运动训练（包括战术训练）的主要目的是在竞赛中夺取优异运动成绩，"夺取"的过程实质上就是"制胜"的过程,而要制胜就必须遵循制胜规律,这是战术训练最基本的要求,也是形成正确战术观、正确制定战术方案、正确实施战术训练、在比赛中正确运用战术的前提性条件。

所谓制胜规律,是指在竞赛规则的限定内,教练员、运动员在竞赛中战胜对手、争取优异运动成绩所必须遵循的客观规律。

制胜规律包括两个方面,其一是制胜因素;其二是制胜因素之间的本质联系。对专项运动成绩有决定性影响的因素称为制胜因素。这些因素是人们在对专项比赛的各种特性进行深入研究后归纳总结出来的。我国部分优势竞技项目在认识、发掘和把握制胜因素方面走在其他项目前面,如乒乓球项目总结出"快、转、准、狠、变",排球项目总结出"高、全、快、变"制胜因素等,这也是我国优势项目在一定历史时期居于世界先进水平的重要原因之一。

技能主导类同场对抗、格斗对抗、隔网对抗项群所属各项目的制胜因素具有一个非常明显的特征,即每个因素都包含着明确的战术含义。例如,排球项目中的"高",除必须选拔"高大运动员"之外,还具有采用"高举高打""高点强攻"战术的含义;足球、篮球等项目中的"准",除"投篮准"等外,准确地传出"威胁性"球,就明显地带有战术色彩。

每个项目中,制胜因素都不是一个或两个,而是一个"因素群"。若干因素之间,存在着必然性联系,这些联系以不同的方式表现出来,有的互相促进,有的互相制约,有的互相矛盾。例如,篮球、排球项目中的"高"与"快"的关系;网球、羽毛球等项目中"快"与"准"的关系;击剑、拳击等项目中"狠"与"准"的关系等。正确地认识和把握这些关系,才能做到遵循制胜规律,有效地进行战术训练。

在认识制胜因素及其关系时,要特别注意各因素内涵的发展情况。例如,目前在对技能主导类项群隔网对抗项目"快"的理解上,除了以前内涵中已有的球速快以外,人们还从抓"适应与反适应"(即最大限度地适应对手、最大限度地不让对手适应自己)这对主要矛盾出发,赋予"快"以"战术变化快"(在有效的前提下)、"节奏变化快"等新的内容。这些都是我们在进行战术训练时应该加以注意的。

二、培养战术意识

战术意识这一特殊思维活动过程,由战术信息选择与战术行为决策两个前后为序、紧密相连的部分组成。其具体内容体现在技术运用的目的性;战术行动的预见性；判断的准确性；攻防转换的平衡性；战术变化的灵活性；战术配合的协同性；战术行为的隐蔽性等方面。

培养运动员的战术意识，是战术训练的中心环节。具体方式通常有系统了解专项竞赛基本规律与战术特征；比赛中战术变化的规律及正确的应变措施；专项战术的发展趋势；积累专项战术理论及经验知识；大量而熟练地掌握基本战术等。

战术意识的培养与运动员的思维活动密切相关。从某种意义上讲，战术思维是战术意识的核心。因此，运动员的战术思维能力决定了其战术意识水平。具体而言，运动员思维的灵活性、预见性和创造性等是其战术意识的决定因素。

从运动训练实践看，"想练结合"是培养运动员战术思维行之有效的手段。

三、培养战术运用能力

在运动训练中，应当把培养运动员在各种复杂艰苦条件下合理运用战术的能力放在相当重要的位置上。这也是在战术训练中贯彻"练为战"思想的具体要求。

战术运用的基本要求为：第一，明确目的性和针对性。任何战术的运用都必须有明确的目的性，做到有的放矢。战术行动合理、针对性强，做到特定战术解决特定问题。第二，高度实效性。战术运用的目的是制胜，因此，应以能否达到制胜目的为准，力戒华而不实。第三，高度灵活性。能根据场上千变万化的局势，灵活机动地坚持运用有效战术，力争主动、避免被动，使战局向有利于本方的方向发展。

四、处理好个人战术行为与集体战术配合的关系

个人战术行为指运动员在战术活动中表现出的个人行为。它是运动员个人战术的直接表现，亦是集体战术行为的基础。

个人战术行为能力可分为"单兵作战能力"和"协同作战能力"。在集体项目中，个人战术行为的目的或为直接制胜，或为队友创造机会制胜。

个人战术能力的培养是提高个人战术行为能力的关键环节。此外，丰富的战术理论知识、结构独特的个人战术体系及由此转化成独特的战术风格，都是加强个人战术能力的必备条件。

集体战术以个人战术为基础并对此加以协调配合。集体战术能力是运动队整

体竞技能力极为重要的组成部分。在集体对抗性项目中，合理有效的集体战术往往是取得胜利的关键。

战术配合是集体战术行为的核心。战术配合的构成因素有参与配合的人数、每个人的行动方式、个人行动目的与战术配合目的的关系等。

战术配合水平取决于两个方面：第一，运动员在战术配合过程中表现出的活动方式的协调程度，亦称为操作形式的协调程度。第二，战术意识——心理过程的协调，亦称为"默契"。达到"默契"程度的战术配合行动，往往表现出较大的灵活性和创造性。

集体战术的基本要求为：第一，严密的组织性。即强调个人战术行为必须服从全队的整体配合。每个运动员都必须遵守战术纪律。所谓战术纪律，是指为争取比赛胜利而制定的、要求运动员必须按战术计划行动的强制性规定。战术纪律是战术计划得以有效实施的保证。在战术计划未被竞赛过程证明无效且竞赛指挥者未发出明确修改指令前，战术纪律要求运动员必须执行战术计划。第二，高度的一致性。即所有队员战术行为的目的应当一致。第三，高度的协调性。即每个运动员的个人战术行为必须相互协调，以保证全队战术目的的顺利实现。

运动队如何在竞技比赛中做到"协同"，是比赛中必须处理好的另一问题。

运动集体中的协同关系是影响该集体整体战斗力的最重要的基本关系。依照系统论观点，运动集体整体战斗力（系统整体功能）的大小，除取决于运动员个体竞技能力大小（系统元素水平）之外，还取决于运动员之间的联系及其与教练员之间的联系（系统结构）。而协同关系就是上述联系中的核心关系。

实际上，战术关系也是一种协同关系。当然，除此之外，协同关系还包含有其他内容，如运动员在竞赛过程中的人际关系等。

在研究协同关系时，我们将重点分析两个问题，即协同行为与协同意识、技术地位与人格地位。

（一）协同行为与协同意识

运动员在比赛场上表现出来的技术、战术等方面的协同行为，是一种在协同意识支配下的行为。因而，要想处理好竞赛场上的协同关系，首先得培养运动员的协同意识。而一种正确意识的培养，往往是同与此相对的错误现象的认识彼此消长，即正确的意识往往来源于对错误的认识。在竞赛过程中，协同的对立面为内耗，因此，有必要使运动员充分认识到内耗的危害性，从而自觉培养协同意识。

"内耗是指事物处于某种无序或不协调状态下,其系统内部各组成部分之间的相互抑制和相互冲突,从而使系统各种有用力量相互抵销的现象。换言之,内耗是一种无组织力量,它瓦解事物的内部结构和削弱事物的外部功能,阻滞、破坏事物的进化发展"(陈典模等,1986)。根据协同论观点,运动集体的内耗同其外部功能——整体作战能力处于一种对立的统一关系之中,两者互为表里、彼此消长。减少内耗能维持运动队内部各种关系的稳定,从而充分发挥队伍的整体战斗效应。

从运动实践中也可观察到,如果一支运动队内部的人际关系紧张,队员之间互相拆台、掣肘,那么这支队伍的战斗力势必受到影响。相反,如果运动队内耗较少,其整体作战能力势必增加。对此,许多成功的教练员都曾论述过。例如,袁伟民曾谈过"6>6"的问题。他认为,由于现代排球运动技战术的飞速发展,因此场上6名运动员必须从思想上、意识上、技术上、战术上高度配合,高度协调,高度默契,只有这样,才有可能提高整体战斗力,真正达到"6>6"。

从某种意义上讲,运动队的成长过程就是减少内耗、求得协同的过程。一些运动队之所以在各种比赛中取得优异成绩,主要原因之一就是这些运动队协同作用强,有序程度高,内耗相对小,从而表现出了相当强的整体效应。

在运动队中强调协同关系,首先应让运动队明了内耗对运动集体的危害,即内耗可能导致运动队结构联系紊乱,削弱战斗力。在此认识基础上,使培养协同意识成为运动员自觉的心理定向,并通过一系列具体措施,使这种意识转化为实实在在的协同行为。

在管理心理学中,曾将集体内协同关系看成集体是否具有内聚力的重要条件。增大运动队内聚力是比赛获胜的保证。在这方面,中国女排给我们提供了成功的经验。

此外,教练员与运动员之间的协同同样十分重要。教练员的意图只有"物化"在运动员的竞赛行为中,才能真正体现出它的价值。纵观中外一些较为成功的运动队或运动员,教练员与运动员的协同关系都是比较好的。"临阵换将大不利",其实质也是指临近比赛换掉教练员,将破坏旧有的协同关系而又不能及时建立新的协同关系,从而影响比赛成绩。

(二)技术地位与人格地位

集体项目的竞赛实际是参赛双方整体作战能力的较量。无疑,队员之间的协同是构成这种能力的关键。然而实践也昭示我们,运动员的个体水平也是不容忽视的。事实上，在一支高水平的运动队里，往往拥有一至几名出类拔萃的运动员，如在足球运动中，联邦德国的贝肯鲍尔、巴西的贝利、阿根廷的马拉多纳，都曾率领自己的球队赢得过世界冠军。中国女排之所以"五连冠"，同孙晋芳、郎平、张蓉芳等运动员的存在密切相关。

明星球员一般是球队的核心队员，他们技艺精湛，战术意识超群，拥有的特长或绝招比同伴高出一筹，在比赛中起到了别人无法替代的作用。一般情况下，他们技战术发挥的好坏会直接影响到整个球队的战绩，因此，教练员在制定技战术时，往往以其为中心。

明星球员的核心作用是显而易见的，他们技战术水平发挥的好坏直接影响到整个球队的攻防质量，在攻防的关键时刻，明星球员要敢于挺身而出，集重任于一身，组织和完成各种战术配合。

明星球员的领导作用归根结底在于领导球队不断取得比赛的胜利。争取比赛胜利是战术执行的最终目的，明星球员要通过比赛证明自己的价值，那么唯一的方法就是带领球队赢得比赛。

"球星"的作用是不可低估的。一个"球星"的出现往往可使一个运动队的水平得到很大提高。阿根廷队在赢得第 13 届世界杯足球赛冠军后，西方甚至有人评论："马拉多纳打赢了世界。"这虽然失之偏颇，但也在一定程度上说明了球星对于获得胜利的作用。一个有经验的教练员，在提高自己队伍整体作战能力的过程中，总会想方设法培养一个乃至几个"核心队员"。

上述分析旨在说明，在运动队中，运动员的地位实际上是不平等的，但这种不平等应当仅是指技术地位。而运动队协同关系的好坏、整体作战能力的强弱，不仅取决于对运动员之间技术地位差异的认识，而且还取决于对运动员之间人格地位的认识。

如果说运动员技术地位的差异是必然的、正常的，那么，运动员在人格上则应当是平等的。技术地位与人格地位不能混为一谈。前者的差异是客观存在且可容的，而后者的差异则是绝对应当避免的——它是影响运动队协同关系的重大障碍。

主力队员与替补队员的关系、上场与下场的矛盾，常常困扰着教练员，也往往给运动队带来不和谐的气氛。以往的研究，大都用"队员之间是平等的"这样一句极为抽象且又不符合实际情况的话语来代替对上述关系的深入探讨。理论上认识不清必然会使实践缺乏明确的方向。其实，只要实事求是地承认运动员之间存在着一些不平等，并分析这些不平等的必然性，就会制定出更为切合实际的措施，也会给我们理解"球星与一般运动员、主力与替补的关系"带来一些有益的启示。

五、重视战术组合

随着现代竞技比赛的日趋激烈，战术也在向"复合化"方向发展，靠单一战术制胜的局面已不多见。

从某种意义上讲，复合就是组合。如何将多套战术有机地结合起来并在比赛场上极富针对性地使用，是衡量运动员战术水平高低的主要标志。

战术组合可分为程式性组合与创造性组合两种。

1. 程式性组合

程式性组合是指将各种战术行动在空间和时间上按一定顺序构成的战术组合。各专项教科书所载战术（配合）多指此种，如足球中的阵形战术、篮球中的联防、盯人战术等。另外，根据特定对手而专门制定的战术组合也可归入此类。

2. 创造性组合

创造性组合是指根据比赛临场变化情况，不按固定程式，创造性地将几套战术组合在一起。"随机性"是这种组合的重要特性。

程式性组合既可表现于训练之中，又可表现于比赛之中；而创造性组合则更多地表现于比赛之中。

程式性组合能力是创造性组合能力的基础。运动员对程式性组合掌握得越多，越熟练，就越能开发创造性组合。

创造性组合能力又不能简单地等同于程式性组合能力。后者的神经生理机制可用经典动力定型理论解释，而前者至今尚未得到权威性的说明。虽然如此，运动员在比赛中的创造性却是必须加以着重培养的一种能力。

六、加强战术创新研究

战术创新可分为常用战术创新和特殊战术创新。

1. 常用战术创新

常用战术创新是一种基础性创新。由于常用战术具有较大的普适性，一经创新并在实践中被认可，就可能给专项战术体系带来革命性影响。因而，此种战术创新难度较大。

2. 特殊战术创新

特殊战术创新是一种实用性创新，具有很强的针对性，即往往是针对特殊的对手"设计"出某种新战术。教练员、运动员应当把更多的精力放在这方面的研究和实践上。

关于创新技法，陈小蓉等（1999）曾归纳为如下几种：

（1）逆向法：指在不改变战术原有基本结构的前提下，使其向不同方向发展，从而创造另一新的战术方法。

（2）递进法：指在不改变旧战术性质的前提下，使其在某个方面进行程度上的递进式变化，从而创造另一新战术的方法。

（3）组合法：指保持两个以上旧战术原有的性质，通过组合使之成为另一种新战术的方法。

（4）复合法：指把一个以上的旧战术复合融汇在一起，从而改变原有的性质，形成一种新战术的方法。

（5）移植法：指不改变原有的战术，而将其用于其他战术或其他项目的方法。

思考题

1. 简要叙述竞赛战术的定义及其构成。
2. 竞赛战术可作哪些分类？
3. 试分析所修专项所属项群的战术共通性。
4. 影响战术的因素有几大类？请详细叙述其中一类。
5. 战术方案的基本内容有哪些？

（刘建和）

第七章　运动员良好竞技状态的培养

竞技状态是指运动员经过一定时期的训练形成的状态。这种状态在时间维度上指比赛前的特定时间至比赛结束，在空间维度上则为训练学、心理学及生物学指标的集合。

从一定意义上讲，运动员以什么状态进入比赛，以及在比赛进程中如何适时地保持或调整状态，是决定比赛成绩的主要因素之一。因而，竞技状态问题成为教练员和运动员极为关注的焦点性领域，同时，这个领域也成为运动竞赛学研究的主要内容之一。鉴于竞技状态的重要性，虽然理论成果很多，但仍有较多问题尚未形成定论，需要进一步深入研究。

第一节　竞技状态概念的多义性及存在问题

由于竞技状态一直以来都是教练员和运动员及科研人员关注的焦点，因而它的定义也众说纷纭，不一而足。我们可以从以下的定义中体会学者们对此不同的诠释。

马特维也夫最早认为，"竞技状态"是运动员在竞技完善的每一个新的台阶上，通过相应的训练所获得的对运动成绩的最佳准备状态，后又定义为"运动员在训练大周期范围内形成，在一定时间限度内保持和规律性变化的对运动成绩的最佳准备状态"。普拉托诺夫认为，"竞技状态就是达到最高水平的最佳准备状态"。延烽指出，"竞技状态即运动员获取优异成绩的最适宜状态"。徐本力认为，"竞技状态是指赛前为参加比赛所需要的，由较高训练程度所形成的高水平运动状态；最佳竞技状态是指为参加重大比赛所需要的最高水平区段的竞技状态，是运动员在赛前各项训练活动的直接结果"。叶羽则认为，"竞技状态是运动员在参与竞技过程中身心所表现出来的一种阶段性的综合状态"。熊焰认为，"竞技状态就是运动员参加训练和比赛的准备与现实状态，而最佳竞技状态则是运动员创造优异成绩所处于的适宜的准备状态"。

哈雷在定义竞技状态时和以上学者相异，他给出了"训练状态"的定义，而不是"竞技状态"。他把提高了的竞技能力的状态称为训练状态，而最佳训练状态则是竞技能力中各因素和谐的统一和结合。博姆帕则较为详细地对竞技状态进行了描述，他指出："竞技状态是训练程度的进一步发展，是通过专门的训练计划所获得的高级训练状态，是创造最佳竞技状态的前奏或组成部分，是继续发展最佳竞技状态的基础。""最佳竞技状态"是一种以中枢神经系统的高度适应能力、运动神经与生物系统充分协调、机能充分动员、很强的承受不利影响的能力、能够接受比赛的内在危险性，以及很强的自信心等特点的特殊训练状态。

以上学者对竞技状态的看法可分别归纳为：是最佳竞技状态的准备阶段；是取得优异成绩的最适宜的状态；是一种高水平的运动状态；是一种阶段性的综合状态；是一种训练状态；参加训练和比赛的准备和现实的状态。

学者们对竞技状态概念给出的定义的不统一，直接导致竞技状态论域的不明，从而使讨论在很大程度上难以为继。

从目前情况来看，为将竞技状态的讨论导向深入，有以下四个问题需要明确：

第一，竞技状态究竟是"训练状态"还是"比赛状态"，抑或是两者兼而有之。

第二，竞技状态究竟是"比赛准备状态"还是"比赛现实状态"，抑或是两者兼而有之。进而言之，如果是"比赛准备状态"，即便是所谓"最佳"状态，它和最终的比赛成绩处于什么样的对应关系？如果是"比赛现实状态"，那么它在比赛进程中有无调整的可能及调整的空间有多大？

第三，竞技状态的定义中是否应当加入"最佳""最适宜的""高水平的"之类的形容词，如应当加入，那么"竞技状态不好"这样的**现实性问题**是否和前述定义发生不能自圆其说的逻辑矛盾。从汉语的表达习惯看，"竞技状态"是个中性词，从实际情况看，运动员在赛前特定时段和比赛中，肯定会处于某种状态中，而无论这种状态的情况如何。如果只有"最佳准备状态"才能称为竞技状态，那么，处于其他情况（这些情况有许多种类型）的状态又该怎么称呼？就此而言，在特定时段，"竞技状态只有好差之分，没有有无之别"也许和比赛实际更为吻合。

另外，"最佳""最适宜的""高水平的"是一种理想状态，还是一种现实状态？须知，理想状态是训练和比赛追求的目标之一，而现实状态则只是现实情况的评价。

第四，训练和比赛从其发生的过程看，存在着时序问题。我们在讨论竞技状态时，是否应当充分考虑这种状态形成与表现的时间维度和空间维度。

以下，**为了使论域相对明确以方便讨论**，我们将竞技状态定义为：运动员经过一定时期的训练形成的状态。这种状态在时间维度上指比赛前的特定时间至比赛结束，在空间维度上则为训练学、心理学及生物学指标的集合。

在上述定义中，我们没有采用"最佳""最适宜"等词语，这是因为这些词语相对性太强，难以确切地标定。此外，当某一定义加上了"最"字，往往会把问题"极值化"，把理论发展的空间堵死。我们曾在评价所谓"最佳训练模式"时引用科技界人士的看法指出，在寻找"最佳"时往往会遇到三个难题：其一，衡量"最佳"的标准是什么。目前，这个标准因人、因环境不同而很难统一；其二，即使"最佳"存在，在一定的时期内能不能获得完备的信息来找到它；其三，假定"最佳"存在，人们也可以获得完备的信息将其找到，但在寻找过程中，事物会发生变化，这时找到的"最佳"也会因失去时效价值而变得毫无意义。

有学者在评价"最佳心理状态"时曾指出，这些理论对解决实践问题做出重要贡献的同时存在着两点困难：其一，是寻找与引发这些最佳心理状态的操作性问题，这涉及两个层面，即每一个体的"最佳"是何物、如何操纵以达到"最佳"；其二，因竞技比赛对抗激烈、险象环生、逆境迭出，所以，即便在比赛之前或比赛中的前一个片段运动员已建立最佳心理状态（最佳心境、最佳焦虑或唤醒水平、理想流畅状态），但随着比赛进程的千变万化，已有的最佳心理状态可能会很容易地受到改变或破坏，那是不是理想竞技表现已不复存在？更进一步地讲，如果运动表现起了变化，是否意味着一定要重新建立最佳心理状态呢？如果是，比赛中的最佳心理状态的保持应当被理解为是一个连续、动态的建立——再建立的过程（姒刚彦，2006）。众所周知，运动竞赛是个特殊的"场景"，运动员在这个"场景"中极易受到所谓"场景效应"的影响。换言之，前述"训练学、心理学及生物学指标的集合"中变数最大的可能就是心理学指标。而心理学指标的变化则使训练学、生物学指标变化的概率大增，最终导致竞技状态这个"集合"发生变化。

概念是对事物本质的描述。在科学研究的进程中，对某些重要的、起着基石性作用的概念出现多义解释非常正常。相信随着人们对竞技状态认识的不断深入，对这个问题的看法会在新的认识平台上逐步统一。

第二节 良好竞技状态形成的规律性及其表现形式

良好竞技状态的形成有其规律性及特定表现形式。论及这种表现形式，当首推马特维也夫教授提出的"运动训练周期理论"(有文献亦将此称为"运动训练分期理论")。前苏联的莱图诺夫(Letunov)和普洛考普(Prokop)分别在 1950 和 1959 年从运动医学的角度对训练过程进行了阶段划分,并首次提出,运动员竞技状态的形成具有"训练水平上升阶段、竞技状态阶段和训练水平下降阶段",以及循环往复的周期性特点。马特维也夫借鉴了他们的研究成果,提出了"训练周期"理论。他认为,运动员竞技状态的形成是一个带有周期阶段性特点的过程,即需经过"获得""保持"和"消失"阶段。根据竞技状态的演变过程,周期性地将训练分为准备期、比赛期和过渡期三个时期,并将其贯穿于训练的全过程。马特维也夫对周期训练理论的主要贡献,是从训练学的角度给不同训练阶段赋予了实际的内容,设定了各阶段的宏观训练目标、任务和内容,形成了训练周期的特定"模式"。马特维也夫"训练周期"理论的两个主要支撑点,是不同训练阶段"一般与专项训练的不同安排"和"负荷量与负荷强度的不同比例"。

马特维也夫的训练周期理论在我国产生了巨大影响。例如,在体育院校通用教材《运动训练学》中的"运动训练的基本原则"中,专辟"周期安排原则"一节,内中认为此原则的科学基础有物质运动周期性的普遍规律、人体竞技能力变化的周期性特征(其中专门论述了竞技状态的发展与大周期相应的阶段划分)、适宜比赛条件出现的周期性特征等。此外,该教材在论及运动训练周期性安排的生物学依据时指出,运动训练过程的阶段性特征,是通过许许多多连绵不断的大小周期循环往复而表现出来的,包括运动员竞技状态的形成、保持和消失三个阶段的一个完整的训练过程,称为一个训练大周期。训练大周期是以参加重要比赛获得满意成绩为目标,以运动员竞技状态发展过程的阶段性特征为依据而确定和划分的。运动员的机体对适度训练负荷会产生生物适应现象,从而使得机体的能力不断提高。运用专门的训练方法及训练手段,可使运动员在心理和生理两方面逐渐进入积极动员机体潜力并高度协调工作的状态。在这种高度动员状态下工作一定时间,机体的心理和生理潜能均被大量消耗,机体的保护性机制便会发挥作用:首先是提示性地要求,而后是强制性地命令机体不再承受大负荷训练和高强度竞赛。运动员的竞技状态下降或消失,经过一段时间的调整和恢复,才能够再度投入紧张的训练。在机体的适应性、动员性和保护性机制的交替作用下,通过训练、比赛和恢复三个阶段周期性地运行,使得运动员的竞技水平不断地得到提高。与运动员竞技状态的形成、保持和消失三个阶段相对应,分别组织准备时期(或称训练期)、比赛时期和恢复时期(或称过渡期)的训练,并把这一循环称之为一个训练大周期(表 5[5])。

表5 竞技状态的阶段性发展与周期划分

竞技状态发展过程	生物学基础	训练任务	训练时期
形成	适应性机制：机体对外刺激的适应性现象	提高竞技能力，促进竞技状态的形成	准备时期
保持	动员性机制：心理/生理能力被释放动员，各系统高度协调	发展稳定的竞技状态，参加比赛创造好成绩	比赛时期
消失	保护性机制：机体自动停止积极的应激反应	积极恢复，消除心理与生理疲劳	恢复时期

判定运动员竞技状态情况的标准通常有三条：

第一，生理学标准

如运动员有机体各器官系统的机能是否达到最高限度、机能活动是否"省力"、机体能否最大限度地适应大负荷以至极限负荷的训练与比赛、恢复过程如何等。

第二，训练学标准

如运动素质与运动技术的结合程度怎样、完成技术的效果（包括准确、熟练、协调程度等等）。如果是运动队，还要视其战术配合情况如何等。

第三，心理学标准

如情绪、动机、自我感觉、求战意识、自信心等。

应当承认，马特维也夫的竞技状态形成学说与训练周期理论，对于丰富运动训练理论体系、有效指导运动训练实践发挥了巨大的历史作用，并在今后还会继续发生作用。同时还应承认，目前，还没有替代马特维也夫经典学说的系统理论。

然而，随着运动训练实践的发展，以及时代为人们提供的众多认识工具，使人们有可能在更大的范围内，以更广泛的视角来审视竞技状态问题，包括竞技状态研究的理论问题，当然也包括对马特维也夫训练周期理论的质疑。这是体育科学进步的一个标志，值得欢迎。

有文章指出马氏"训练周期"理论有以下几点不足：

● "训练周期"理论缺乏基础理论和实验的支持。

● "训练周期"理论已不适应赛制的发展，运动员已不再对每一次比赛进行专门的准备，而将一部分比赛作为提高训练强度的一种手段。在我国，正是那些以"训练周期"理论占主导地位的体能类项目的运动成绩与世界水平存在明显差距。

● 长期的训练使运动员已经对那些一般的训练方法和负荷产生了适应，只有那些针对性强的训练手段和科学的负荷才能进一步提高运动成绩。

显然，如果在高水平训练阶段仍然遵循马特维也夫的周期理论，在占训练时间最长的准备期以低强度和一般的训练内容为主，则不可能使机体受到适宜的刺激，也不会获得良好的机能储备。另一方面，长期脱离专项的训练手段和负荷不仅不会有效地提高运动员的专项运动成绩，而且会使机体在形态、结构和功能上朝非专项的方向发展，导致专项能力的下降（陈小平，2003）。

有论者引用20世纪90年代末期，以俄罗斯运动训练理论家维尔霍山斯基教授为代表的一些俄罗斯及前苏联地区学者的运动训练理论观点，认为"运动训练分期"理论的逻辑依据存在问题。这一理论是建立在竞技状态形成阶段基础上的，马特维也夫本人并没有仔细研究生物适应理论，而是简单地套用了教育学理论，并在这个基础上得出结论，即"竞技状态形成的阶段性是运动训练过程分期的自然前提条件。形成、保持和暂时消失竞技状态的结果决定了训练的性质"。就目前来看，"运动训练分期理论"早已失去了理论和实践的意义（许琦等，2003）。另有论者提出，田径新赛制下训练的主要特点是将越来越注重周课训练计划的制定。全年各时期的训练内容差别不大，完整的技战术贯穿于全年中的各个时期，并且都要保持较高的训练水平，以训练周或者加长训练周为基本小周期来安排。这种提法无疑是与基于全年周期"三阶段划分说"和竞技状态形成"三时相说"的传统小周期训练内容安排理论大相径庭（刘青，2003）。有文章在对"周期理论"局限性的阐述中，列举了四个方面：第一，按"训练周期理论"的安排训练，运动员在整个年度训练中，大多数时间是以中、低强度的训练为主，与比赛的强度要求相距甚远，不利于运动员成绩的提高；第二，当今国际、国内大赛频繁，用"周期理论"安排训练已不能适应比赛的要求；第三，"周期理论"可以使运动员在比赛期形成竞技状态，但是，这种竞技状态具有不稳定性，难以确保运动员在比赛中发挥出最高水平，运动员所取得的优异成绩有"撞大运"的侥幸因素，例如，许多运动员练得很好，可比赛中往往大失水准；第四，"周期理论"的调整期可以使运动员的机能状态、训练水平迅速下降，破坏了训练的系统性，从而使训练呈现出低级的重复，运动员的成绩年年保持但却提高不大，这也是我们所说的"等高训练"（朱静华等，2006）。

另有文章指出，以博伊科、维尔霍山斯基和施纳为代表的一些训练学学者认为，马氏"周期"理论从一开始就忽略了"比赛"这一训练的唯一目标，在训练中过分强调一般性训练，以及一般训练是专项训练基础的做法，无论从训练的形式还是强度上均脱离了专项的要求；另外，机体对外来刺激的适应具有较强的专一性，长期非针对性地训练无法使机体的生理负荷达到或接近机体的专项适应储备能力，所以机体不仅不会产生符合专项要求的适应，而且很可能与之背道而驰，其结果必然导致运动成绩的下降。因此，他们断定，此学说已不适宜指导高水平运动员的训练，而提出新的"周期训练"理论，即被称为"单元"（Block）的训练模式和在身体素质训练时负荷量从一小周期到另一小周期的"跳跃式转变"理论；提出了以比赛为目标的双周期、3周期和多周期的设想。在内容上否定了马特维也夫理论中关于专项能力建立在一般能力的基础之上，量与强度呈负相关关系的论点，提出了运用突出专项特点的训练手段以"单元"的形式贯彻到训练之中，强调训练强度和负荷集中效应的理论（陈小平，2001）。

我们注意到，在运动训练实践过程中，也出现了高水平的案例，与作为"训练周期"理论的两个主要支撑点之一的不同时期"负荷量与负荷强度的不同比例"理论相左。《中国体育报》2006年9月12日刊发的葛会忠所撰"'刘翔现象'与训练理念的转变"一文，引用了国家体育总局田径运动管理中心负责人的讲话："经过长时间的考虑，我们认识到，刘翔训练的一个特点不光是训练的计划和手段选择非常精细，其实他非常明确地突出了全年保持高强度的训练理念。任何一个练习，每一堂课都是高强度的。跟我们过去那种大周期大运动量的冬训开始一点点上强度，到最后比赛时到最高峰的做法完全是两个理念。刘翔的训练基本上是从冬训第一天开始，每一个手段、每一堂训练课都是保持一种持续高强度的训练，所以孙海平说，刘翔只要3~5天时间就能经过调整，迅速适应高强度的国际比赛，因为它始终在这个强度上训练。"在此篇文章中，这位负责人还认为，对过去的训练观念我们应该有一个科学的新的认识和解释，围绕这个问题，我们这两年将队伍送到国外就是想探索他们的训练理念和内容与我们究竟有何不同。"从400米短跑赴美集训队、从意大利请来的马拉松教练，以及到肯尼亚的考察中，我们感觉到，他们的做法和孙海平的训练都是一脉相承，是一种理念，就是在合理的节奏下持续保持一种高强度、高质量的训练"。

以上争论呈现出以下积极的学术意义：

第一，真理越辩越明。对良好竞技状态的形成问题应当允许讨论——哪怕是对权威性理论，这表明了中国体育学术界应当有的气度。关心竞技状态等热点问题的人越多越好。

第二，在对良好竞技状态形成的规律性及其表现形式的解释活动中，多一种理论框架比少一种好。理论框架的单一是不能形成学派的科学学方面的根本原因。就科学活动而言，学派林立是学术繁荣的主要标志之一。而运动竞赛学界欲想达到这一层次尚需十分艰苦的努力。其中最主要的，是容许、鼓励研究者掌握不同的理论框架。从某种角度上讲，研究者力求在科学研究中"标新立异"，是科学前进的主观动力，是一种非常难能可贵的品质。如果只能在历史传承下来的理论框架中思考问题，那"创新"从何而来？至于研究者在"标新立异"过程中出现的理论不够严谨，甚至出现了某些"异端邪说"等瑕疵，则是科学在前进过程中需要付出的不可避免的代价，这也是体育科学界应具有的胸襟——"海纳百川，有容乃大"。

第三，基于上述两点考虑，良好竞技状态形成理论的发展，至少包括以下两个方向：

首先，马特维也夫学说的自身发展应当是一种开放性的学说，当然具有不完备性，否则它就变成神话了。根据现代科学学的观点，一个科学的理论体系必须具备"不完备性"，换言之，"不完备性原则"是评价理论体系是否成立的一个补充性原则。理论体系必须具备不完备性可从两个方面进行理解，即从历时态讲，只有具备不完备性，才会具备发展的可能性；从共时态讲，一个理论体系即便从研究的特定范围看十分完备，但若放在更大或更小的范围内，它仍应具有局限性。任何理论体系如果自称十全十美，那人们就有充分理由怀疑它的科学性了。

其次，出现与马特维也夫学说不同的解释。"在现代科学中，对同一组经验事实或低层次的规律之上，覆盖着几种不同的相互竞争的理论模型进行解释，这是异常普遍的现象，不足为怪。相反，一个学科领域只有唯一一个理论模型倒是令人惊讶的"（张华夏，1989）。

对于前述"不同的解释"，我们可以进行三方面思考：

● 周期性是否完全等同于规律性，意即物质运动具有周期性是不是万事万物都须服从的"普遍规律"。

● 规律是否只有一种表现形式，即是否一定或只能用周期形式表现出来，换言之，规律除了用所谓"周期的""规则的""对称的"的等在逻辑上属于同一序列的形式表现外，还有没有"非周期的""不规则的""不对称的"等表现形式。

● 当规律是以周期形式表现时，这种表现有无多样化的可能，落实到运动训练阶段的具体划分时，是否只有所谓"三阶段"一种模式。

不能以脱离事物发展的大背景来看待规律。事物在发展，深隐在其中的规律也在发展。同时，规律还具有层次性，即处于下位的规律服从于处于上位的规律。在分析训练与竞赛规律发展的同时，我们还必须注意另外一种情况，即运动训练与竞赛活动只不过是体育活动的一个子系统，而体育活动相对于人类社会活动，也只是个子系统。社会活动、体育活动等大系统的运动、变化与发展，必然影响运动训练与竞赛活动，而训练与竞赛规律的发展也必然受上述大系统发展规律的制约。换言之，运动训练与竞赛规律的存在、变化与发展是建立在上述大系统所能提供的各种条件之上的。因此，我们在认识运动训练与竞赛规律时，不能不认真对待上述条件。现代认识论昭示我们，规律是本质之间的联系，而本质存在于关系之中，关系包括内部的关系和内部与外部的关系。因此，我们可以肯定地认为，运动训练与竞赛规律只能从运动训练过程内外的、影响运动员竞技能力的各种关系中去认识和寻找。作此分析的最终目的就是要说明，不能把训练与竞赛规律看成是抽象的、一成不变的东西。训练与竞赛规律具有特殊的历史变化性，它的产生、发展与适应范围，取决于社会和自然条件的变化，而我们以前在运动训练与竞赛规律认识活动中存在的一个缺陷，就是没能对这些条件加以深入地研究（刘建和，1988）。

在包括良好竞技状态形成规律及其表现形式在内的运动竞赛理论研究中，既具有历史的眼光，又密切注视时代的发展，也许我们才能更快、更深入地接近真理。

第三节 竞技状态与运动成绩的对称与非对称性

一、对称与非对称性的具体表示

论述这个问题时首先要确立一个前提，即竞技状态是对运动员自身各方面指标的综合评价，而运动成绩则只能是在与对手的较量后得出。尽管运动员和教练员都力求在比赛前就将竞技状态调整到良好态势并力图将这种态势保持到比赛结束，但实际情况却是竞技状态和运动成绩之间的对应关系既可能为对称关系，也可能为非对称关系。

竞技状态不好——运动成绩不好；竞技状态好——运动成绩好，以上可谓之对称关系。

竞技状态不好——运动成绩好；竞技状态好——运动成绩不好；以上可谓之非对称关系。

我们在研究中要注意可能会出现这样一个疏忽，即把竞技状态和运动成绩之间的关系理解为一种简单的线性关系。作出这样的理解，往往是忽视了在运动成绩的获得过程中除自身的竞技状态外，还必须加上"对手"这个至关重要的因素。当我们在理论上将这个问题推向极致，完全有理由作出这样的判断：运动员在获得"最佳运动成绩"时，并不处于"最佳准备状态"。应当严肃地指出，类似情况在运动竞赛的实践中并不是没有发生的可能。

上述讨论也许从方法论意义上能够给予我们启迪，即竞技状态和运动成绩是两个既有紧密关系又相互独立的论域。两者之间的关系呈现出多维化的态势。从运动训练和竞赛的实际操作过程来看，教练员、运动员只能将自身的竞技状态调整得更好，至于以这种状态能不能获取优异运动成绩，则还要取决于"对手"及"竞赛环境"。在这个过程中，有必然性，也可能存在偶然性。

二、比赛双方即时状态的三组对应关系

运动竞赛是一种机制，比赛双方的赛场即时状态（可谓之竞技状态）在特定的竞赛环境里构成一种特定的机运。在这种机运中，比赛双方的即时状态起码存在三组对应关系：

● 双方状态好。此时比实力、比对决定胜负机会的捕捉能力。

● 双方状态不好。此时比谁能尽快调整自己。认识此的实践意义在于自身竞技状态不好时，决不能丧失信心——对方完全有可能比自己更差。

● 一方状态好、一方状态不好。根据赛场即时情况，双方会采用特定的手段，或巩固已有的良好状态，或调整原有的不良状态。此时，完全有可能出现竞技状态及比赛进程的"随机涨落"现象，这也是竞赛充满魅力的原因之一。

认识竞技状态与运动成绩的对称与非对称性的目的，在于告诉我们竞技状态只是决定运动成绩的主要因素之一而非全部。

第四节 竞技状态的临场可调性、良好状态与关键比赛时段的吻合性

一、竞技状态的临场可调性

依前述可知，必须用动态的、发展的观点来看待良好竞技状态的形成过程。据此可以认为，运动员的竞技状态即便是在临场态势下，也还存在着调整的可能

性。这里的"临场态势"包括第一场（轮）比赛前；两场（轮）比赛之间；一场（轮）比赛的起赛、赛中和终场等阶段。我们从比赛实践中经常可以观察到，某运动员（队）在一场比赛中的表现和前一场"判若两人（队）"；亦经常可以听见这样的评价，即某运动员（队）在比赛的起始阶段"萎靡不振"，而在赛中阶段却打得"气势如虹"。怎样完成前述转化，以及在临场态势下对运动员的竞技状态进行调整，是教练员最为关心的问题。我们曾就此问题"是否存在"和"是否重要"对省一级体工队23个奥运项目，及武术项目的97名教练员进行过问卷调查，得到的回答为一致肯定。教练员们认为，尽管在比赛前和比赛中具有良好的竞技状态是每个运动员和教练员的期望，在训练过程中亦为此进行过艰苦努力，但由于各种原因，每场比赛都能保持非常好的竞技状态难度很大，甚至根本无法做到。每个运动员都会有状态不好的时候，在这种境况下，毋庸置疑地面临着"调整"问题。而且，他们尤为迫切地希望理论工作者在"怎样调"方面给予建议。

论述至此，我们再度审视竞技状态概念的定义，为什么我们呼吁"慎用最佳"，因为用了"最佳"，"竞技状态的临场可调性"这个有较大实践价值的命题将无从解释，就是既然已经是"最佳"，还有调整的可能和必要吗？

也可能正是在比赛这个无限复杂的环境中，竞技状态突破了线性关系的法则，使其在诸多影响因素下更加变幻莫测，从而呈现出更多的非线性现象。

相对于极为丰富的运动训练和竞赛实践，理论永远是灰色的。"与时俱进"不仅是实践工作者，也是理论工作者的应有之责。

二、良好竞技状态的出现与关键比赛时段的吻合性

此处的"关键比赛时段"特指确定比赛名次、争夺出线权及与此有直接相关的比赛时段。运动员良好竞技状态出现在此类关键比赛时段中，既是教练员、运动员的期冀，也是衡量教练员水平高低的重要尺度。在田径、游泳、举重等比赛周期较短的项目中，这个问题更显重要——在这些项目中，人们更能体会到"养兵千日、用兵一时"的真切含义，即一场重大的比赛，就只有一两天甚至半天！

规律是自在的，认识与利用规律则是自觉或自为的。认识规律只是我们达到目的的桥梁，而利用规律才是我们行动的目的。追求良好竞技状态的出现与关键比赛时段的高度吻合性，从某种意义上讲，正是我们认识良好竞技状态的形成规律的价值追求。此理可反证为，良好竞技状态如果不在比赛尤其是关键比赛中出现，将在很大程度上失去其应有的价值。

我们还必须注意根据竞赛规程来调整运动员的竞技状态，这是人们对规律认识的一种高度自觉或自为的表现，体现了人们在规律面前的高度能动性。

思考题

1. 简述竞技状态的定义及存在的争论。
2. 简述良好竞技状态形成的规律性及其表现形式。
3. 判定运动员竞技状态的标准通常有哪几条？
4. 举实例说明竞技状态与运动成绩的对称与非对称性。
5. 怎样理解比赛双方即时状态的三组对应关系？
6. 举实例说明良好竞技状态的出现与关键比赛时段的高度吻合性的重要意义。

（刘建和）

第八章 教练员临场指挥

临场指挥是教练员在竞赛中的主要活动之一。临场指挥能力是衡量教练员水平高低的重要标志。临场指挥能力是构成制胜系统整体战斗力的重要因素。在一定条件下，临场指挥是否得当将直接左右比赛的胜负。

第一节 临场指挥与决策

教练员的临场指挥，其实质是一种决策活动。当然，由于运动竞赛，尤其是球类、重竞技等使用战术繁多的项目的竞赛特点，临场指挥这种决策活动亦带有以下明显特征。

一、快速性与瞬时性

现代运动竞赛是在激烈对抗中进行的。这种对抗具有一个很明显的特点就是对时间的严格要求。"时间就是机会、时间就是胜利"这句话在竞赛中往往得到最为充分的体现。教练员面对的竞赛活动是一种千变万化的、难以捉摸的运动活动，这种活动要求教练员在极短的时间内对一些至关胜负的紧迫问题作出决断，否则，稍有迟缓就可能错过机会，造成失误乃至影响全局。因而，我们将临场指挥这种决策活动称之为瞬时决策，这种瞬时决策的核心是"及时"，前提是"快速"。

二、概率性

在运动竞赛中，竞赛双方的行为不但不受对方目标的支配，反而还会采取有目的的行为去阻止对方达到目标。在很多情况下，竞赛活动中出现的随机事件已不再有统计规律可循（我们注意到，正是在这个问题上，统计学方法显露出它的局限性）。这种情形导致了教练员临场指挥活动的效果只能用"概率大小"来预估，即这种决策的结果既可能有效，也可能收效甚微甚至根本无效，因为对手的行为不可能完全处于这种决策的控制之下。因此，临场指挥活动既有对过去局势的总结和对现时局势的分析，更主要的是建立在对局势发展的预测上。既然是预测，就必然带有明显的概率性质，而这种性质又必然使教练员的临场指挥带有"风险色彩"，因而亦可称这种决策为"风险决策"。

三、定性与模糊性

如果说在比赛前教练员对"敌"情的分析与对策的制定，还可以采用一些定量的方法，那么，在竞赛中的临场指挥则基本是一种定性的决策活动。这种情况是由比赛发展的急迫性使决策活动来不及量化所造成的。例如，在篮球比赛中，教练员指示运动员"加快进攻速度"或"快速回防"等。此类决策就属于定性决策，而定性的往往就是模糊的。

此外，教练员的临场指挥活动在很多情况下是凭借其丰富的经验而得以进行的，有的甚至凭借敏锐的知觉完成。这些也是使临场指挥这种决策活动带有模糊性的重要原因。

第二节 临场指挥能力的构成

要有效地进行临场指挥就需具备相应的能力。教练员的临场指挥能力是一个系统，这个系统的外在功能在比赛进程中体现，而其内在结构又是由各种不同的元素相连而成。只有在这些元素达到足够的数量和质量水平且相互间的联系又较为合理时，教练员的临场指挥能力系统才会显示出较大的整体效应。换言之，临场指挥这种决策活动才能及时、准确、有效。

一、对全局的综合评判能力

对全局的综合评判，是指对比赛全过程的全面评判。从比赛发展的纵向过程看，综合评判包括对过去局势的总结、对现时局势的分析和对未来局势的预测。在比赛过程中，教练员所做的决策是对上述三个阶段进行综合评判的结果。

对每个阶段的具体情况，教练员往往必须运用多种能力和知识（包括理论知识和经验知识）进行评判分析。例如，对过去局势和现时局势的分析，需要具备敏锐的观察力；对所发现问题的本质具备内在归纳能力（即在意识里归纳成便于向运动员讲解的要点的能力）；预测时，需要丰富的想象力、缜密的逻辑推理能力等。

当然，某种具体能力在对不同时段局势的分析中均可发挥作用，如思维能力等。

只有具备较为全面的能力，才能正确地把握比赛的全过程。从实践中可以观察到，一个正确的决策，首先是建立在对现时情况正确分析的基础之上。例如，在1981年世界杯女排赛，中、苏之战的第二局，当时中国队以0∶9落后，教练员袁伟民认识到，现在场上的关键已不是什么打法问题，而是场上需要一种精神，需要一种能够冲破僵化局面的斗志，因此他果断地换上了曹慧英，并指示她把士气、斗志带上去。比赛结果证实了这次决策的正确性。究其原因，就是教练员对当时局势分析的正确。另外，在1986年汉城（现称首尔）亚运会中国与韩国的男子篮球冠、亚军决赛中，本来形势对我队十分有利，离比赛结束还有10分钟左右，我队还领先11分，但由于裁判原因，仅过5分钟我队反负对手11分，形势非常危急。教练员立即考虑换上擅长投3分球的张勇军。尽管张在前不久举行的世界男子篮球锦标赛上表现神勇，但在本场比赛中两度上场均表现不佳，然而在此时间不多、比分相差又大的关键时刻，若不采用3分球战术，极不易追回比分。为此，教练员做出了大胆的决定，换上张勇军！在鼓励张勇军上场要敢于出手、敢于负责的同时，在战术部署中强调全队一致为张勇军作掩护以制造3分球机会。在以后的比赛时段里，张勇军信心大增，连中4个3分球，使韩国队始料不及，无所适从，最终我队反超3分，勇夺冠军。这场比赛，也成为中国男子篮球运动中的一个经典战例[9]。

对战局进行综合评判的主要任务之一是善于观察和捕捉战机，并不失时机地将新的战术意图以适宜的方式传达给场上队员。赛场上战术变化的态势扑朔迷离，战机瞬时即逝。何时改变战术打法、何时换人，是进一步坚持原战术方案，还是审时度势地进行调整，都是建立在对战局的综合评判基础上（李少丹等，2005）。观察和捕捉战机的主要内容见表6[10]。

表6 临场观察和捕捉战机的主要内容

序号	捕 捉 信 息 内 容
1	对手的战略意图、战术打法及防守的技战术特点，主要威胁所在
2	对手的情况是否与赛前预测有出入，我方技战术部署是否切合实际
3	根据对手的实际情况，我方技战术应在哪些环节上调整方可进行下一步的发挥
4	我方队员的心理状态是否能适应场上的竞争，哪些方面表现出限制技战术水平的发挥
5	对手是否已经适应我方的技战术打法，是否需要变换打法
6	我方队员在体能、技术、作风或其他方面已完成不了原定的技战术方案，是否需要调整

在对战局的综合评判中，教练员的经验起着至关重要的作用，甚至很多情况下综合评判就是经验评判。离开了经验，就谈不上正确有效的指挥。"水无常形，

兵无常势"，运动竞赛实践中丰富的变化使许多理论变成灰色，而经验却在很多场合使竞赛转危为安。直至现在，在运动竞赛实践中，我们也只能称"指挥艺术"而不能称"指挥科学"。这种情况，虽然一方面指出了关于临场指挥的理论研究水平有待进一步提高，但也从另一方面说明在临场指挥活动中，经验是极其重要和无可替代的。

二、抗负荷能力

随着现代竞赛激烈程度的加剧及其对社会、教练员、运动员自身影响的加深，竞赛过程及结果不仅对运动员，而且也对教练员产生了极大的负荷，这种负荷的强度和量度直接影响到教练员的临场指挥。在这些负荷（或称刺激、压力）面前，教练员如何保持清醒的头脑，将在很大程度上决定临场决策活动的有效性。

我们已经提及临场指挥是一种风险决策。一次决策活动，如一次换人或暂停可能带来积极的后果，也可能使战局更趋困难甚至导致失败，并由此产生许多对教练员不利的影响。在这些有形和无形的压力面前，教练员如果缺乏足够的抗负荷能力，患得患失，则很可能错失良机甚至作出错误的决策。著名排球教练员袁伟民在《我的执教之道》一书中，回忆自己指挥中国女排夺取"三连冠"过程中两次"换人"的情形时指出："临场指挥中的决策常常产生于一瞬间，需要果断、需要魄力、更需要忘我，无私才能无畏。教练员临场指挥时，应该有一种如入无人之境的感觉，全神贯注地进入'角色'。切忌把'我'带入比赛。如果临场指挥夹进了私心杂念，那是不可能果断作出决策的。"这里的"忘我""如入无人之境"，实际上是指教练员已经将来自各方面显现的、潜在的压力化于无形，使自己的内心达到了一个纯净的境界，从而清醒地分析比赛双方的态势，及时作出正确的决策。

三、语言表达能力

语言是教练员将自己的决策告知运动员的重要途径。良好的语言表达能力，是教练员临场指挥能力的重要组成部分。在短暂的时间内，教练员如何将自己对现时情况的分析和发展情况的判断及相应对策告知运动员，将间接乃至直接影响运动员的心理、情绪和行为，进而影响比赛进程。对此，我们在后面还将进行讨论。

为进行卓越的临场指挥，教练员需要具备的能力和知识当然不只上述三方面，这里只是择其要而述之。总之，临场指挥是一门极其复杂又极富魅力的艺术，教练员只有具备较为全面的能力与知识，才能导演出一幕又一幕壮丽的没有硝烟的战争剧。

第三节 影响临场指挥效果的因素

教练员的临场指挥实质上是一种瞬时决策，那么，这种决策赖以实施的条件则是我们要探讨的另一问题。实际上，决策与实施决策是两个互相联系又有所区别的方面。如果说前者主要是教练员内在的思维活动，是比赛过程影响教练员，那么后者则是教练员与运动员的关系，是教练员在各种条件下通过运动员影响比赛过程。

一、威信与知人善任

此为影响教练员决策效果的前提条件。

教练员在运动员中享有较高的威信，是临场指挥能够得心应手的重要保证。如果运动员认为教练员的决策能帮助自己或整个队走向胜利，"照教练员的话去做没错"，而不是令不行、禁不止，那么，教练员的决策便会立即化为运动员的行动。另外，教练员对运动员充分的了解和信任，也是影响临场指挥效果的重要因素。一位成熟的教练员应熟知在什么情况下用哪位运动员可以解决什么问题。

据日本学者岛富义之的研究，优秀教练员具有以下六个显著特征：

1. 具有强烈的取胜欲望。
2. 在训练中争分夺秒、一丝不苟。
3. 在训练中比较严肃，但在其他场合则和蔼可亲。
4. 和运动员相互信任、关系融洽。
5. 性格类型属严厉型，对人对己都一样。
6. 多数作为运动员参加过奥运会和（或）世界锦标赛。

其中，1和4对运动成绩影响最大。

我国学者曾对我国专业体育教练员胜任特征模型进行了研究，认为一个胜任的教练员应当充分相信团队，平等对待团队成员，善于发挥每个人的长处，鼓励成员发挥个人的力量，善于运用各种方法加强团队凝聚力，处理团队成员之间的矛盾，改善成员之间的关系，促进团队成员之间的合作，将团队力量发挥到最大。同团队意识相比，"相信团队成员，促进合作"更加强调发挥团队成员特长。体育运动，特别是集体项目的体育运动，教练员需要了解每个运动员，充分发挥每个运动员的特长,给予不同运动员不同的任务,以及充分的信任,这样才能将一个队伍的力量发挥到最大(刘鎏等,2007年)。

二、充分的准备

教练员的临场指挥看起来是灵机一动地作出瞬时决策,但仔细分析,这种瞬时决策往往是在有准备的头脑中形成的。可以认为,充分的准备是临场指挥的基础条件。

一个有经验的教练员,往往会在赛前制定力求详尽的临场指挥计划,这个计划是建立在对一切与比赛有关的情报的全面占有和准确分析基础之上的。

临场指挥计划一般包括如下几项内容:

(一)对局势发展的若干种可能性作出预测及采取的相应措施

即当某种可能性变为现实时,本方应有几套对策,如比分相持、领先或落后时,对方突然改变战术或使用新手时等。现代决策学中,把上述情况称之为"潜在问题分析"。其基本程序为:预测潜在问题、评价问题威胁性、制定预防措施、准备应变措施。

(二)换人方案

有些研究列出如图 4 所示的换人方案:

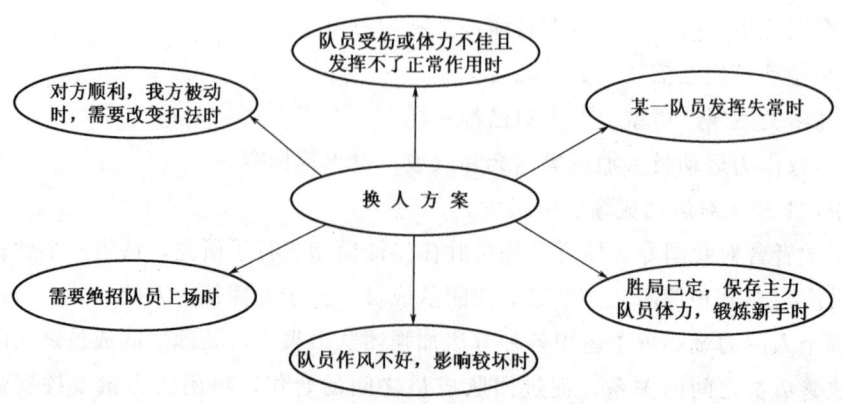

图 4　临场指挥换人方案示意
(根据参考文献[5]内容绘制)

（三）暂停的使用

（四）临场指挥所用的语言

（五）遵循和利用规则

遵循和合理利用规则是临场指挥的约束条件。例如，在一些运动项目中，不允许教练员在指挥时大喊大叫，如违反规则，非但不能很好地进行指挥，还可能被裁判员处罚。

第四节　传输指挥决策的几条途径

一、语言

语言是教练员临场指挥时最常见的指挥方式，也是运动员明了教练员决策的最直接途径。根据不同项目规则的规定，教练员可以利用暂停、在场下呼叫、半场之间（局与局之间）的间歇等机会，用语言表明自己的决策。

临场指挥使用语言时要注意以下几点：

（一）简明扼要、一语中的

教练员应当力争用最简单的话语指出场上亟待解决的主要问题和要采取的对策。此时所用的语言应尽可能具体，应使运动员能够快速理解和执行。切忌长篇大论地讲解或使用莫测高深的语言。

（二）指令与商量相结合

教练员在临场指挥中的语言一般应是指令性的。比赛时间的紧迫性与间歇时间的短暂性，要求教练员只能把决策结果告诉运动员，至于为什么要这么做，则往往不能也不必解释。当然，如果条件允许也可以同运动员协商。

（三）表扬与批评相结合

语言作为第二信号系统的刺激物，对运动员的情绪有着直接的影响。而运动员的情绪又往往对其稳定地发挥技战术水平有着重要的影响。因而，教练员在临场指挥时，要注意语言对运动员产生了什么性质和什么程度的刺激。一般认为，表扬、鼓励比批评具有更大的动力性质。所以，在一些经验总结和理论研究中，提出教练员在临场指挥中应多表扬、多鼓励、少批评，更不宜斥责运动员。为了深入探讨这一问题，我们利用各种方式，调查了从国家队到少体校的一批教练员，大部分人认为应把表扬与批评有机地结合起来。要根据场上的情况和运动员的表现，灵活地使用这两种方式。

需要特别指出的是，语言的简明性、指令性同语言的丰富性并不相悖。而且，我们绝不可以将临场指挥的语言理解为只具有表扬或批评两种性质。实际上，为了活跃运动员的情绪，消除运动员的紧张，教练员适时地说些比较幽默的、甚至看起来是与比赛毫不相关的话，亦可能会起到很好的效果。

二、表情与动作

固然，教练员的表情是否自信和镇定自若，会在心理上影响运动员，但教练员的表情还具有更广泛的作用，那就是可以通过表情并配合动作，如点头或摇头来对运动员的比赛行为予以支持或制止，"就这么打"或"不能这么打"，这实质上就是教练员在传输自己的决策。

三、暂停与换人

在有些项目的竞赛中，教练员可利用暂停把自己的决策告知运动员。在不允许暂停或暂停已使用完的情况下，可利用换人把自己的决策意图带上场。换人与暂停时机的掌握及所换人员是教练员临场指挥水平高低的另一标志。

上述三种途径在很多情况下是可以同时或交叉使用的。当然，不管如何使用这些途径，目的都只有一个，即尽快地将教练员的正确决策变为运动员的有效行动。

思考题

1. 简述临场指挥活动的决策特征。
2. 临场指挥能力主要由哪几个方面构成？怎样加强这些能力？
3. 举出3个实例，分析影响临场指挥效果的条件。
4. 根据所修专项，分析传输指挥决策的主要途径和注意事项。
5. 制定一份临场指挥方案。

（刘建和）

第九章　赛前直接准备

赛前直接准备是为迎接即将来临的重大比赛而专门安排的一项准备。这项准备的成效将直接影响运动员在比赛中的成绩，因而必须认真对待。

第一节　任务及执行流程

一、任务

赛前直接准备的基本任务是直接为比赛做好各方面准备。其中，主要任务是培养运动员在比赛中的良好竞技状态。

二、执行流程

赛前直接准备期间，教练员可参照以下流程开展工作：

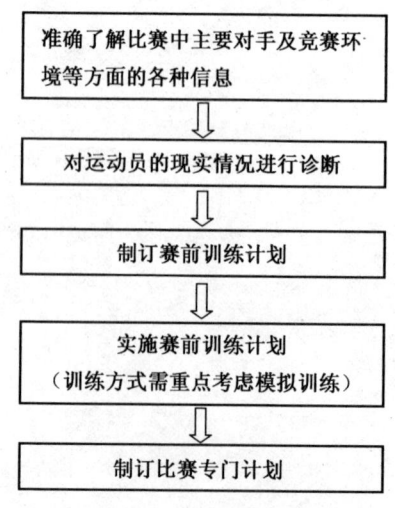

图5　赛前直接准备工作流程

第二节 赛前训练计划的制订与实施

赛前训练计划的制订与实施，是赛前直接准备阶段的核心工作。这项工作的完成情况将直接关系到运动员竞技状态的培养。

赛前训练计划的内容包括准备时间的长短、内容的选择、负荷的安排等。在实施过程中，在该计划完成情况的基础上，制订比赛专门计划，从而准备投入到即将来临的正式比赛中。与此同时，做好服装、器材设备等准备工作。

一、时间长度

不同运动项目的赛前训练时间不一致。有文献指出，短跑项目一般为4周（A.扎亚克，1987）；举重项目以7周为宜（黄强辉，1986；弗尔纳杰夫，1982）；柔道项目为8周（刘武功，1987）；长跑项目为10周（罗为信，1987；郭廷栋，1988年）。

一般来讲，以无氧代谢为主的速度和爆发力项目，赛前训练的时间稍短，而以有氧代谢为主的耐力性项目则长些，介乎二者之间的混合代谢项目时间长度适中。

在安排时间长度时，除考虑项目特点外，还要考虑运动员特点和训练负荷特点。例如，运动员的气质类型为胆汁质，易兴奋，出现良好竞技状态的时间较早，因而时间长度可稍短；如属黏液质，可稍长。再如，训练中负荷强度越大，越能较早地出现良好竞技状态，因此时间长度可稍短，反之则稍长。

二、训练内容的选择与要求

训练内容的选择与要求应以技术（稳定性）、战术（针对性）、心理准备为主。

（一）技术训练方面

分解练习的比例减少，完整练习的比例增加。在体操、跳水、花样滑冰等项目中，技术训练基本上以比赛中将要使用的成套动作为主。

这期间的技术训练应以稳定性和成功率为基本要求，一般不再学习新动作或改变运动员已形成和巩固了的技术动作,因为在较为短促的时间里,当破坏了原有的动力定型(技术动作从神经生理学角度认识就是一种动力定型),而新的动力定型又没建立或虽建立但还未巩固时,势必影响比赛成绩。

(二)战术训练方面

个人项目应以完成个人战术计划为主,常规战术训练比例应减小。对集体项目来说,小组战术和全队战术的比例应占主导地位,而个人战术比例应适当减小。

这期间的战术训练应以针对性为基本要求,即主要练习针对比赛中主要对手的战术,同时,战术训练应大量采用实战方式进行。

(三)心理准备方面

主要任务是培养运动员良好的赛前心理状态。

早在20世纪60年代,苏联心理学家就注意到了运动员赛前心理状态对比赛成绩的影响,并认为这种状态是一种情绪体验,和运动员的动机等有密切关系。

目前一般认为,赛前心理状态可分为赛前过分激动状态、赛前淡漠状态、赛前盲目自信状态、赛前战斗准备状态。

赛前的心理准备实际上就是要使运动员在心理上处于战斗准备状态。此时,运动员对面临的比赛任务有清楚的理解,对自己技术、力量充满信心,有全力以赴参加比赛和夺取胜利的期望。表现为注意力集中、注意范围增大、知觉敏锐、情绪饱满、精力充沛、全身放松、心理镇静、无焦虑情绪、能量充分动员、具有良好的控制力等。

从神经活动特点看,战斗准备状态是由于运动员大脑皮质具有与任务相适应的神经兴奋过程、有适宜的平衡性和灵活性,有相应的抑制过程使之平衡的结果。

为使运动员达到战斗准备状态,通常采用比赛动机训练、心理调节(包括自我调节)训练、心理适应训练、自我认识训练等措施。其中,最重要的是比赛动机训练。

比赛动机是促使运动员参加比赛的内部动力。根据"倒U型"学说,运动员在参赛前的动机强度有过强、适应、过弱三种。不同强度的动机造成的运动效果也不同。进行动机训练的目的是培养理想的动因,作理想的定向,以达到理想的、适宜的激活水平。

我国学者曾对增强运动员自信心的因素进行了如下分类分析:

1．技术进步

（1）技术更加熟练。
（2）斗志高昂。
（3）表现技术增加。

2．训练动机和效果

（1）想付出最大努力。
（2）练习成绩比以前好。

3．身体状况

（1）休息很充足。
（2）生理状况调整良好。
（3）没有运动伤害。

4．教练员的临场指导

（1）教练员协助挽回劣势。
（2）信任教练员的战术。
（3）教练员专业能力强。

5．自我感觉

（1）觉得身材不错。
（2）觉得外形吸引人。
（3）服装穿得显眼。
（4）体格看起来结实。

6．团队精神

（1）看到队友超水平发挥和好朋友获胜很高兴。
（2）看队友有优秀表现后有赶超欲望。

7．不惧对手

（1）过去赢过对手。
（2）赛前觉得可获胜和对手有交战经验。
（3）比赛经验不错。

8．环境良好

（1）观众替我加油。
（2）队友给我喝彩。
（3）家人替我加油。
（4）好朋友替我加油［根据梁建平等（2006年）资料改制］。

（四）在运动素质方面

一般运动素质的训练减少，专项运动素质的比例增加且服从技术、战术训练的需要。

三、负荷的安排

总的原则是突出专项负荷强度，适当减少负荷量。

大量实践经验证明，只有在此阶段将训练强度同比赛可能达到的强度最大限度地吻合起来，才能适应比赛的需要。当然，由于强度对运动员机体的刺激比量更大。因而，突出专项负荷强度时必须综合考虑负荷量、恢复措施等因素。

至于负荷的节奏，由于运动员存在个体差异，因而有较大的不同。例如，有些运动员可以连续几周进行较大强度的训练，而有些则只能实行"冲击型"负荷，即在一次训练课中将强度加得很大，然后下一次课的强度却很小，形成一次次的"冲击波"；有些运动员在比赛前1周，甚至将训练负荷降低为零（如到风景区进行调整）。以上类型均有成功的例子，因而，在赛前直接准备阶段，负荷的节奏安排一定要贯彻区别对待的原则，不可强求一致。

在赛前直接准备阶段中，上述训练内容及训练负荷的安排，在很多情况下都是通过"模拟训练"这一方兴未艾的训练形式实施的。因而，有必要对模拟训练进行专门论述。

第三节　赛前模拟训练

一、概念

模拟训练是指在获得准确情报信息的基础上，通过与模仿重大比赛中主要对手的主要特征的陪练人员的练习，及通过在与比赛条件相似的环境中的练习，使运动员获得特殊适应能力的过程。

随着运动训练实践的发展，模拟训练的应用范围有日渐扩大的趋势。以前，主要在对抗性项目（如各种球类）中进行这种训练，而时下在射击、射箭、田径等项目中，为培养运动员对比赛场地、气候、日程安排等的适应能力，也在开始进行模拟训练了。

二、基本结构与目的

（一）基本结构

模拟训练作为一个过程其边界具有较大的灵活性，即根据需要人们可以将重大比赛中的某个主要对手（运动队或运动员）作为模拟的对象，也可以将比赛场地、器材设备、气候、日程安排等作为模拟对象。然而，无论其边界如何确定，有三个因素都是不可缺少的，一是被模拟系统，二是同态系统，三是主练系统。这三者以一定形式构成模拟训练的基本结构。

我们把正式比赛中可能遇到的主要对手或竞赛环境条件视为被模拟系统。为了在竞赛中获胜，对这个系统的适应是非常重要的。然而在训练中，被模拟系统往往只能以"信息"的形式存在（如各种参数等），而不能以实体的形式出现。所以，主练系统一般不能直接同这个系统发生关系。因而，必须选择或设计出一个同被模拟系统相似的"同态"系统。在训练中，通过对同态系统的适应，达到在正式比赛中适应被模拟系统的目的。

"相似"是被模拟系统和同态系统之间应当具备的最基本的关系。

追求相似是模拟训练中选择或设计同态系统的主要标准。两个系统是否相似或相似程度如何，是模拟训练是否有效或有效程度如何的首要前提。

对上述相似关系进行研究的方法叫相似分析法。目前，人们主要从以下几个方面来认识同态系统和被模拟系统的相似关系：

1. 几何相似

即两个系统在空间几何学上的相似。例如，训练场馆和比赛场馆大小的相似。在乒乓球运动中，击球声音对运动员的技术动作有较大影响。运动员在空间较小的训练馆里训练，击球声音一般较响，一旦进入较大的比赛馆，击球声音相对变弱，运动员会产生"空旷"感。因此，在条件允许的情况下，模拟训练应尽量要求训练馆的大小相似于比赛馆。

追求上述几何相似，甚至虑及作为被模拟系统的运动员的外表。例如，在第26届世乒赛前，我国运动员在模仿日本选手星野、木村时就模仿了其外表。

2. 物理相似

即两个系统中发生的物理过程相似。这种情况，在对抗性项目的模拟训练中最为常见。例如，在20世纪80年代，为适应美国选手海曼、克罗克特的扣球力量，我国女排同男队员一起训练；乒乓球训练中模拟对手，也主要在于模拟其击球的速度、力量、旋转等。

3. 数学相似

即两个系统中存在着相似的数学形式（数学方程）。人们可通过数学方程来描述两个系统的相似关系，并通过数学方程的求解，来了解分析被模拟系统的各种情况。例如，美国著名运动生物力学专家艾里尔博士，就是通过电子计算机建立起了能够反映中国女排比赛时技战术特点的数学方程，并通过对此的求解来帮助美国女排进行模拟训练的。

在运动训练实践中，人们还从训练学角度出发，研究了运动技术相似、战术相似，以及运动素质、体型特征相似等。

然而，模拟方法是系统方法的一种，在应用于运动训练实践，并以其为核心组成模拟训练过程时，也存在着一些不易克服的局限性。与工程建设、航天计划等不同，运动训练中的被模拟系统，不仅包括场地器材等物的因素，在很多情况下还包括人的因素——比赛对手。在模拟训练中，追求同态系统与被模拟系统在几何学、物理学乃至数学方面的相似相对还较为容易，但追求两个系统在心理上、作风上的相似却相对较难。在艾里尔博士的计算机里，尽管存贮有反映中国女排技战术特点的数学模型，美国女排也可据此进行模拟训练，然而，这个数学模型却无法反映出作为中国队整体战斗力的重要组成部分的心理参数。

应当承认，鉴于被模拟系统（特别是包括比赛对手在内的被模拟系统）的复杂性与多变性，对其和同态系统的相似分析目前还存在不少问题，上述关于两个系统的心理方面的相似分析就是较为典型的例子。

在进行相似分析时必须强调两点：

第一，我们追求两个系统的相似，不仅是追求它们表面的相似，更重要的是追求本质联系上的相似。例如，当被模拟系统是一名羽毛球或乒乓球运动员时，我们对同态系统（陪练人员）最重要的要求是强调其在心理与技术、技术与战术、心理与战术等关系上相似于被模拟系统。"形似"固然重要，而"神似"更主要。

第二，在实践中，人们可以通过各种努力，把两个系统的相似程度提高到最大。这种相似可以逼近于相同，然而却永远达不到相同。在选择同态系统时，考虑这一点是有益的。

（二）基本目的

如前所述，模拟训练由三个系统构成。被模拟系统与同态系统处于"相似"关系，而主练系统对上述两系统则处于"适应"关系。这种适应关系是递进式的，是由此及彼的，即在进行模拟训练时，主练系统通过前述相似关系来认识被模拟系统的规律与特征，并通过对同态系统的适应来达到对被模拟系统的适应。这种适应的获得，是模拟训练的基本目的。

上述适应是广义的，其中包括：

1. 对物理过程的适应

如对击球力量（动力学适应）、击球速度（运动学适应）和击球节奏的适应（综合适应）等。

2. 对几何特征的适应

如对竞赛场馆的适应。

3. 对心理特征的适应

在训练实践中，在加强"心理相似"研究的基础上，着重培养主练系统对被模拟系统心理特征的适应能力是十分重要的，对于对抗性项目来讲更是如此。

此外，对作为被模拟系统的地理、气象学等特征的适应，也是模拟训练的目的之一。

对被模拟系统的广泛适应具有综合性质，即主练系统通过与同态系统的练习获得的适应能力是综合的，如足球运动员，既需要适应被模拟系统的物理学、几何学特征，又需要适应其心理学特征，还要适应竞赛地点的地理学、气象学特征。

有些研究认为，模拟训练是一个使运动员掌握特定技战术的过程，此论虽不无道理，但却不够全面，其原因就是没能把被模拟对象看成是一个由各种因素组成的复杂系统，且对这个系统的适应，决不仅限于技术、战术两个方面。

关于上述"适应"的本质可以从不同的角度进行研究。从运动生理学角度看，这种适应的形成是特定条件反射（动力定型）建立的结果；从运动心理学角度看，这种适应是形成了一种特殊的心理定势。当我们对这种适应进行数学抽象后，则可以认为它的实质是一种多值对应，即模拟训练力求通过对同态系统的求解来达到对被模拟系统的求解。两个系统的求解值同"适应"对应，运动员（主练系统）将在模拟训练中获得的适应在比赛中直接映射到被模拟系统中。

三、分类

在一些研究中，按模拟内容将模拟训练分为三类，即比赛对手的模拟、比赛动作的模拟和比赛环境的模拟。

我们将模拟训练分为静态模拟和动态模拟两种类型。

当被模拟系统是一个相对静止的系统时可采用静态模拟，比赛环境的模拟亦属此列。这种模拟，无论是对周期性项目还是对抗性项目都极为重要，因为无论哪种运动项目，都将牵涉到竞赛场地的适应问题。此外，比赛动作的模拟，可看作是静态模拟的特例，如在体操、跳水等项目中，运动员在比赛中完成的动作，都是预先设计好了的。

一般来讲，静态模拟带有较高的确定性。

当被模拟系统处于运动的变化的过程中，且这种运动变化是以随机形式出现时，即可采用动态模拟，如比赛对手的模拟属此列。相对于静态模拟来说，动态模拟设置同态系统的难度更大，所能达到的相似程度往往不如静态模拟。

前面已经谈到，模拟训练追求的适应是广泛而综合的。在很多情况下，必须综合运用动态模拟和静态模拟，从而才能获得综合性的适应，如中国乒乓球队在进行模拟训练时，往往是在与正式比赛相似的环境中（如大放录音、挂彩旗、允许场下队员大喊大叫，甚至请其他人员来大喊大叫等），同相似于比赛中主要对手的陪练人员进行练习（包括比赛）。这种训练，即可看成是静态与动态的综合模拟，也只有经过类似的训练，才能使主练系统获得对被模拟系统的综合适应能力。

四、实施的一般程序

（一）明确被模拟对象，确定被模拟系统的边界

首先确定被模拟的是人是物或是人与物的复合体（如田径、游泳项目所模拟

的往往是物，而球类项目的被模拟系统则大多是人与物的复合体）。

在明确被模拟系统边界的基础上，进一步明了这个系统各个方面的特征。例如，在对抗性项目中，必须全面掌握重大比赛中主要对手的运动素质、技战术和心理、作风等情况，以及近期成绩等一系列参数。

（二）设置同态系统并进行相似分析

根据被模拟系统的情况，同态系统亦可是人是物或人与物的复合体，甚至可以是自然界。例如，为了适应比赛地形、气候，可以将某地看成是一个同态系统。这在划船、田径等项目中较为常见。但无论怎样，同态系统必须力求同被模拟系统相似。两者相似程度越高，主练系统的适应能力越能得到培养。

（三）主练系统与同态系统共同练习

如与模拟比赛对手的运动员同场对抗，在与比赛相似的环境中练习等。

在完成上述程序的过程中，要密切注视被模拟系统的变化情况，以便及时调整同态系统，从而使两个系统能最大限度地保持相似。

在训练实践中应注意，模拟训练虽然能使运动员对被模拟系统产生广泛而综合的适应，具有较为重要的意义，然而模拟训练毕竟只是整个训练过程的一个特殊阶段，如果没有主练系统相当的竞技能力作为基础，模拟训练的效果就不会很好。因此，我们要实事求是地评价模拟训练的重要性和适用范围。

第四节 参赛影响因素的一般性与个案研究

鉴于现代运动竞赛中存在的强对抗性、复杂性、随机性等特点，运动员在参加比赛的过程中，必然会受到各种因素的影响，必然会面对各种风险。如何在对这些影响因素乃至风险的性质和强度进行评估的基础上作出成功应对，是增大获胜概率的重要环节。

一、比赛风险的一般性研究

根据我国学者石岩（2005）的研究，运动员在比赛中可能遇到的风险有如下方面：

(一) 运动员自身可能遇到的问题

1. 比赛中体力明显不支。
2. 出现较大的技术失误。
3. 战术运用不当。
4. 心理压力过大。
5. 比赛经验不足。
6. 身体发生严重的伤病。
7. 自我管理能力差。

(二) 参赛环境可能出现的问题

1. 比赛时间或地点发生变化。
2. 比赛场地条件差或比赛器械发生故障。
3. 比赛规则新条款或比赛规则对参赛选手不利。
4. 裁判员错判、漏判、偏袒。
5. 气候异常、恶劣或高海拔地理条件。
6. 生活（饮食、住宿等）条件不好或交通堵塞。
7. 教练员临场指挥不力。
8. 消极社会支持（观众起哄、媒体干扰、亲友影响等）。
9. 运动队管理不严。

(三) 对手可能带来的问题

1. 对手体力十分充沛。
2. 对手技术发挥好。
3. 对手战术配合非常默契。
4. 对手心理状态好。
5. 对手比赛经验丰富。
6. 对手本身没有伤病。
7. 对手自我管理能力强。

二、赛前和赛中影响因素调查

我国学者钟伯光等（2006）就赛前和赛中可能会对运动员产生影响的因素进行了如下调查：

（一）赛前影响因素

调查时间：比赛前 90 天
调查对象：香港运动员
调查赛事：第 14 届亚运会与第 28 届奥运会
调查因素（楷体字部分为负面因素）：

1. 训练中出现过度训练。
2. 训练中受伤。
3. 训练中缺少心理学家的帮助。
4. 训练中可以随时得到医生或物理治疗师的帮助。
5. 训练中的疲劳可以很快得到消除。
6. 我在这期间很难注重营养补充。
7. 我在这期间很注重体能储备。
8. 资金不足，无法维持正常的训练。
9. 海外训练的时间过多。
10. 这期间的比赛过多。
11. 这期间我到亚运、奥运比赛场训练或比赛过。
12. 亚运、奥运选拔标准不公平。
13. 亚运、奥运选拔的时间太早。
14. 亚运、奥运选拔时间太晚。
15. 这期间我的工作或者读书出现困难。
16. 我在这期间做过心理训练。
17. 我把训练当作亚运、奥运比赛一样认真对待。
18. 我队进行过亚运、奥运比赛的模拟训练。

（二）赛中影响因素

调查时间：第 14 届亚运会与第 28 届奥运会比赛期间
调查对象：香港运动员

调查因素(楷体字部分为负面因素):

1. 与比赛相关的直接因素

(1) 我维持并按整套比赛计划参加了这次比赛。

(2) 我曾经参加过亚运、奥运比赛。

(3) 我能够根据比赛中出现的各种情况作出战术性调整。

(4) 一些我不能控制的因素打乱了我的赛前程序。

(5) 我把"从比赛中获得乐趣"当作参加亚运、奥运的目标。

(6) 我曾经在比赛期间情绪紧张。

(7) 我曾经无法在比赛中保持镇静。

(8) 我对自己的能力有信心。

(9) 我对自己的期望很高。

(10) 我对待亚运、奥运比赛像对待其他比赛一样。

(11) 即使在比赛中落后对手,我也坚持到底,不轻易放弃。

(12) 我参加比赛的动机很强。

(13) 我对队友的能力有信心。

(14) 我的体能很好。

(15) 我注重比赛期间的营养。

(16) 我的身体状况良好,没有受到伤病的影响。

2. 教练员因素

(1) 教练员在每场比赛之前都会召开全队会议讨论比赛策略,过多地谈论比赛。

(2) 教练员和队员待在一起的时间过多。

(3) 我相信教练员的智能和经验。

(4) 教练员能够很好地处理比赛期间出现的不利情况。

(5) 教练员能针对问题,并使问题简单化。

(6) 教练员对我有不太现实的期望。

(7) 教练员对全队有不现实的期望。

(8) 教练员在比赛期间尽力帮我取得成功。

(9) 带队教练员不是我个人的教练员,他对我的情况不了解。

(10) 教练员有比较明确的比赛计划。

(11) 教练员的决定很公平。

(12) 我在比赛期间有机会接触我个人的教练员。
(13) 教练员对我很信任。
(14) 教练员能及时给我比赛情况评价。
(15) 教练员在比赛期间表现很紧张。
(16) 教练员在比赛中的指挥很成功。

3．团体因素

(1) 我队有很强的团体凝聚力。
(2) 我队教练员与运动员之间关系融洽。
(3) 我队里的气氛消极。
(4) 我队队员间彼此缺乏交流。

4．传媒因素

(1) 传媒对我队的采访报道过多。
(2) 传媒在不适当的时候对我队进行采访。
(3) 传媒对我的采访报道过多。
(4) 我在比赛期间体验到来自传媒的压力。
(5) 传媒在不适当的时间采访我。

5．社会支持因素

(1) 我家人或朋友在比赛期间给我许多正面的支持。
(2) 我家人和朋友到现场观看比赛。
(3) 香港政府重视体育，对比赛有足够的投入。
(4) 香港整个社会不太重视体育，对亚运、奥运比赛不够关心。
(5) 亚运、奥运场上很少见到来自香港的啦啦队。
(6) 奥委会、总会、体院三方对比赛都有一致的要求。

6．代表团职员因素

(1) 我容易及时得到代表团的医生或物理治疗师的帮助。
(2) 我容易及时得到代表团的心理学家的帮助。
(3) 我遇到困难时可得到代表团中有关人员的帮助。
(4) 代表团管理层都有丰富的经验，能很好地处理比赛期间出现的问题。
(5) 代表团内部对一些问题都能取得一致。

(6) 我家人或朋友到现场观看比赛得到代表团很好的照顾。

7．环境因素

(1) 亚运、奥运村内有太多的干扰。

(2) 亚运、奥运村的各种安排很不方便。

(3) 我住的房间太吵。

8．时间因素

(1) 我队到达釜山、雅典的时间不合适（太早/太晚）。

(2) 我队到釜山、雅典后有足够的时间调整时差。

(3) 我队离开亚运村、奥运村去比赛场的时间不合适（太早/太晚）。

(4) 我的第一场比赛时间离开幕式的时间太近。

9．交通因素

(1) 由于某些原因使得前往釜山、雅典的旅程不太顺利。

(2) 亚运村、奥运村离比赛场地太远。

10．天气因素

我不适应比赛期间釜山、雅典的天气。

11．比赛用具因素

我的比赛用具在比赛中出现问题。

12．比赛观众因素

(1) 比赛现场的观众太狂热。

(2) 比赛现场的观众太冷漠。

三、影响因素及风险个案分析

（一）中国乒乓球队

中国乒乓球队提出在奥运会上可能遇到的 11 个问题：

1. 对方完全了解我方，在比赛中技战术特点受到限制，战术使用不利时怎么办？

2. 当赛前准备与临场实际有变化时怎么办（如服装问题）？
3. 在赛前和比赛间隙中，你需要静下心来，外界关注询问打扰你时怎么办？
4. 当队友出现困难时你怎么办？
5. 当裁判员有意偏袒对方，判决不公时怎么办？
6. 从现在开始到奥运会结束为非常时期，运动员心理产生变化时要及时与教练员沟通，但不宜在全队流露。
7. 如遇到社会性事件时，你怎么办？
8. 当抽签结果不利或结果有利时你怎么办？
9. 奥运村餐厅远或伙食差怎么办？
10. 天气凉热反差大，空气潮湿你怎么办？
11. 如遇到球拍在赛前或比赛时出现问题或不好用时你怎么办？

中国乒乓球队在奥运会、世锦赛团体赛上可能遇到的问题：

1. 当地天气湿度大，球拍打滑时怎么办？
2. 团体大比分落后怎么办？
3. 以小组第二名出线怎么办？
4. 裁判员判罚不公怎么办？
5. 赛前和赛中出现伤病问题怎么办？
6. 与教练员的战术意图有出入时怎么办？
7. 排练没有抓准，遇到以前输得多的对手怎么办？
8. 遇到外界干扰（如观众、衣服颜色、闪光灯等）怎么办？
9. 球板出现问题（如断裂、检验不合格等）怎么办？
10. 夺取世界冠军的态度？a 争取；b 应该可以拿；c 志在必得

表7 我国乒乓球项目高水平运动员参赛风险典型事件分析

时间	地点	比赛名称	运动员	风险事件	风险后果	对应措施
1991	日本	第41届世锦赛	邓××	对手问题	负于对手	模拟训练
1992	西班牙	第25届奥运会	乔××	受伤问题	未受影响	防治伤病
1992	西班牙	第25届奥运会	吕××	交通问题	未受影响	预案与应急
1999	荷兰	第45届世锦赛	刘××	兴奋剂问题	成绩受很大影响	降低损失
2002	韩国	第14届亚运会	中国队员	规则问题	成绩不理想	学习与适应
2003	法国	第47届世锦赛	马×等	器材问题	未受影响	检查与备份

（二）中国射击队

参赛选手可能遇到的风险：
1. 比赛中体力明显不支。
2. 出现比较大的技术失误。
3. 战术运用不当。
4. 心理压力过大。
5. 比赛经验不足。
6. 身体发生严重的伤病。
7. 自我管理能力差。

参赛环境方面可能发生的变化：
1. 比赛时间和地点发生变化。
2. 比赛条件差或者比赛器材发生故障。
3. 比赛规则新条款和比赛规程对参赛选手不利。
4. 裁判员错判、漏判、偏袒。
5. 气候异常、恶劣或者高海拔地理条件。
6. 生活（饮食、住宿等）条件不好或者交通堵塞。
7. 教练员临场指挥不利。
8. 消极社会支持（观众起哄、媒体干扰、亲友影响等）。
9. 运动队管理不严。

中国射击队赛前准备的部分内容：
中国射击队经过几十年的实践探索后提出应该做好以下 8 个方面的内容：
1. 技术准备。
2. 器材准备。
3. 心理准备。
4. 对规则规程的充分理解和把握。
5. 要结合实战进行模拟训练。
6. 每一个教练员或者运动员甚至领队都要提出一个符合实际比赛中曾经出现过的问题。
7. 做好身体准备。
8. 要系统地理出在上次比赛中出现的问题（以上引自朱萍，2001）。

第五节 比赛的专门计划

制订比赛专门计划是赛前直接准备的重要内容,其内容如图6所示。

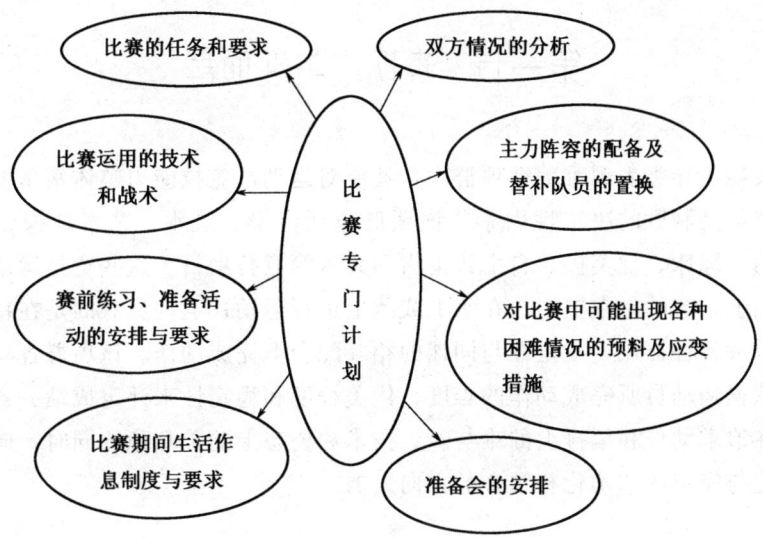

图6 比赛专门计划主要内容

思考题

1. 简述赛前直接准备的工作流程。
2. 赛前训练计划的主要内容包括哪几个方面?
3. 简要分析运动员赛前的几种心理状态。
4. 如何增强运动员的自信心。
5. 简要分析模拟训练的基本结构和目的。
6. 结合所修专项的实例,分析运动员参赛所遇到的风险及如何应对。
7. 结合所修专项,拟出一份比赛专门计划。

(刘建和)

第十章 技能主导类项群制胜因素

第一节 表现难美性项群

在技能主导类表现难美性项群中,技能对运动员竞技能力整体水平拥有最大的贡献率,是制胜的决定性因素。该项群包括体操、跳水、艺术体操、花样游泳、技巧、蹦床、健美操、自由式滑雪和武术等竞技项目。这些竞技运动项目有的是在陆上,有的是在空中、在水上或冰上进行运动;运动员有的是在特定器械上或者手持各种器械,或是在与同伴的相互配合下完成动作。该项群各项目在竞赛中均依据运动员所完成动作的难度、优美程度和稳定性来评定成绩。各难美性项目都在追求动作和编排上的难与新、技术和姿态上的美和稳的同时,向着高度的技巧化与完美的艺术化相结合的方向发展[8]。

一、制胜共性特征

多年来,众多学者从不同视角提出难美性项群的制胜因素,包括难、新、美、稳、力、健、高等。多数学者对难、新、美、稳这几个制胜因素的认识趋向统一,认为这些因素是该项群制胜的关键点。根据对难美性项群竞赛特性的考察,我们认为难美性项群的制胜因素包括难、新、美、稳。

各制胜因素之间的关系表现为,在"难"的基础上注重"新",在"稳"的基础上追求"美",以及这两方面的高度统一。以上可视做本项群制胜的共性特征(图7)。

动作的"难"和发挥的"稳"是表现难美性项群竞技项目最显著的特点。"难"是品级基础,是成套动作的生命和价值,也是取得比赛胜利的前提条件。而"稳定"是指动作的准确性、重复性及落地稳定性等特征,是比赛中取胜的保障。近年来由于各国运动员竞技水平

图7 表现难美性项群制胜因素

普遍提高，科学训练手段与方法的广泛应用，使运动员之间的实力越来越接近，竞争愈演愈烈，往往在比赛中谁能准确无误地完成动作并稳健的结束，谁就能得到较高的分数。因此，比赛中要求运动员完成动作既要有"难度"，又要有"稳定"，这成为比赛获胜的关键。

在难美性项群比赛中，"难"的生命力体现在"新"上，而"稳"的终极目标则是对"美"的追求。"美"是成套动作的核心，它体现在高质量、优美的完成动作，以及成套动作的艺术性编排和艺术价值上。这里强调的"稳"既是对"美"的追求，又代表着高质量地准确完成动作。任何发挥的不稳定均表现为完成动作不准确，质量不高，意即"美"的丧失，将直接导致失分。动作的"新"理解为创新，是难美性项群动作发展的生命力。为此，在"难"的基础上注重"新"，在"稳"的基础上追求"美"，这两方面的高度统一既表现了难美性项群各竞技项目技术发展的趋势，又成了该项群竞赛制胜的关键要素（表8[11]）。

表8 难美性项群制胜因素统计一览表

运动项目	难	新	美	稳	力	健	高
竞技体操	1	4	3	2	5	6	6
跳水	1	6	3	2	6	6	6
技巧	1	6	2	3	6	6	6
花样游泳	6	6	3	6	2	1	6
自由式滑雪（空中技巧）	1	6	6	6	6	6	6
花样游泳	1	6	6	6	6	6	6
艺术体操	1	6	2	6	6	6	6
蹦床	4	6	2	3	6	6	1
健美操	1	4	3	6	5	2	6
武术	5	1	4	2	6	3	6
合计	21	49	29	42	54	48	55
排位	1	5	2	3	6	4	7

我国学者郑幸红等，从竞技体操规则的发展变化中，总结出以下难美性项群制胜共性：

（一）难度动作的发展和创新是难美性项群发展的必然趋势

"难""新"是成套动作的价值所在。我国跳水运动以"难"起家打开局面，称雄于世。中国体操队在发展和超越自己的过程中，充分认识到"难"已不单纯是动作翻转周数和转体度数的增加，而是更加重视动作技术发展的多样化和动作连接的加"难",即应具备新技术、新难度、新连接,引导技术向纵深和横向发展,为创新、增难的发展开辟更广阔的天地,使难美性项群各竞技项目的表演更加精彩。

(二) 新颖、独特是难美性项群的发展方向

"完美"在成套动作中十分重要。世界体操名将霍尔金娜的平衡木、自由体操全套动作难度并不十分突出,但选编的动作内容却新颖、独特、动作舒展、流畅,其高贵的气质、优雅的风格加上优美窈窕的身段,使之达到了叹为观止的境地。由此看出,编选动作直接影响着比赛的结果。一套好的编排应以新颖、独特为核心才能富有艺术感染力,才能引起人们的兴趣。

(三) 高质量稳定地完成整套动作是世界高水平运动员的标志

难度和质量是统一体的两个方面,高难度的动作必须用高质量和高稳定性来保证,关键时刻宁愿舍弃一点难度,而保证质量。在难度接近时,裁判员完全以动作质量来评分。比赛时如何权衡难度和质量的相对关系,是教练员决策的一个重要方面。编排的效果要通过运动员完成动作来体现,离开了运动员娴熟、完美的表演,编排质量再高也不会得到理想的分数。

在充分理解难美性项群难、新、美、稳等制胜要点时,还应认识到:

1. 规则更明确地引导着表现难美性项群各竞技项目的技术,朝着"高难度、重优美、求质量"的方向发展。

2. "难"与"美"仍是表现难美性项群各竞技项目制胜的重要因素。"难"是难美性项群的生命,"美"是灵魂,缺一不可。

3. "稳"的终极目标则是对"美"的追求,表现"美"应以"稳"为基础。实践证明,在稳定发挥的基础上准确地完成动作是比赛中取胜的决定因素。

4. 创新就是超越,以技术创新为突破口,培养运动员杀手锏,是在具备"难""美""准"的基础上夺金的重要组成部分[10]。

二、部分项目制胜要点

(一) 竞技体操

中国体操队在6届奥运会中夺得13枚金牌,其他世界大赛的冠军更是数不

胜数。"体操不像乒乓球那样有绝对优势，也不像女排那样荡气回肠，但在国人心中中国体操队一直是一支悍军，他们总能够从欧美日强大的对手中突围摘金夺银。更重要的是从李宁开始，体操开启了新中国体育的明星时代"（引自新浪网，体育版）。

王萍等人对竞技体操的制胜问题进行了如下研究：

1. "难、新、美、稳"是制胜的基本因素

（1）难：主要反映动作的价值特征，即反映成套动作难度分值的高低。所谓难，是指完成动作（或成套）时，或必须具有超常的能力，或必须花更多的时间与精力，或必须冒一定的风险等。

（2）新：主要反映动作的独创性或独特性。它通常以新动作或新技术、新连接的形式存在于成套动作之中。

（3）美：主要反映动作的技术质量与艺术表现力特征。技术质量通常是指动作的高度、远度、角度、速度、幅度、时间（对静止动作而言）等是否达到高标准。艺术表现力通常指动作的姿态、节奏、韵律、轻盈飘逸程度，甚至身材、面貌、情绪、表情等对裁判员及观众的艺术感染力。

（4）稳：主要反映动作的准确性、重复性及落地稳定性特征。比赛中准确无误地完成动作并稳健的落地（或支撑）是稳的最高境界。

2. 创新和加难是制胜的法宝

创新、加难是体操赖以生存和发展的生命线，早期中国体操队就曾掀起过"创难新"的热潮，每年3月冬训后，都要搞"难新动作献礼"。体操的创新加难可分为新动作、新技术（仅指完成动作的方法）、新连接（指组合动作的方式与内容）三种类型。新颖和难度动作对比赛获胜至关重要。2005年墨尔本世界体操锦标赛，我国女子体操队员程菲就是凭借一套高难创新动作——"程菲跳"获得跳马比赛全场最高分9.631分捧得世界冠军，这是体操史上第一个以中国女选手名字命名的跳马动作。长期以来由于特别重视动作的创新和加难，到目前为止，世界体操运动中有近30个动作是由中国运动员首创并以其名字命名。

3. 稳定是体操制胜的钥匙

难、新依赖于稳定来体现，而稳则是创新的基本要求。在竞争白热化的情况下心理的稳定性就显得异常重要，心理素质的训练不可忽视，心理因素的正、负诱导作用在运动员的成功之路上起着重要的作用。成套动作的完成是否稳定、落

地能否站稳往往决定着金牌的归属。在悉尼奥运会上，我国体操运动员李小鹏、刘璇分别在男子双杠和女子平衡木两项中表现出色，落地均稳稳站住从而夺得这两个项目的金牌；而凌洁在与霍尔金娜的高低杠金牌之争中，却因下法落地稍稍不稳与金牌失之交臂。

4. 正确的博弈决策是制胜的前提

博弈决策思想和据此而制定的博弈决策方案，是教练员、运动员在对体操技术发展规律认识的基础上，指导训练竞赛实践的思想、理论、方针、政策与方法。它是支配并贯穿体操发展进程的主线，是人的主观能动作用的体现，是成功与失败寻根的一个重要方面。1953～1965年及1971～1981年间的两次技术腾飞，充分证明了正确的博弈决策对技术发展的重要意义。与之相反，博弈决策上的失误，也会在不同程度上给其所处时期的训练、竞赛带来损失。

5. 科学超前设计是制胜的关键

体操发展的总体设计必须遵循超前性原则，这是体操竞赛制胜的又一重要规律。它是由体操育才的长期性所决定的，目的在于弥合训练的内容要求与未来最高竞争目标需要之间的时间差。所谓超前，就是把未来竞争的需要具体化、现实化落实到选材、训练等实践中去。实践证明，正确的超前设计是未来制胜的关键[12]。

（二）跳水

我国跳水运动从1952年开始起步，1970年成立国家跳水集训队，自此开始了飞速发展。在第7届亚运会上，一举囊括了男、女板台的全部冠军，并取得两项第2名和两项第3名。时至今日，我国跳水已被誉为"梦之队"，在世界跳水第一阵营中牢牢占据着第一的位置。

王发成等人就跳水制胜问题做了如下阐述：

1. 难、稳、准、美是跳水项目的制胜要点

跳水是典型的表现难和美的运动项目。我国跳水运动之所以能够"冲出亚洲，走向世界"，正是由于紧紧抓住了跳水技术难、稳、准、美的特点。国际规则以87个难度动作构成了跳水比赛的竞争，说明了跳水项目的竞争力首先表现在难度系数的高低上。1974年以后，我国开展了大规模的难度攻坚，提出"走

在世界跳水难度表前面"的口号，使我国运动员的难度大幅度的提高。正是由于适应了难度发展的潮流，我国跳水运动才可能雄踞跳坛30余年。在比赛中能否把成套动作的固有价值最大限度地转换为赛场价值——分数，关键看发挥是否"稳定"。心理素质不过硬，临场发挥失常是导致比赛失利的重大原因。2004年雅典奥运会上，跳水男子双人三米板最后一跳的失误就是运动员心理素质不稳定导致比赛失利的典型案例。因此，运动员不仅要做到难度领先，更应该强调难中求稳。在稳定发挥难度动作的基础上，要求运动员完成动作既准确到位，又富有艺术美感。

2. 努力创新、改革器材、优选训练方法

跳水动作大部分是在空中完成，教练员很难实时把握并指导运动员。同时，运动员对空中动作要领的体会也有难度。这促使教练员在训练器材上进行改革：用铝合金跳板替代以往的木制和玻璃钢跳板，制作了陆上保护带、陆上像筋弹网、轴承保护带、水上保护带、平地海绵坑、陆上跳台、半米跳板等。这样既有效地防止了伤害事故，又能使运动员建立清晰的空间感觉，更快更高质量地掌握高难动作。20世纪70年代以来，我国运动员发挥了弹网、陆上板及水上保护带的作用，并将被保护带发展为助力保护带，在不断改革器材的过程中，创新技术和发展训练方法，加大陆上训练课的动作密度（每次陆上练习可完成700～1000次以上的动作，等于以往动作数量的几倍）。由于陆上训练解决了水上训练所需要的关键技术，从而提高了训练课的质量和效果，使中国跳水迎来了一个富有中国特色的安全、高质量学习高难动作的时代[12]。

（三）自由式滑雪/空中技巧

冬奥会项目自由式滑雪包括男女雪上技巧和空中技巧4个小项。近年来我国在自由式滑雪空中技巧项目上取得了一定突破，这与我国教练员长期探索和总结该项目的制胜因素，并将其运用到训练比赛中密不可分。自由式滑雪空中技巧既在地上滑雪又在空中翻腾，从表面上看是滑雪技术加翻腾技术，但该项目并非简单地等于"滑雪＋体操（技巧）"而是你中有我，我中有你，两者有机结合而成为一个既似体操（技巧）又非体操（技巧）的派生项目。它有其自身独特的规律与特点。例如，该项目空中翻腾之前的起跳已不同于体操（技巧）的起跳，不但此时的身体姿势不同，在起跳阶段还包含着相当的滑雪成分，就连与体操（技巧）最接近的空中翻转，若照搬体操（技巧）的动作要领在此也是行不通的。因为此时运动员的脚上多了一双沉重的雪鞋，外加绕纵轴转动、惯量颇大的一副滑雪板，更何况本项目还有周际过渡时机的独特要求。

因此，在自由式滑雪空中技巧项目制胜因素当中，除了动作的新、难以及动作完成的质量以外，还有一个相当重要的因素——着陆的稳定性。回顾 2006 年都灵冬奥会，我国运动员韩晓鹏在自由式滑雪空中技巧项目中夺金的战例，我们发现，韩晓鹏完成的动作并不是比赛运动员中最难的，而准确的完成技术动作和比赛过程中自始至终的稳定发挥才是这次获胜的关键因素。

有学者对备受关注的"着陆成功率"问题研究后认为：

1. 着陆稳定性是整个跳跃动作的最终结果，实质上是前面各动作环节技术正确、合理与否的见证。

2. 着陆技术有自身特点，其专门训练也不可忽视，但着陆技术只能在一定限度内起作用。

3. 若着陆失败往往需逆向找原因，其顺序是准备着陆动作→空中翻转→起跳出台→助滑→出发点的选择。

4. "雪底儿"是否深厚、腿部力量大小、心理状态好坏、适应外界条件的能力强弱等因素固然重要，但决定着陆成败的最根本因素还是整个动作技术的准确性。

5. 就我国运动员的共性而言，起跳出台是否准确对着陆成败影响最大[13]。

第二节 表现准确性项群

技能主导类表现准确性项群包括射箭、射击和弓弩三个竞赛项目。最初，我国学者田麦久在 1987 年的项群理论中，将射箭、射击归为技能类表现准确性项群。之后，随着项群理论的不断完善与发展，田麦久于 2002 年提出拥有两种主导竞技能力的项群类属，将射击、射箭等项目归属为技心能主导类项群。这说明了技术与心理因素在该项群比赛中的重要地位。射箭和射击项目属于现代奥运会正式比赛项目，新中国的第一枚奥运会金牌正是出自射击比赛（许海峰在 1984 年洛杉矶奥运会男子 60 发手枪慢射比赛中夺得）。在我国参加的历届奥运会中，射击比赛都是一个重要的夺金阵地。从实施奥运战略的角度出发，射击属于我国优势竞技项目，而射箭则被国家体育总局定位于要力争突破的"潜优势项目"。

表现准确性项群的比赛必须借助器材，如各类枪支、弓、箭、弩等，在规定的射程上，按规定的时间，对规定的目标射出或击发出规定数量的箭支或子弹，并以环数多少决定胜负。同场竞技，间接对抗，受制于器械、心理、气候、环境等因素影响较大的特点，决定了技能主导类表现准确性项群的竞技能力构成主要包括以下几方面：以正确、合理的技术动作为核心；以稳定、积极的心理能力为基础；以良好、充沛的体能为前提；以熟练掌握和运用弓箭、枪支等器材的能力为保障（郭蓓，2006）。轮赛赛制中运动员竞争的核心能力是运动员的整体实力，而在淘汰赛赛制中，运动员竞争的核心能力是在有限时间内每（单）支箭、每一发弹的质量。上述竞技能力的主要构成因素中占主导地位的是技能和心理能力。

技能主导类表现准确性项群的制胜要点有稳定性、准确性、一致性和适应性（图8）。

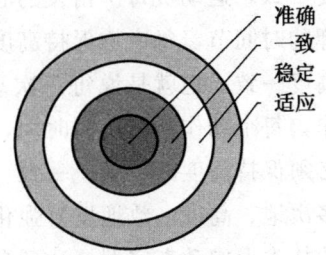

图8 准确性项群制胜要点

我国学者郭蓓对准确性项群的制胜问题进行研究后认为：

一、在动态中求稳定

"要想射得准，首先得求稳"。稳定包括技术上、动作上和心理上的稳定。技术上的稳定是指尽力保持较高、较平稳的训练水平及环数（成绩）水平。动作上的稳定是指射箭项目的所有动作环节（站立、举弓、开弓、瞄准、继续用力、撒放等）和射击项目的动作环节（运枪、瞄准、击发等），在动作规格、用力大小、用力方向、用力方式、动作速度和动作节奏上均保持稳定准确。心理上的稳定是指比赛的各个阶段、轮次，保持良好的心理状态和良好的情绪。

"准"是指在"动"的前提下体现出的准确，是瞬间即逝的。我国古代哲学家认为，"动静皆动""静者静动，非不动也"。说明无论动还是静，都是在动的前提下发生的，只是运动着的物质表现的形式不同罢了。恩格斯也指出："绝对的静止，无条件的平衡是不存在的。个别的运动趋向于平衡，总的运动又破坏平衡，因此，出现静止和平衡，这是有限制的运动的结果。"在现代科学训练中，要最大限度地求得准确性，要追求"静"与"稳"，就必须一直处于不停顿的"动"与"快"之中。因此，无论是技术训练还是身体训练，都必须把握在动态中求稳定这一原则。

二、在准确重复中求一致

这里提到的准确，除了指命中的准确外，还指各技术动作及各动作运动环节和器材的准确、到位。射击和射箭是比赛准确性的项目，要求运动员每一枪、每一支箭的发射都必须做到高度一致。高度一致的含义包括运动员技术动作及其各个环节每次均保持高度一致；运动员所做的动作程序及其各个步骤每次均保持高度一致；运动员每次击发的心理程序均保持高度一致；运动员发射每支箭、每发弹的时间节奏每次均保持高度一致；运动员所有使用的器材每次均保持（调试）高度一致。也就是说每一次动作，每次肌肉用力，每次拉弓的距离、运枪的动作，每个动作环节所需时间，每支箭的箭速，发射角，弓箭器材及其配件等，都必须保持高度的准确、一致。这一特点决定了射箭和射击技术训练必须大量地、多次地、高度一致地反复强化及重复训练。在大量的高度一致的重复中，使合理的技术形成动态定型，达到自动化程度，以保证比赛中技术动作的高度一致性。

三、在多重干扰中求适应

比赛中，器械、场地、环境、气候都可能对运动员的发挥造成干扰。首先，运动员应对自己的器械熟悉，做到"人——枪（弓）一体"。同时，高度适应性还包括对场地、气候的适应，根据实地情况调整比赛策略。例如，奥运会射箭比赛由于是室外项目，因此，运动成绩很大程度上受气候尤其是天气的影响。诸如气温、湿度、气压、风向、风力、雨雾等因素，都会对弓、箭器材的性能及运动员的感觉乃至技术动作带来影响，从而直接或间接地对运动成绩造成影响。在上述各种影响因素中，风力和风向是最常见的同时也是对运动成绩影响最大的。根据不同的风力、风向采取不同的对策和措施是射箭技战术训练的重要特征之一。国际箭联教练员委员会主任、韩国著名教练金亨铎认为，运动员的特点与能力不同，在风天与平常天气比赛时，运动员团体比赛出场发射的顺序也可能不同。根据不同的风向，运动员要适当调整自己的站位，必要时甚至要调整自己的身体重心，以求得在风中射箭时身体及动作的平衡。另外，根据不同的风力、风向，运动员要及时对瞄准器作出恰到好处的修正，以保证所射出的箭支不受风的影响而发生偏差。

四、保持良好的心理素质

准确性项群的运动员是同场比赛，互不干扰，各自在规则限定下完成自己的击发。运动员自身的发挥是决定比赛胜负的关键。因此，在大赛中运动员的心理压力较大。实践证明，良好的心理素质能成就冠军，比赛优势方也可能会因为心理失衡而发挥失常，痛失好局。以射箭为例，赛中影响运动员发挥的主要心理因素包括自信心、注意力、自我管理和情绪控制等。这些因素可以通过适应实战需要的心技结合训练、以认知训练为核心的思维控制训练和以提高心理"内适应"为重点的适应性训练等来改善[14]。

第三节　隔网对抗性项群

一、制胜共性特征

技能主导类隔网对抗性项群（简称隔网项群）包括乒乓球、羽毛球、网球（软式网球）、排球（9人排球、沙滩排球）、藤球、毽球、板羽球等项目。其共同的竞赛特征是在比赛时用球网将双方选手隔开，各据一方，用规则允许的球拍或身体部位将不同性质的球击向对方的球台或场地。得分手段既包括本方主动得分，也包括对方失误送分。运动员的竞技能力意即运动员的运动素质、技术、战术、心理、智能、经验等方面的水平，通过能否击出"不同性质的球"和能否适应对方"不同性质的球"这个焦点集中体现出来（邱钟惠等，1992）。

乒、羽、网、排等项目的显著特点是在比赛对抗中，双方运动员的制约最终是通过击出球的速度、力量、落点、弧线、旋转这五个物理要素实现的。运动员（运动队）的技术等竞技能力，在比赛中主要从击出球的时间、空间特征表现出来。因而，我国乒乓球界提出的"快、转、准、狠、变"；羽毛球界提出的"快、准、狠、变"；排球界提出的"高、全、快、变"；网球提出的"快、准、变、稳、全"，从本质上讲可视为一种击球技术要求（刘建和，2003）。隔网对抗性项目制胜因素见表9[8]。

表9　部分隔网对抗性项目制胜因素

项　目	制　胜　因　素
乒乓球	快、转、准、狠、变
羽毛球	快、准、狠、变
网　球	快、准、变、稳、全
排　球	高、全、快、变
（共性）	快、变、准、全、狠

二、部分项目制胜要点

(一) 乒乓球

乒乓球运动属于我国优势竞技项目,在世界乒坛保持长盛不衰。这种成功的实践过程与中国乒乓球界的科研人员、教练员和运动员对乒乓球项目制胜因素的正确认识是紧密相连的。在比赛对抗中,双方运动员的制约最终是通过击球的弧线、速度、旋转、力量和落点这五个物理要素来实现。运动员的技术、战术、运动素质、心理和智力能力,在比赛中最终要从击球的时间、空间等特征表现出来。现代乒乓球运动的发展,从特定含义上讲,就是一个如何提高制胜因素的单个水平及其之间的组合水平过程。

通过对乒乓球竞技特点的认识和长期实践的摸索,我国乒乓球界总结出乒乓球制胜因素为快、转、准、狠、变(图9[12])。

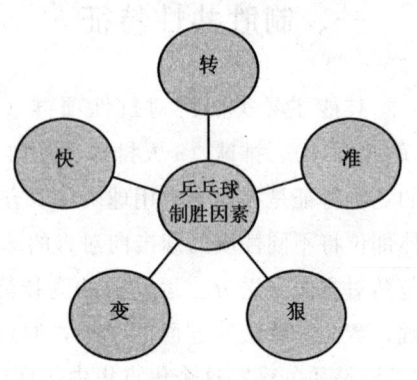

图9 乒乓球制胜因素

1. 快

速度快是乒乓球运动的突出特征之一。快速的进攻能使对手失去击球的最佳时机,造成回球质量降低,处于被动应付状态。因此,进一步提高快攻的速度仍然是现代乒乓球技术发展的趋势之一。提高击球速度的方法有以下三种:

(1) 提高速度素质、反应速度、步法移动速度等,尽可能缩短第一弧线的打出距离。

(2) 加快挥拍速度,充分发挥手臂和手腕的作用,缩短动作半径。

(3) 增加向前用力成分,压低弧线。

2. 转

旋转是乒乓球运动中一个十分重要的技术因素。随着科学技术的发展和使用球拍的不断革新,人们更加重视利用旋转。比赛中,利用旋转变化争取主动已成为重要的得分手段之一。掌握好复杂的旋转变化规律,对提高击球质量、增加战术种类都有重要意义。我国学者须晓东(2006)认为,对付旋转球的方法有以下几种:

(1) 了解乒乓球旋转的规律。
(2) 用调整拍面方向和角度的方法对付旋转球。
(3) 用力量对付旋转。
(4) 用速度对付旋转。
(5) 以转制转。
(6) 采用避转法击球。
(7) 采用借转法击球。
(8) 采用倒板法击球。

3．准

任何技战术离开了准确都毫无价值。这里所指的准确，包括了"稳健"。"稳"是"准"的低级阶段，但"准"必须建立在"稳"的基础上。相对于"稳"，"准"更富于主动性和战术意味。准要求击球弧线适中，落点到位。为此运动员击球时必须制造合适的弧线，才能提高命中率。

4．狠

"狠"主要体现在击球力量上。20世纪90年代以后，乒乓球技术发展趋势越来越向"狠"和积极主动进攻的方向发展，尤其是欧洲选手，在比赛中敢于搏杀，打法凶狠。例如，法国选手盖亭、比利时选手塞弗等欧洲的一流选手，在比赛中奋力拼搏、凶狠泼辣、速战速决，欲求一板打死对方，充分体现了"狠"这一代表力量的制胜因素。

5．变

乒乓球运动的多变性是乒乓球球性上的复杂性在战术策略上的充分表现。乒乓球运动的多变性特征，指的是充分利用乒乓球球性的复杂性来谋求获得比赛胜利的战术策略。多变性的具体表现形式是战术策略的变化。支持这种变化的形式有三种：

第一，把战术策略在技术类型打法上相对固定化。在乒乓球运动的发展过程中，形成了不同的技术类型打法，而且在不同时代，主导性的技术类型打法又有所不同。从乒乓球运动技术类型打法的发展史上看，基本形成了速度变化与旋转变化对抗的历史格局。

第二，不同打法的战术策略经过变化和组合，在具体的技战术使用中构成一个强调"变"的基本格局。为了提高竞技水平，努力使球性有不同的变化已成为技战术训练的主要内容。

第三，乒乓球底板、海绵和胶皮性能的不同，为乒乓球运动的多变性提供了物质上的可能[15]。

（二）羽毛球

羽毛球竞赛的根本特点在于运动员反应敏捷，需要对变幻莫测的赛场情况作出准确的判断或估计，并迅速采取措施改变自己的动作和节奏，甚至改换动作技术的组合形式。

我国学者孙俊从体能和技战术及其关系等方面对羽毛球制胜问题进行了如下研究：

1．体能因素

根据羽毛球专项特点，将力量、速度、耐力三大基本素质的关系归纳为，速度是关键、力量是基础、耐力是保证。

无氧代谢是羽毛球运动的主导供能系统。羽毛球运动技术细腻多样，组合活动的形式、强度和持续时间也各不相同，但所有技战术的正常发挥，都必须有足够的体能作为保证，因此，体能是影响羽毛球成绩的关键因素之一。

2．技战术和技术风格在制胜中的作用

所谓羽毛球技术就是为了将羽毛球按照自己的意愿，进行不同线路、不同速度、不同旋转的运动，以达到直接落入对方场区或迫使对方失误的控制方法。宏观上分为步法技术和手法技术两种，每一种技术，都要讲求控球的线路、速度、落点、一致性和"欺骗"性。战术是指在比赛时运用技术合理部署和克敌制胜的谋略。技术风格是指某运动员或运动队的技术系统，区别于其他运动员或运动队技术系统的较为成熟或定型化了的并经常表现出来的特征，它在不同的发展阶段会发生相应的变化。1954年印尼华侨带回了国外先进的羽毛球技术及打法，并借鉴我国乒乓球项目的成功经验，把"快"作为训练突破口，创新技术、加强进攻，狠抓身体素质，使成绩突飞猛进。1964年召开第一次全国羽毛球训练工作会议，明确提出了"快、狠、准、活"的技术风格，确定了"以我为主、以快为主、以攻为主"的发展方向。1965年大胜欧洲冠军丹麦队，表明我国羽毛球运动水平已经跃升到世界先进水平。20世纪70年代，因为对技术风格的片面认识，导致了成绩的滑坡，直至1978年召开第二次全国羽毛球训练工作会议，纠正了片面认识，并要求快字当头，技术全面，达到快、狠、准、活的全面结合和正确运用，从而在20世纪80年代，成绩逐步步入辉煌。20世纪90年代初，由于对技术风格的认识又产

生分歧，导致成绩再次滑坡，直至 1995 年成绩才有所回升。总之，回顾中国羽毛球运动的发展史，其优势与"快、狠、准、活"的技术风格密切相关，自 20 世纪 60 年代以来，它一直指导着中国羽毛球的训练与竞赛实践。

3．体能与技战术之间的关系

在羽毛球运动竞技比赛中，随着成绩的不断提高，它会受到各种因素相互制约的影响，其中体能训练与技战术之间的关系对比赛成绩的影响最为关键。良好的体能训练水平是掌握和提高运动技战术的基础，而只有掌握了运动技战术，才能更有效地发挥身体训练水平，使已获得的体能训练水平在比赛中充分表现出来。同时，娴熟、合理的羽毛球运动技战术，能使运动员在比赛和训练中节省能量的消耗，使其所做的动作趋于协调、省力，形成正确的动力定型，从而使得机体在运动过程中不必消耗过多的能量，在比赛中得以保持旺盛的精力，创造出优异的成绩。

能量的大小代表着一个运动员竞技实力的高低。运动员的实力由"体能、技能和战术能力"构成，三者与能量之间的关系如图 10 所示[16]。练体能是储备能量，练技术为节省能量，练战术则是为了调控能量，三者之间的关系是统一的，但有层次之分。体能和技能是基础层次，战术是高级层次，对体能和技能起支配作用。在不同的训练阶段，三者对竞技能量的贡献不同。业余训练阶段，基础层次的体能和技能对竞技能量的贡献较大，而专业训练阶段，高级层次的战术能力对竞技实力的贡献较大。

对应"快、狠、准、活"的技术风格，"快"的生理基础是"能量"，综合能

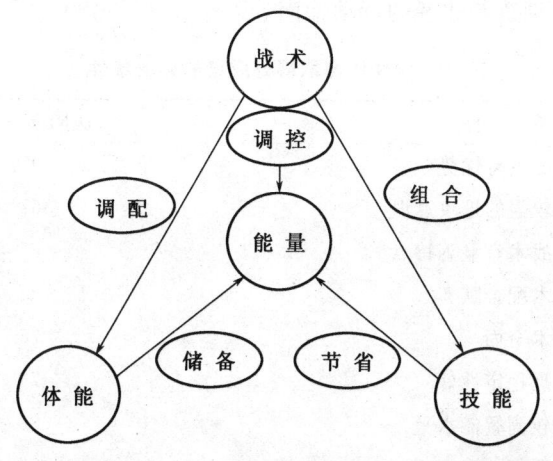

图 10　体能、技能和战术能力与能量关系示意

量的高低就是运动员竞技实力的高低。运动员的竞技实力由"体能、技能和战术能力"构成,而"狠、准、活"就是这三种能力的具体典型表现。"活"是战术的典型表现,"准"是技能的典型表现,"狠"是体能的典型表现,正是这三者的相互关系,生动体现出"活"是高级层次,支配着"狠"和"准"这两个基础层次(孙俊,2007)。

(三) 排球

排球运动自 1895 年发明以来至今已走过 100 多年的历史。在这漫长的发展过程中,影响排球比赛胜负的诸因素在不断地发展变化着。我国排球界对高水平竞技排球制胜因素的认识,也经历了一个由少到多,由表及里,由感性到理性的认识过程,尤其是进入 20 世纪 90 年代后期,随着竞赛规则的不断修改和各国排球运动科学选材、训练水平的不断提高,诸如运动员的高度、速度与力量、技术与战术、心理与意识等都表现出了很高的水平。

新规则的实施,使一攻作用改变,自由防守人登场,比赛时间缩短,失误危害加重,这些改变对排球训练和比赛产生了深刻的影响,但并没有动摇排球运动的基本规律。有学者对国家男、女排球队教练员就排球比赛取得好成绩的必备条件进行过问卷调查,结果反映出,教练员对"高、快、全、变"这些制胜要点的认同度是较高的(表 10[17])。由此可见,"技术全面,突出特点,准确熟练,快速善变,发展高度,不断发展"这一符合高水平竞技排球制胜规律的技战术指导思想,仍然顺应世界排球技术的发展趋势,适合我国排球的具体特点,仍应是指导我国排球技战术训练与比赛的行动指南。

表 10 排球比赛取得好成绩的必备条件

条 件	认同率(%)
网上高度占有优势	92
队员有较强的进攻意识	67
攻防技战术有显著特点	67
全队战术配合默契	83
攻防技术全面	75
队员心理稳定性好	75
队员有较高智能水平	83
身体素质好	83

在"高、全、快、变"制胜因素中，高是指具备一定的网上高度，包括身高、弹跳高、击球点高；全是指全面掌握排球各项技术，而且达到规范、熟练、准确、实用的程度；快是指技术动作的速度快，串连、配合的节奏快，也包括攻防转换衔接快等；变是在掌握多种技术和战术配合的基础上，能够根据不同对手和场上情况灵活多变，既使对方不适应，又提高自己的应变能力。

随着现代排球比赛竞争越来越激烈，运动员训练的极限化，力量和心理因素也渐渐被认为是排球比赛制胜的重要因素。力量与高度不可分割，有高度还必须有一锤定音的力量，这样才能真正将高度优势转化为得分优势。一支队伍中必须要有具备身高和力量优势的队员。著名运动员郎平就是因为扣球狠被称做铁榔头，成为队内得分主力。

排球运动员良好的心理因素主要表现在运用技战术时的心理稳定性和强烈的运动取胜意识，这也是排球比赛制胜因素之一。

综上所述，现代排球制胜因素为在高度中追求力度；在全面中强调配合；在快速对抗中保持良好的心理。其中高度——网上占据优势是现代排球比赛取得胜利的首要条件，但不是唯一的条件。要注重制胜因素之间可以通过互补协同、优势组合、连锁效应达到最优效果[18]。

（四）女子网球（双打）

由于我国网球运动的实践和理论研究水平从整体上远不及乒乓球等项目，因而对网球制胜要点的探讨还需做大量工作。但从2004年雅典奥运会上我国在女子网球双打项目上喜获金牌，到2006年澳大利亚网球公开赛女子双打的首次夺冠，我国在弱势项目上取得了历史性突破。网球运动作为一个复杂的系统，近年来我国教练员、运动员以及科研人员对影响系统本质特性的因素进行了重点研究，总结了竞赛成功的经验。我国学者李庆有、陈正等人在对女子网球双打比赛制胜问题进行研究后，提出网球的制胜要点是快、准、变、稳、全。

1."快"

是指击球速度快、脚步移动快、比赛节奏快、判断反应快。高球速能破坏对手惯用的技术动作或者使对手感觉不适。如果球速快到使对方很难接到球，或接到球但难以形成具有压迫性的回击球则赢球的机会就会大大增加。

2."准"

是指落点准确。准确是网球的最基本要求之一，也是重要制胜因素之一。准确的落点，首先保证了击出的球不会失误，其次才能体现技术、战术的意义。落点不准除了直接失误及失分外，还会导致难以控制对手，使自己陷入被动。网球比赛中经常看到，运动员在非常被动的时候，通过精准的穿越线路或落点极佳的后场过顶球，化被动为直接得分。

3．"变"

是战术、线路、落点和击球方式的变化。网球比赛中常可以看到，运动员保持一种姿势（如正手连续击球）可以打多拍不失误，但只要变成反手就容易产生失误。"变"主要包括网球落点的变化（正反手位的变化，前后场的变化）、击球方式的变化（上、下旋与平击的变化，落地击球与截击的变化）和节奏的变化等。

4．"稳"

表现为击球的稳定性和持续性，即比赛不因为本方而中断。在网球对抗中首先要求自己不失误，避免主动性失分。做到这一点的根本就在于"稳"，在自己稳定、不主动失分的前提下再谋求进攻。

5．"全"

是指技战术全面、合理、实用。网球技战术有发球、接发球、对击球等不同的技术，在对击球中又有击落地球、凌空球等技术。这些技战术还因球场地面的不同有相应的差别。运动员一旦某一项技战术有缺陷，就会被对手抓住，陷入被动。只有具有全面的技战术，才能提高胜算。

6．制胜因素的组合关系

快、准、稳、变、全是网球制胜的一般因素，特定的时期、特定的对手，以及不同的战术都要求制胜因素有不同的组合。例如，西班牙选手纳达尔力量好、体力充沛、速度快，但发球和技战术一般，他制胜因素的组合就是突出"稳""准"和"快"，致使世界排名第一的费德勒曾在半年不到的时间内3次败在这种战术面前。因此受网球内、外部环境的影响，制胜因素也是发展变化的，应根据运动员竞技能力发展的不同阶段和体能状况，强调不同组合的制胜因素[19]。相信男子运动员的成功经验对女运动员也应有所启迪。

第四节　同场对抗性项群

技能主导类同场对抗性项群主要包括足球、篮球、手球、曲棍球、橄榄球、冰球和水球等项目。竞赛形式为双方运动员在同一个场地内，通过团队配合徒手或持相同的器械争夺球的控制权，并将球击入目标位置以得分。因此，对球的控制、团队配合、直接身体对抗是该项群的竞赛特点。

一、制胜共性特征

根据同场对抗性项群竞赛特点，该项群的制胜共性特征有：

（一）充分熟悉和合理运用规则

规则是双方运动员进行比赛的依据，是场上裁判员执法的唯一标准。没有规则，比赛无法进行。同时，规则又规定了体育项目的发展方向。规则也并不是一成不变的，随着运动竞赛的发展，各项目都在调整着规则以满足新时期比赛的要求和观众的需求。规则不断修改，教练员和运动员就需要不断学习和研究，并深刻理解和把握规则的精髓。只有对规则理解透、把握准，才能丰富战术内容，使其灵活多变。从这一意义上讲，不懂规则就不会比赛。因此，加强教练员和运动员对规则的学习、理解和掌握应是日常训练的重要内容。

（二）在强身体对抗中体现技术优势

强身体对抗是本项群比赛的一大特点。这些项目中除曲棍球外都允许双方运动员有身体接触，允许在规则限定下合理运用身体干扰对方。这就对运动员身体对抗的能力提出了较高要求。学会在激烈的身体对抗和强烈干扰环境下运用技战术的能力是本项群需要解决的核心问题。

（三）知彼知己，有针对性地选用战术

在知彼知己的基础上，有针对性地选用合理的战术，比赛中就能够游刃有

余，从而能较好的控制比赛，做到克敌制胜。

(四) 在集体配合的基础上展示球员个性特征

同场对抗性项目属于集体项目，比赛的胜利需要每一位场上运动员付出努力。因而默契的配合、良好的团队精神是一支优秀队伍的标志。但是，集体配合下也需要有个人技术突出的队员，也就是球星。没有球星的队伍是缺少灵魂的队伍，是走不远的队伍。对此，美国职业篮球、欧美职业足球都注重优秀运动员的个性培养，塑造核心球员，打造球星。球星在球队中所以能起突出作用，就是由于他们有较强的个人能力。在比赛中他们能在恰当的时机出现在关键区域，独当一面，既能创造机会，更能把握机会，一旦机会出现绝不轻易放过，从而显示他们独特的地位与作用。在足球、篮球比赛中经常出现通过个人能力最后得分的情况。在关键时刻真正能左右比赛胜负、让观众兴奋得如醉如狂的往往是那些个人能力卓越的运动员。

二、部分项目制胜要点

(一) 足球

我国学者刘丹等认为，足球运动的制胜要点主要包括对抗、快速、准确、整体、多变和意志力。

1. 对抗

训练内容的安排要符合对抗的需要。对抗训练需要从加强1对1、1对2作战能力入手。1对1的较量是否成功，既涉及控球权的问题，同时又是有效进攻的先决条件。对抗的基本形式是以集体配合为基础的1对1和2对1。在训练的各个方面都要围绕对抗因素展开。技术训练要练就在激烈对抗中运用技术的能力，战术训练要强调时刻对对方施压，体能训练要练就符合对抗需要的体能。现代足球运动员如果不具备强有力的对抗能力，那么在球场中就没有立足之地。

2. 快速

向更加快速的方向发展是当今足球运动的又一特征，以往那种原地、缓慢的动作早已不适应现代足球的需要。快速包括在时间和空间上比对手更快。它包括观察反应快、起动快、冲跑快；技术动作完成快、连接快；配合移动快、战术变化快、攻防转换快、防守盯人快、保护补位快等。

3. 准确

准确是基础，从技术层面上讲，动作要正确；从战术层面上讲，传球、跑位、配合要精确。现代足球要求的是在快速和对抗中运用技术、战术的准确性，但准确性不仅仅表现为技术运用的准确性，而且更为重要的是思维判断的准确性。保证思维判断和技术运用的准确性及一致性，才能确保下一步快速的行动。

4. 整体

球队的整体具体表现在队员行动的一致性、集体控制比赛的节奏性、整体队形的紧密性。

5. 多变

在实战当中，多变主要是指战术的变化需要根据对方的变化而变化，不能拘泥于既定的方案、比赛的阵形和位置的束缚，鼓励球员个人的即兴发挥。足球比赛不可预知的特点决定了个人行为和集体行为的多变性。

6. 意志力

意志力即所谓意志品质，即战胜惰性和疲劳的顽强作风，要在任何时间保持充沛的斗志和良好的状态。意志力的培养要贯穿于训练的整个过程，不是一朝一夕就能提高到一个很高的层次，它需要在平时的训练中逐渐的积累。意志力在同一层次的较量中，在双方势均力敌的情况下，往往能起到决定性的作用。

（二）篮球

世界篮球运动的发展趋势为高与灵的结合；快与准的结合；凶悍顽强与巧的结合；整体与明星的结合；技术与艺术的结合；实用与简练的结合；全面与特长的结合；常规与创新的结合。

根据世界篮球发展趋势，现代篮球制胜要点包括高度、快速、勇与悍、对抗、智慧、多变和特点突出。

1. 高度

篮球运动的高度体现为运动员的身高、跳起高度和绝对高度。现代篮球比赛中运动员的身高可以在篮下攻击，防守对手时具有一定优势。绝对高度在篮板上具有相对优势。

2. 快速

篮球运动的快速体现在移动快、动作速度快、反应速度快和动作连接快，以及攻防转换快。

3. 准确

篮球的准确性体现在两个方面，一是投篮和罚篮的准确性；二是动作运用的准确性和选择攻守机会的准确性。

4. 勇与悍

勇敢顽强与彪悍体现为比赛中运动员要敢于拼搏，有勇气面对各种困难情况。身体强壮，不怕冲撞；既有勇气面对对手，又是强壮身体敢于对抗。

5. 对抗

即身体对抗和心理对抗。身体对抗可以从身体的直接接触中体现出来；心理对抗则是通过队员的斗智和顽强的取胜信念中体现出来。

6. 智慧

从各种行动中分析和判断对手的企图，及早采取适当的行动；从每一个回合的较量中衡量对手与己队的优劣，扬长避短，集中优势打击对方；从多个情况中选择最优的方法和机会，达到恰当、及时和完美。

7. 多变

根据场上情况随机应变，主动变化牵制对方，各种组合积极变化，机动灵活、多变。

8. 特点突出

全队有明显的技战术风格与打法，队员技术全面并特点突出，明星和集体的作用紧密结合[20]。

(三) 水球

水球制胜要点为高对抗、强中锋、突出阵地进攻、注重攻防一体。

1. 在高对抗、充沛的体能基础上具备娴熟的球技

"水球运动体能是基础，技术是保证，意识是核心"。可见，具备充沛的体能是比赛获胜的基础。在此基础上要求运动员具有高超的游泳技能和对球的娴熟控制。我国学者刘钦龙（2006）认为，高对抗表现为"强"和"快"两个方面。"强"主要反映在攻防双方的对抗方面。水球比赛的对抗不仅仅表现中锋位置双方在挤位时强烈的身体对抗，而且体现在阵地进攻中各个位置，以及攻防转换的瞬间攻防运动员之间直接对抗或间接干扰，现代水球比赛的对抗更是扩展到全场范围。"快"主要表现在阵地进攻中阵形变化快、传接球快和移位快。"快"能使进攻方从时间上创造出更多的机会。同时，快也体现在攻防双方的相互制约上，快速的回防、攻防转换的瞬间快速犯规打乱对方的进攻节奏，而进攻中的快速突破同样是重要的战术形式，尤其是在双方实力有一定差异的情况下，快攻的作用更加明显。

2. 培养优秀的中锋队员成为团队的核心

在水球比赛中流行一句话，即"得中锋者，得天下"。说明中锋在水球比赛中发挥着至关重要的作用。中锋的牵制作用和进攻效果已经成为影响全队得分和比赛成绩的重要因素之一。比赛中常用的中锋进攻战术是内、外线运动员通过位置上的不断变化，外线运动员为中锋创造进攻机会的战术组织方式。一名优秀的中锋在比赛中能有效地控制局面，吸引数名对方运动员，造成对手防守上的失衡，形成空当，创造破门机会。防守时，中锋又是正面防守的主要力量。我国水球要想取得好成绩必须要在培养优秀中锋方面下大力气，选拔有发展前途的好苗子，重点栽培。

3. 提高阵地进攻成功率是制胜的重点

高水平水球队之间的比赛，阵地进攻成为比赛最常见的战术应用形式。根据阵地进攻组织射门的方式，又可以分为6打5、中锋射门、游动射门和5米球射门等方式。比赛中要善于利用机会，以多打少，将人数优势转化为得分优势。例如，6打5阵地进攻就是在防守运动员严重犯规被判罚出场20秒钟时间内，进攻方在多出1人的优势情况下的特殊进攻形式。与其他同场对抗性比赛不同的是，水球运动员由于在水中比赛，而且头又要求尽量露出水面以观察局势，因此移动速度受到很大影响。在这种情况下，通过传接球配合进行阵地进攻，只要能形成局部人数占优，就能创造射门机会，具备得分的可能。运用快速反击、轮流切入或中锋战术尽可能造成6打5的机会，是水球比赛制胜的重点。

4. 注重攻防一体，提高整体战斗力

"攻防一体"一方面体现在进攻或防守中全体运动员表现出的战术行动的一致性。赛场上7名运动员战术行动一致性程度是各队战术应用效果的关键。另一方面，"攻防一体"还体现在世界女子水球强队在比赛中均具有较高的防守反击或进攻防反意识，体现出"攻中寓防，防中带攻"的特点（刘钦龙，2006）。整体战斗力的提高表现为运动员场上具有良好的意识，以及传接球、射门和防守的高成功率。要强化意识的核心作用，使运动员真正做到协调配合，协同作战。而比赛中的各种失误则是造成一支队伍得势不得分的根本原因。解决比赛中传接球失误率高、射门成功率低的主要办法是加强平时训练，提高重视程度，要求每一个队员必须认真对待每一个球。同时，对练习赛、友谊赛、热身赛中暴露的各种失误问题也应引起足够的重视。对运动员进行心理诱导，缓解比赛压力，克服比赛场上的紧张情绪。只有做到攻防一体，提高传球、射门成功率，减少失误才能真正提高队伍的整体战斗力[21]。

（四）曲棍球

曲棍球运动是一种在严格的专门规则限定下，在规定的场地范围（91.4米×55米）内，以控制空间为手段、控制球为焦点、控制速度和时间为保证，借助曲棍在有效的区域内将球射入对方球门为得分目的，得分多者为优胜的集体性竞技运动项目。

曲棍球场地比足球场地略小，球棍伸展面积较大，攻防对手之间的距离更近，因此，对抗仍是曲棍球运动的本质特征。曲棍球在对抗性集体项目中是通过肢体使用器械控制球的运动，球棍触球面积小，球更小，因此技术性、技巧性更强。曲棍球运动具有三个本质特征，即体能、技巧、对抗。曲棍球运动是一项在强烈对抗下的体能和技巧相结合的运动项目。

曲棍球制胜要点为：

1. 准确性是曲棍球运动的根本。
2. 个人和集体相结合的运动,团队精神尤其重要。
3. 全面对抗下的体能和技巧相结合。
4. 有氧与无氧混合功能。
5. 协调能力至关重要。
6. 应变性和创造性。
7. 严格和特殊的规则限定[20]。

第五节　格斗对抗性项群

现为奥运会竞赛项目的摔跤（自由式、古典式）、拳击、击剑、柔道、跆拳道；在我国开展广泛的武术中的散打、中国式摔跤和各种民族摔跤等项目，以及世界各国的民族式摔跤（如俄罗斯的桑坡）和各国特有的一些格斗形式的竞技体育项目（如日本的相扑、空手道、合气道；泰拳；东南亚及欧洲国家流行的自由式搏击等）等均属于此项群。

一、制胜共性特征

在项群的各项目比赛中，运动员往往是一对一捉对较量，两者相争，只能也必须胜出一人。这种你赢我输的比赛带有强烈的淘汰性质，运动员必须在场上使出浑身解数，制服对方。比赛场地往往比较狭小，容不得运动员退缩，一味地防守只能招来对方更猛烈的进攻，因而双方运动员表现为精彩激烈的对抗，正是这一特点，同场格斗性项群吸引着大量的观众。

（一）霸气和勇猛顽强是前提

对抗、淘汰是格斗对抗性项群的突出特征。在比赛场上，运动员必须具有必胜的信心，敢打敢拼，不惧对手。不管对手以往的竞技成绩多么优秀，不论对方的身高、体重多么具有优势，运动员必须具备勇猛顽强的作风，放开手脚做动作，有初生牛犊不怕虎的气魄，这就走出了制胜的第一步。临场胆怯是不可能取胜的。

(二)体能与技术的完美结合是基础

在格斗对抗性项群比赛过程中,运动员高度紧张,身体机能处于接近极限状态。从供能系统来说,格斗对抗性项群主要是有氧供能,结合瞬间无氧供能。运动员机体很容易出现疲劳,特别到比赛的后半程,谁能坚持到最后,谁就能获胜。因此,良好的专项体能是获胜的重要因素之一。在激烈的对抗中,运动员要精神集中,头脑清醒,不胡乱出击,更不要紧张迟疑。良好的身体素质和灵巧技术动作的完美结合是比赛胜利的基础。

(三)灵活运用战术是关键

格斗对抗性项群比赛中的战术包括稳固防守,以静制动;知彼知己,战术多变;智取强攻,兵不厌诈等。以静制动是指比赛中要有一个攻防兼备、进退自如的格斗姿势,以静待之,稳固防守。严密的防守可以瓦解对方的气势,避其锋芒,仔细观察,伺机而动,蹈其隙而攻之。同时,比赛中要善于发现对方的长处和破绽,通过观察其技术动作,迅速了解其技术类型。例如,散手比赛中面对善拳的对手,则要保持距离,面对善腿的对手则需近身打靠。让对手进攻不得法,防守乱形。所谓"战术多变"就是要求运动员掌握的各种技战术方法,如步步为营、扬长避短、出其不意、声东击西等,因时、因地、因势,随时变换,灵活运用。"兵不厌诈"是格斗对抗性项群技术中高水平阶段的策略。古语云:"打人不露形,露形不为能。"晃动不出手,其动在出手;虚上实下,虚左实右;故露破绽于形,打其不备于后。让对手虚实真假不分,做到有形亦无形,无形亦有形的最高境界。

(四)保持良好的心态,不急不躁是保障

运动员心态要平稳,胜不骄,败不馁。哪怕是大比分落后也不要心慌意乱,要保持情绪镇定,稳固防守,见机反击。只有保持稳定的情绪,心态平和,才能真正做到头脑清醒,始终保持对对手强大的压力。在格斗对抗性项群比赛中,运动员应具备"不倒翁精神",不急不躁,从而最终战胜对手[22]。

二、部分项目制胜要点

(一) 柔道

中国柔道队建队之初,有两大派别称雄于世界,即欧洲的力量型和日本的技术型。中国队根据自身条件,开始比较倾向于学习日本的技术流派。在一次比赛中,中国运动员情急之下,偶然地、急不择时地用了中国式摔跤的动作(当时中国柔道运动员大多从摔跤转项过来),意外地获得了成功。我国柔道教练员从这次成功中得到启发,提出我国对柔道制胜因素的认识,即"凶、快、狠、变、追"(表11)。

表 11　柔道项目的制胜因素

制胜因素	对制胜因素的认识
凶	要求气势汹汹,在格斗类对抗性项目上,气势首先要压倒对手
快	要求动作速度快,来势凶猛,在速度上一定要压倒对方
狠	要求强悍有力,在力量上,攻击上要压倒对方
变	要求灵活多变,敌变我变,对手捉摸不清本方的打法
追	要求绝无宽隙,一追到底,使对手没有任何喘息和卷土重来的机会

同时,我国柔道教练员也认为,柔道比赛,内力与外力的结合才是制胜的根本。比赛中强调抢占先机、出奇制胜,智慧在比赛中往往比力量更重要。运动员在比赛中要求心平气和、切记勿躁,心、气、神、力共同作用往往会创造奇迹。在这样的心态支配下运动员才能够冷静、理智地面对攻守态势。另外,比赛中的用力和出击要掌握节奏,所谓快如猛虎下山、急如老牛顶角。进攻要有泰山压顶之势,相持犹如二牛对峙一般。比赛节奏的把握是运动员成熟的表现,也是掌握主动权的最好体现[23]。

根据对柔道制胜因素的认识,中国柔道队确定的训练指导思想是"以散手摔法为主,以我为主,以快为主,以攻为主"。由于把握了柔道攻防的规律,中国柔道队在世界比赛中开始获得成功[10]。

(二) 跆拳道

我国跆拳道项目连续在近两届奥运会上取得了3枚金牌,尤其是在雅典奥运会上，在仅有两名运动员参赛的情况下，勇夺 2 枚金牌，夺金成功率达到 100%，令世人震惊。我国跆拳道界人士对这些骄人战绩背后深层次的原因进行了如下思考：

1. 稳定心理状态

针对比赛和运动员的特点，创编了大量的口诀，如上场口诀："抬头深呼吸，健步走上去。行礼需周到，衣冠理整齐。目光锁对手，内在含霸气。我是王中王，谁敢与我敌。"奥运会双冠王陈中比赛的开局口诀是"创造机会我占先，牵动对手露破绽。果断出击打开局，进出自如是关键"；奥运会冠军罗微的战术口诀是"主动强攻讲方法，辅助变化是诱饵。预料对手起和落，抓住时差打反击。出奇出怪能克敌，关键时刻要放电"等。这些口诀的创编和运用，为大赛备战和成功参赛发挥了重要作用。

2. 注重赛前模拟比赛

赛前进行模拟比赛带有一定的危险性，尤其是比赛的难度越大，队员受伤的可能性就会增大。中国跆拳道队之所以在赛前敢于进行模拟比赛，是因为对比赛的总体设计的科学性具有信心，对组织的各个环节和临场的演练进行了细致的研究策划和周密的安排，使模拟比赛能够圆满地达到预期效果。通过模拟比赛，运动员除了要对不同类型的选手确立针对性的打法外，还要熟悉比赛中不同战局、战况的处理方式与应对措施。经过对领先、落后、边角、平分等困难场景的演练，使运动员和教练员达到较好的临战状态。

3. 坚持赛练结合，以赛促练

训练和比赛是一个有机体，没有训练就会丧失比赛的基础，而没有比赛就会失去训练的意义。有专家认为，大赛中取得好成绩＝训练实力＋过硬的心理素质＋丰富的比赛经验＋稳定的技术发挥水平。因此，实现比赛和训练的有机结合，充分体现以练为主、赛练结合、以赛促练的指导思想，是我国跆拳道竞技水平进步的又一法宝[9]。

思考题

1. 竞赛制胜规律的含义是什么？
2. 试分析技能主导类隔网对抗性项群制胜要点。

3. 举例说明难美性项群的制胜要点，并阐明其相互关系。
4. 在同场对抗性项群中选取一个项目，分析其制胜要点。
5. 表现准确性项群的制胜因素有哪些？请举例说明。
6. 举例分析技能主导类格斗对抗性项群制胜要点。

(蒲鸿春)

第十一章 体能主导类项群制胜因素

按照竞技能力的主导因素进行项群分类，把以体能较量为主的项目归入体能主导类项群。根据运动员在比赛中起决定性的体能形式的不同，体能主导类项群又分为快速力量性、速度性和耐力性三个亚类。该项群以人体的基本运动为主要比赛形式，如跑、跳、投、举、游等，竞赛的共性特点是在对运动员体能综合素质的高要求下，侧重于某一方面的体能较量，如爆发力、速度、耐力等。由于体能主导类项群的项目众多，因此在奥运会比赛中各体能主导类项目往往都是金牌大户，以2008年北京奥运会为例，仅田径、游泳（不含跳水、花样游泳、水球）两个大项就将产生81枚金牌。目前，我国除了在个别项目如举重、110米跨栏跑等具备一定优势以外，总体来说，体能主导类项群的比赛成绩不太理想，大赛中夺奖牌的能力有限，在世界大赛中的夺金点较少。因此，近年来我国加大了对该项群项目训练和竞赛的重视，增加了人力、物力、财力的投入，希望能尽快改变我国在体能主导类项群上的弱势局面，提高运动员在该项群比赛中的冲金能力。在此背景下，总结体能主导类项目的制胜经验，探讨制胜因素就显得非常有必要。

第一节 快速力量性项群

体能主导类快速力量性项群主要包括跳跃、投掷、举重等项目。这些项目属于非周期性运动项目，按其用力特点则属于速度——力量性项目。运动员的速度素质和爆发性用力的能力对运动成绩起着决定性作用。跳跃项目分为两类，一类为克服垂直障碍的高度项目，如跳高和撑竿跳高；另一类为克服水平障碍的远度项目，如跳远和三级跳远。投掷类项目要求运动员将不同形状、重量、材质的器械尽可能地掷远，以器械远度来决定胜负的运动。举重则比的是同一级别的运动员举起重量的多少。

体能主导类快速力量性项群当中有些项目是我国的优势项目，在大赛中屡获佳绩，如举重。在1956~1988年，先后有14名运动员44次打破6个级别13个单项和总成绩的世界纪录，超1项世界纪录；有4人获奥运会冠军，3人获奥运会亚军，4人获奥运会第3名。近年来在保持以往优异成绩的基础上，我国举重水平发展趋势良好，在2004年雅典奥运会上举重项目就贡献了5枚金牌和3枚银牌。

快速力量性项群中有些项目以前曾有过辉煌时期，但现在却徘徊在低谷，如跳高。在20世纪60年代有世界冠军倪志钦，80年代有三破世界纪录的朱建华，但随着一批老将的退役至今在这个项目上还没有出现令人振奋的成绩。铅球也有同样的经历，以前曾出现过黄志红这样的世界冠军，但后继乏人的尴尬使我国铅球在大赛上鲜有奖牌。

除了举重、跳高、铅球等几个项目以外，我国快速力量性项群中的其他项目在大赛中成绩都不甚理想，很难进入到争夺奖牌的第一阵营。因此，我们有必要总结该项群中优势项目的成功制胜经验，深挖我们在竞赛环节上存在的不足，寻找竞赛的制胜策略，以利于该项群更好、更快的发展。

一、制胜共性特征

运动员在参加快速力量性项群比赛时的体能水平，特别是依赖机能和素质所发挥出的快速力量，在其竞技能力结构中占有突出重要的地位（表12[8]）。比赛中，运动员都是通过单一的、非周期性的动作完成关键的技术结构，如跳跃项目中的起跳，投掷项目中的最后用力和举重项目中将杠铃举起等。对于运动成绩也都是通过测量跳过的远度或高度、投掷器械飞过的距离和举起的重量来进行评定。根据这些共性竞技特征总结出该项群具有如下制胜共性特征。

表12 体能主导类快速力量性项群经济能力决定因素作用的等级判别

作用等级＼项目 因素	跳跃	投掷	举重
形态	△△	△△△	△△
机能	△△△	△△△	△△△
素质	△△△	△△△	△△△
技术	△△	△△	△△
战术	△△	△△	△△
心理	△△	△△	△△
智能	△	△	△

注：△△△决定性作用　△△重要作用　△基础性作用

(一) 准确把握竞赛规律是制胜的前提

认识项目竞赛规律是提高体能主导类快速力量性项群训练成效和比赛成绩的关键。20世纪50年代初，人们认为铅球项目的比赛成绩由运动员的最大力量决定，因而在训练中一直强调对运动员最大力量的培养，但效果很不理想，成绩也一直上不去。直到20世纪80年代人们才对铅球项目的竞赛本质有了更科学、更深入的理解，认为铅球不是比运动员的最大力量，而是运动员爆发力的较量，这从根本上改变了铅球训练的方式方法，直接推动了我国铅球竞技水平的提高，涌现出了一批优秀运动员。因此，要不断深化对项目制胜规律的认识，才能真正提高我们对训练和比赛的驾驭和操作能力。

(二) 培养运动员高度的自控能力是制胜的关键

本项群比赛要求运动员按预先制定的比赛方案，尽最大努力创造最佳成绩。但是，竞技体育比赛过程充斥着各种各样的干扰因素。这些超越了运动员控制范围的干扰因素，往往是引起运动员心理失衡，表现失常的重要乃至主要原因。本项群比赛中，运动员受干扰影响而表现失常的案例比比皆是，也反映了运动员在比赛中心理素质不稳定的弱点。因此，要培养运动员过硬的心理素质，力求杜绝临场发挥失常。在赛场排除各种因素的干扰，努力突破原有最高水平。要求运动员注意力高度集中，并具备很强的自控能力。

(三) 充分激励运动员是制胜的催化剂

强烈的求胜欲望是运动员高度自信和良好竞技状态的来源。比赛中要运用多种暗示以激发运动员的战斗意识和拼搏精神。运动员应充分利用自我心理暗示，保持情绪稳定，鼓舞战斗意志；教练员和同伴则应给予场上选手肯定、信任的眼神和姿态；着装整洁、大方等，这都能够给运动员以良性暗示，激发运动员创造优异成绩。

(四) 力争高成功率是制胜的重点

本项群比赛当参赛选手成绩相等时，试举、试跳、试投的成功率就是决定制胜的关键因素。因此，要力争高成功率，特别是第一次跳跃、投掷或前三次预赛中的试跳或试投，以及举重项目决定性重量的第一次试举。在这些"第一次"中努力创造优异成绩，会极大鼓舞运动员向新水平冲击的信心，并给对手造成巨大心理压力，动摇对手意志和信心，为夺取比赛胜利创造有利条件。据我国学者张英波1998年统计，1994年世界排名第一的男女标枪选手泽莱兹尼和哈泰斯塔德，全年比赛次数分别是20次和18次。泽莱兹尼在20次中有17次，哈泰斯塔德在18次中有14次，在第一次试投中就取得各赛事最优成绩，首赛成功率分别高达85%和78%。

（五）全面利用规则是制胜的捷径

我国学者张英波在研究快速力量性项群的战术特征时认为，在跳跃高度项目和举重项目中充分利用起跳高度或举起重量的选择，以及"免跳"或"免举"的运用，以保存体力，养精蓄锐，向新纪录冲击或争取获得更好的名次，而投掷项目也可以在投掷鞋底的纹路，鞋子重量差异（目前规则尚无规定）等方面巧妙设计，或利用辅助装备如弹力绷带、腰带等（在规则允许范围之内）协助提高技术实效，夺取胜利。例如，世界男子铁饼第一个突破70米大关的美国运动员威尔金斯，在计算机专家艾里尔博士协助下，运用多种技术诊断手段，发现铁饼出手瞬间左腿膝角过小，及旋转中速度不够。针对这一问题，采用强力绷带包扎左膝，以减小缓冲，加强左侧支撑用力效果；减小左鞋底旋转速度，增强向前推进力并有效增加了人体——器械系统的转动动能。结果，威尔金斯摆脱了成绩长期徘徊不前的局面，在短时间内成绩提高了3米多，并打破世界纪录。

（六）完善赛前情报工作是制胜的保障

赛前情报工作是比赛的依据和向导，因此赛前情报工作一定要尽可能的做全、做细。一旦赛前情报失真将导致最后比赛失败。在2004年雅典奥运会上，赛前认为最具夺金把握的女子48公斤级举重金牌由于情报工作失实，导致临场比赛策略出现混乱，金牌被土耳其选手掠走[24]。

二、部分项目制胜要点

（一）跳高

跳高是一项克服垂直障碍的田径运动项目，它的运动成绩取决于运动员跃过横杆的高度。在多年发展跳高运动中积累的主要经验有以下几点：

1. **科学选材**

科学选材是开发运动员极限运动能力的首要环节。跳高运动员竞技能力受遗传因素的限制较大,先天性因素通过训练不易改变。因此,好的选材就是该项目成功的开始。

2. **狠抓基本技术训练**

跳高是一项技术比较复杂的田径项目,运动员的极限运动能力只有通过合理的先进技术,才能在比赛中充分发挥出来,因此,必须高度重视技术训练,特别是由分解技术、专门技术、模仿性练习构成的基本技术。

3. **在全面提高身体训练水平的基础上,尽力发展专项素质和专项能力**

强调运动员在不同训练阶段完成不同的训练任务,提高运动员的专项素质和专项能力。专项素质包括速度、弹跳、腿部力量,专项能力包括各种形式的助跑起跳能力,如卧上高架、助跑手触高、坐上高架、助跑头触高、助跑膝触高等。

4. **注重培养快速特征的技术风格**

快速是指助跑快、起跳支撑时间短、脱离支撑时身体重心的垂直速度高,从而快速完成过杆动作(表13[12])。

表13 男子优秀跳高运动员技术统计资料

运动员	国籍	后6步助跑速度(米/秒)	起跳支撑时间(秒)	身体重心垂直速度(米/秒)	成绩(米)
朱建华	中国	8.73	0.173	5.217	2.37
谢列达	苏联	8.21	0.183	5.011	2.34
杰米亚纽克	苏联	8.14	0.179	5.001	2.32
格拉涅科夫	苏联	7.94	0.189	4.972	2.30
帕克林	苏联	8.20	0.192	4.904	2.29
索托马约尔	古巴	8.02	0.190	4.814	2.28

(二)举重

举重的制胜要点由力量、技术和心理等三个因素组成。

1. 强大的力量是根本

力量分最大力量和爆发力。最大力量是基础，举重竞赛动作某些基本环节是靠它完成的；爆发力是关键，举重动作的重要环节（如提铃发力、上挺发力等）均是以爆发力形式完成的。除上述两种动力外，尚有固定支撑力（抓举和挺举下蹲支撑、挺举上挺预备姿势的支撑，以及抓举和挺举完成动作的支撑），这种力虽然不是使杠铃上升的动力，但在完成举重动作中也起着十分重要的作用。

2. 优异的技术是关键

实践表明，只有力量而缺乏技术不能构成良好的举重能力。我国举重教练员和科研工作者经过长期的总结和探索，将举重技术归纳为近、快、低、协调等技术原则（图11）。

近：是指提举杠铃要尽量靠近身体，既可缩短身体各环节的阻力臂以达到省力目的，又可使身体重心和杠铃重心接近，从而为稳固支撑创造良好条件。

快：是指在某些阶段杠铃上升的速度及人体移动的速度快，以便获得更大加速力和借助惯性及时完成下蹲支撑动作。

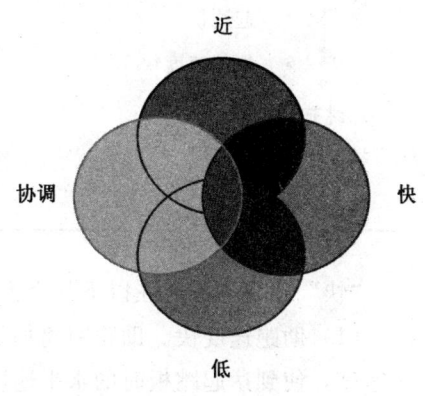

图11　举重技术原则

低：是指采用下蹲与放宽握距等方法，缩短杠铃在某些阶段的上升距离，以举起更大的重量。

协调：是指根据身体各部分肌肉力量的大小和用力位置的不同，在不同时机有节奏地用力和在相同时机集中用力。

3. 良好的心理素质是保障

举重项目的特点决定了举重比赛需要运动员具备良好的心理素质，仅凭力量和技术，如果在大赛中心态不稳也不能取得好成绩。举重比赛的试举要在瞬间完成，在数秒内立判成败，负荷极大。动作过程中几乎无法纠正错误。在比赛气氛的压力下，运动员需要集中全部精力，动员最大力量顽强拼搏，同时又需要具有清醒感觉（重量感、时空感）和自我控制能力才能准确完成动作，获得试举成功。举重比赛所需要的这种强烈的好胜冲动和冷静的控制力，结合在一起就形成了举重独特的心理素质[12]。

(三) 三级跳远

1. 快

现代三级跳远最突出的特点是"快"(表 14)。

表 14 三级跳远的制胜要点

制胜要点		表现方式
快	助跑速度快	10.40 米/秒以上
	加速上板快	强调第一跳的向前性
	起跳快	起跳时间仅为 0.10~0.13 秒
	摆动速度快	采用前后交叉摆臂
起跳充分有力		尽量增大腾起高度
幅度大		表现在起跳、摆腿和摆臂的动作幅度大
节奏感强		节奏明显,三跳比例合理

"快"字具体表现在以下几个方面:

(1) 助跑速度快。助跑距离加长,这主要是为了延长加速距离,充分发挥绝对速度,使到达起跳板时的水平速度更快。世界上跳过 17.80 米的选手,助跑速度都在 10.40 米/秒以上[25]。

(2) 加速上板快。现代三级跳远更加强调第一跳的向前性,腾空抛物线低平,因此,助跑最后几步与跳远相比更加积极向前,不用为起跳做丝毫准备,也不会因此而使水平速度下降,以更快的速度踏上起跳板。

(3) 起跳快。优秀运动员都以跑跳的形式进行第一跳,起跳时间仅为 0.10~0.13 秒,速度相当快。有测试结果表明,离板时三级跳远运动员的水平速度平均要比跳远运动员快[26]。

(4) 摆动速度快。大多数运动员采用前后交叉摆臂,更加积极地利用摆动腿的快速有力摆动,提高每一跳的起跳效果,减少水平速度的损失。

2. 起跳充分有力

运动员在损失水平速度较小的情况下,起跳充分,强而有力,尽量增大腾起高度,以增大每一跳的远度。这与运动员速度力量水平和专项弹跳力有关。

3. 幅度大

动作幅度大，不仅表现在起跳上，而且表现在摆腿、摆臂的动作上，这与肌群的工作能力及柔韧性、协调性有关。

4. 节奏感强

从助跑到跳跃结束，整个跳跃过程动作积极有力，放松协调，节奏明显，三跳比例合理[27]。

第二节 速度性项群

体能主导类速度性项群，以运动员通过相同距离比赛的用时多少，即最大限度表现运动员的速度为主要竞技方式。根据项目的不同，田径中有短距离跑（100、200和400米）、跨栏跑（男子110米栏、女子100米栏和400米栏）；游泳中有50、100米的各种泳姿比赛；冰上有500米短道速滑；使用器械的有短距离自行车等。我国学者张保罗（1998）认为，速度素质绝非仅指人体位移的速度快慢，应有更广泛的内容。速度素质理解为一个人的"反应能力"、从静止到快速运动的"加速能力"、快速"完成某一单个动作的能力"、"快速重复相同动作的能力"（也可称为"动作频率"）、人体自身"位移速度"，以及较长时间"保持高速运动"的能力（也可称"速度耐力"）。我国在这一项群中的大部分项目竞技水平还有待发展，近年来在游泳、110米栏上取得了突破，特别是刘翔在110米跨栏跑上夺得奥运会金牌，说明只要训练得法，我国运动员也能够创造出优异成绩。

一、制胜共性特征

（一）良好的参赛状态是比赛获胜的前提

当今，运动竞赛体现出极值化、系统化、信息化和程序化的特征，这些特征决定着运动员参赛过程，决定着影响参赛众多错综复杂因素的科学筹划与控制，决定着运动员竞技能力的表现和优异成绩的获得。良好的参赛状态需要在赛前训练过程中通过精细的训练安排来实现。速度性项群比赛时间极短，如果由于运动员参赛状态不理想造成比赛中的落后，这种局面根本无法弥补。因此，运动员必须在比赛期间以最好的状态面对比赛。

（二）精心组织的参赛行为是比赛获胜的关键

精心完美的参赛行为是指比赛中运动员要以我为主，始终保持自己的比赛节奏，合理分配体能，恰当运用战术。要求运动员按预先制定的比赛方案，尽最大努力创造最佳成绩。

速度性项群虽然比赛距离相对较短，比赛用时也非常短，而且运动员要在短时间之内消耗大量体能，但这并不意味着运动员不需要进行体能的分配，相反，运动员在比赛中要形成自己独有的比赛节奏，合理分配体能。这里讲的比赛节奏是指运动员完成一个周期性技术动作的速率变化，或者完成一系列技术动作带有节律性的运动特点。在比赛中特别要注意不要受对手干扰，一定要保持自己的节奏。体能分配主要指运动员在比赛过程中体力的适当分配。

虽然战术在本项群中的贡献率远不如技能主导类项群，但战术的合理运用亦同样不可忽视，这样可给对方造成心理压力或产生心理错觉，从而提高胜算。1998年的第18届冬奥会上，男子短道速滑项目竞争激烈，韩国运动员的准备最充分，他们研究了项目的各技术环节，针对场上可能发生的情况备有多种应对方案。在决赛中首先避免了领滑，用跟滑战术节省了30%的体力，让对手产生优势的心理错觉，最后冲刺时则以一个刀尖的优势赢得了胜利。

（三）充分完备的赛前准备是比赛获胜的保障

赛前准备工作包括竞技信息的收集、比赛场地器材的熟悉、参赛环境的适应、运动员参赛装备的改良等。现代体育竞技是信息的竞争，运动员接受的信息以及处理的方式，都在一定程度上影响着运动员自身的竞技表现，从而对比赛结果产生影响。正确处理竞技信息能够使运动员改变自己同环境的关系，获得更多的有益竞技信息，抵制不良信息，有利于建立和维护良好的竞技状态，从而为运动员取得优异成绩创造良好条件。

（四）科学实践"三从一大"训练原则，实现赛练互动是不断提高竞赛成绩的源动力

要正确理解"三从一大"科学训练原则，坚持训练从实战出发这一核心，实

现训练与参赛的相互促进。运动量要大得合理，要符合训练规律和专项特点，并对训练过程中每个动作的准确性和强度严格把关，这样的训练才是有时效性的训练。孙海平教练在训练刘翔时曾提出，"一要有强度，二要技术动作完成正确，二者缺一不可"[24]。

二、部分项目制胜要点

（一）游泳

在总结我国游泳成功经验时，1992年我国学者提出游泳的制胜要点为耐力是基础、力量最关键、技术来表现、强度为核心。

游泳技术的高效性、每下有效划水和打水（或蹬水）的力量、保持高速度到达终点的体能水平，以及良好的心理素质是游泳的四个主要制胜因素。从游泳训练实践发展过程来看，由于受到时代局限性的影响，人们对游泳制胜因素的认识是随着科学技术水平和运动实践的发展而逐步深化的。从某种意义上讲，现代游泳训练就是一个提高游泳制胜因素单个水平及其整体效应的过程。把握了游泳项目的制胜规律就能正确地进行博弈决策，在激烈的体育竞赛中就有获取优胜的较大可能。

从现代游泳训练作为一个系统工程的整体观念出发，我国游泳不断摒弃陈旧的训练观念，引进现代科学理论和手段推进科学化训练，充分挖掘运动员的体能潜力，提高专项划水力量和重视游泳技术的创新，特别是注意全面地控制训练过程，提高训练的整体效应。从博弈决策来说，我国游泳项目已从跟踪战略转变为赶超战略。根据我国游泳发展在世界和亚洲泳坛所处的位置和实际水平，正确地决定是首先集中力量在少数强项上突破，以带动游泳全面的提高。为此选定以短距离项目和蛙泳作为突破口，在亚洲以日本为主要竞争对手，首先要赶上和超过日本，进而走向世界。实践证明，由于对游泳制胜因素有较深的认识和制定了正确的博弈决策方案，我国游泳终于在1988年实现了冲出亚洲、走向世界的预定战略目标，取得了较为显著的进步。

综上所述，人们对游泳制胜因素的认识是随着现代科技水平和运动实践的发展逐步深化的，制胜因素在不同发展阶段表现的层次也是不同的，具有不断运动和深化的特点。人们对它的认识也是从感性逐步上升到理性的高度。把握本项目制胜因素的发展趋势，有助于进行正确的博弈决策，这对游泳项目的发展具有极重要的宏观导向作用[12]。

（二）短距离跑

《田径词典》（上海辞书出版社，1991）将短距离跑解释为径赛项目的一类，400米及400米以下距离跑的统称，包括个人及接力比赛。短跑比赛采取分道进行，运动员要经历起跑、起跑后的加速跑、途中跑，最后终点冲刺这四个过程。作为人类最基本的运动形式之一，早在古希腊奥林匹克运动会上就已有短跑比赛。短跑属于极限强度运动，在运动过程中，人体运动器官和内脏器官处于大量缺氧状态下完成大强度的工作。一直以来，人们都在积极寻找提高短跑成绩的方法。普遍认为，运动员的成绩取决于步频和步长两大因素。在比赛中短距离跑的制胜要点包括以下几个方面。

1. 以我为主，最大限度发挥身体优势

在影响短跑成绩的众多因素当中，遗传因素被认为是最重要的一个方面。苏联运动训练专家奥卓林也认为，虽然各种身高和身体形态的运动员在短跑比赛中都取得过好成绩，但通常是身体素质好、力量型、动作灵活的运动员成绩更理想（奥卓林，《田径运动》，1991），见表15。因此，在提高最大速度方面，运动员与

表15 优秀男子百米运动员的部分资料（截至2007年10月31日）

姓 名	国 籍	出生时间	最好成绩（秒）	年份	地 点	身高（厘米）	体重（公斤）
本·约翰逊	加拿大	1961	9.83	1987	罗 马	180	75
多诺万·贝利	加拿大	1967.12	9.84	1996	亚特兰大	181	82
卡尔·刘易斯	美 国	1961.7	9.86	1991	东 京	188	80
毛瑞斯·格林	美 国	1974.7	9.76	1999	尤 金	180	79
蒂姆·蒙哥马利	美 国	1976.1	9.78	2002	巴 黎	168	68
贾斯汀·加特林	美 国	1982.2	9.77	2006	多 哈	185	78
阿萨法·鲍威尔（目前世界纪录保持者）	牙买加	1982.11	9.74	2007	意大利	188	87

注：数据根据国际田联网站资料整理，网址：IAAF International Association of Athletics Federations - IAAF.org。

生俱来的先天素质非常关键。通过赛前有针对性地选材、科学训练，以及制定专门参赛方案，最大限度发挥身体优势才有可能在比赛中取得优异成绩。比赛前应进行详细的测试，找出对个人运动成绩十分关键的特殊力量或弱点，然后有针对性地设计出个人短距离的速度、灵敏提高方案。

2．不断创新训练方法，注重个性化训练

通过技术训练提高运动员整体实力是比赛获胜的基础。在《田径运动高级教程（修订版）》（2003）中将现代短跑技术发展趋势概括如下：
（1）更加重视短跑技术的规范结构动作。
（2）更加重视短跑的摆动技术。
（3）发展短跑速度注重从髋部做起。
（4）短跑单步技术发展趋向是缩短支撑时间，同时亦应缩短腾空时间。
（5）延长加速跑持续时间和距离。

随着竞赛不断的专门化，运动训练中的个性化针对性练习也越来越普遍。个性化训练并不是单纯地模仿，而是结合运动员本人特点的训练方法，这对于提高短跑运动员成绩具有重要意义。

3．注重心理因素的调控

短跑运动员在比赛中容易出现淡漠、惧怕、怀疑等心理障碍，以及对比赛期望值失调、身体激活程度不够等问题，影响运动能力和技术的发挥。因此，要采用有效的对策使运动员克服心理障碍，充分做好各种心理准备，进入最佳竞技状态。例如，教练员可通过模拟训练、放松训练引导运动员积极做好赛前心理准备；运动员则可采用念动训练、调节呼吸等方法来稳定自己的情绪。通过培养运动员坚忍不拔的意志品质，塑造冷静、求实、稳重的性格品质，使运动员充分认识自己的能力，能够有效地树立运动员参赛信心，提高运动员比赛的兴奋性和注意力。随着竞赛日趋激烈，对运动员心理因素的调控成了比赛制胜的一个重要方面。

4．做好各项竞赛常规工作

完善的竞赛常规工作是运动员参加比赛的有力保障，包括赛前情报收集、赛场环境的适应、竞赛所在地自然环境与人文环境的适应，以及赛程中及时有效的体能恢复等。

第三节 耐力性项群

体能主导类耐力性项群包含着多种多样的竞技项目,有竞走、中长距离跑、中长距离游泳、中长距离自行车、赛艇、皮划艇、驶帆、越野滑雪,以及中长距离速度滑冰等众多项目。在现代奥林匹克竞技运动中,耐力性项目占有重要地位。从耐力性项目的竞技需要出发,应该明确体能是其中的主导因素,对运动员体能的要求则首先表现在其心血管系统和呼吸系统的生理机能,以及耐力、速度、力量等运动素质方面[8]。同时,耐力性项目还需要以专项耐力为核心的多种竞速能力,以及以糖酵解供能或有氧功能为主渠道的多种代谢能力。

一、制胜共性特征

我国运动员在本项群的世界级大赛中取得过辉煌战绩,经过认真总结,本项群制胜因素主要包含以下几点:

(一)具备高速到达终点的专项体能是制胜的核心

20世纪90年代初期,我国著名长跑教练员马俊仁经过训练实践及科学研究明确提出:"中长跑、马拉松是高速度的耐力性项目,运动员既要有很高的耐力水平,又要有很强的速度能力,才能达到世界水平"[28]。耐力性项目需要运动员长时间进行周期性运动,专项耐力是运动员获取比赛胜利的关键。长期以来,丰富的训练实践为耐力项群训练理论与方法提供了丰富的营养。有针对负荷结构的训练方法组,有提高代谢能力的训练方法组,有力量训练方法组,有通过改变地域进行训练的方法组,还有恢复能力训练方法组等。总之,想尽一切办法提高运动员专项耐力是该项群制胜的首要任务。

(二)赛前、赛中营养与赛后恢复是制胜关键因素

耐力性项群赛程时间长,对运动员在长时间高速度运动过程中能量消耗相当大。为了提高成绩,赛前、赛中营养与赛后恢复等科学手段不可忽视。科研人员应及时向运动员提供相关信息并进行必要的科学指导,而运动员本人也应能够找出最适合自己的训练方法、营养安排和消除疲劳的手段,这同样很重要。以下是我国学者董二为于2000年研究的日本马拉松运动员如何针对1997年雅典世界田径锦标赛在集训期和赛前进行科学的营养饮食安排和指导(表16[29])。

表 16　1997 年雅典世界田径锦标赛日本马拉松运动员在集训期和赛前的营养饮食安排示例

时间	营养饮食安排与指导
赛前集训	**水分补充** 训练中的水分补充并不是为了补充能量，运动饮料并不是最好的，矿泉水最佳，适度的冻冰一下，稍微有点冰的状态下饮用最好 **食物补充** 进行长时间训练时，可以食用一些面包、香蕉、年糕等容易转化为能量的碳水化合物食品，以补充能量 **精神疲劳消除法** 由于严格的训练会使运动员产生厌烦情绪，导致精神疲劳，可以用购物、山中散步、夜晚看星星等方法消除精神疲劳。针对不同的运动员应采用截然不同的精神消除法
比赛前一周至比赛开始	**赛前营养安排** 由于马拉松比赛的开始时间为上午 8:50。所以，训练的重点应放在早饭前的训练。早餐时间为上午 9:00～9:30。随着比赛的临近，早饭的时间也相应提前 **食物的准备** 为了储备在跑中能转换成能源的葡萄糖，通常在赛前 1 周减少食物中的碳水化合物的比例，而在赛前 3 天增大碳水化合物的比例 **食物的购买** 与集训一样，为了保持与在日本相近的饮食条件，从日本带来了年糕、蛋糕，再加上从美国带来的大米、大酱、纳豆、梅干、面包、黄油、海菜和方便面等 **食物的内容** 对运动员的食物摄取状况和补充分别做了记录，推算出营养摄取量，储备马拉松比赛中的重要能源——葡萄糖 **训练量与能量的摄取量** 训练量随着比赛的临近而减少，但能量的摄取并不减少，这样就会使必要的能源在体内储存 **维生素和矿物质的摄取量** 在调整期，由于环境的改变导致身体状态发生变化。同时，随着比赛的临近，运动员也会产生紧张的情绪，这时维生素和矿物质的摄取量就十分必要
比赛当日	**比赛当日的进餐** 比赛是上午 8:05 开始，3:00 起床，先进行了 30 分钟的散步，发令前 4 小时，即 4:00 左右，吃饭团、放入年糕的大酱汤、蛋糕、香蕉等，然后休息 1 小时 **比赛中的水分补充** 赛前准备 2 瓶水，1 瓶是用矿泉水做的茶水，另 1 瓶是被稀释过的一般运动饮料。由于各国水质不同，因此在国外尽可能饮用矿泉水。为了让运动员一边跑一边可以容易地拿到水瓶，特意用铁丝做了把手套在瓶子上，在水瓶旁放一小旗，以便运动员容易看到。用瓶中的盖子数量多少控制冰的溶化时间，然后根据放置水的地点及时间来控制冰量

注：表中内容经过整理

(三) 合理运用战术是制胜的法宝

战术运用的能力是耐力性项目选手综合竞技能力的重要组成部分。在耐力性项目的比赛中，人们通常按战术行为的目的将比赛战术分为创纪录战术和夺冠军战术两种不同的类型；按照比赛时场地条件的不同，可分为同道竞速战术与分道竞速战术两种不同的类型；而依比赛中运动员所处的位置又可分为领先者战术与跟随者战术两种不同类型[8]。

二、女子中长跑、马拉松制胜要点

我国女子运动员在中长跑及马拉松项目中获得过优异成绩。我国学者朱明英在总结了著名教练员马俊仁成功经验后，提出我国女子中长跑、马拉松项目的制胜要点主要有以下几个方面。

(一) 高度重视恢复训练

积极探索训练与恢复之间的规律，以保证运动员具有充沛的体能进行下一单元训练，并提高运动员承受超负荷训练的能力。在具体措施上，比如马俊仁教练创造性地运用中草药补剂防止心肌疲劳，增强心力，调节运动员的胰和肾器官的功能等，进而有效地解决了运动大负荷后血色素大幅度下降的问题。

(二) 科学地利用高原训练法

由于高原训练涉及运动员的训练水平、机能水平与训练环境、地理位置、自然条件等诸多因素，可以充分利用我国的高原优势，在低气压、缺氧环境下对运动员逐步提高高原训练负荷，加大训练难度，提高训练质量。

(三) 以长补短，以短促长，长短互补，全面发展

"长"和"短"既包含着训练负荷的多和少，又包含着训练负荷强度的大和小。在不同的训练时期和训练阶段，将不同的代谢训练按科学比例融为一个完整的训练体系，可促使运动员的速度、耐力、速度耐力及"高速度"持续跑的专项

能力同时全面发展。

（四）不断提高运动员动作技术的经济性与实效性

训练中应适时地改进和完善运动员的动作技术，提高跑的经济性与实效性[30]。

（五）合理运用战术

中长跑、马拉松项目比赛中的战术运用，通常包括根据战术行为的目的不同有创纪录战术和夺冠军战术；依据比赛中运动员所处的位置不同有领先者战术与跟随者战术；视竞赛中队友人数的多少可分为个人战术和小组战术。在竞赛实践中，根据场上多方情况选取适当的战术是制胜的重要因素。

思考题

1. 体能主导类快速力量性项群的制胜要点有哪些？
2. 在体能主导类速度性项群中选取一个熟悉的项目，分析其制胜因素。
3. 试归纳体能主导类耐力性项群的制胜要点。
4. 我国优势竞技项目中有哪些属于体能主导类项群？选取其中一项分析其制胜要点。
5. 谈谈某项目竞技特征与该项目制胜因素之间的关系。

（蒲鸿春）

第十二章　运动竞赛中的道德问题

第一节　运动竞赛道德概述

21世纪的竞技运动面临着全新的发展，其间伴随的伦理道德问题日益增多。现任国际奥委会主席罗格在就职宣言中指出："在新世纪来临的时候，或许对体育来讲需要新的格言，那就是'更干净、更人性、更团结'。"这既寄托了人们对竞赛活动的美好希望，也提出了提升运动竞赛过程中参与者的道德品质要求。

一、运动竞赛道德的概念

道德作为社会意识形态之一由经济关系决定，依靠人们内心信念和社会舆论等特殊手段来维持，并以善恶为标准进行评价的心理意识和行为规范。它是调整与协调人与人、人与社会以及人与自然之间关系的重要因素。道德一般分为政治道德、社会道德、职业道德和家庭伦理道德等。

所谓运动竞赛道德，是指运动竞赛的参与者在参与运动竞赛过程中所应遵循的行为规范和准则。它属于职业道德范畴，是随着运动竞赛的出现与发展逐步形成和完善的，是评价参与者荣辱善恶的尺度标准。

二、运动竞赛道德的特征

运动竞赛道德既包含道德的本质特征，又包含运动竞赛的本质属性。除了社会的一般道德准则和行为规范外，作为一种特殊的社会活动，运动竞赛中必然存在着与之相适应的、相对独立的道德原则和规范体系。这些道德原则和规范是根据运动竞赛的本质特征来确立的，它们具有自己的特殊性而不具备普遍适用于社会生活其他领域的道德功能，当然也不排斥运动竞赛中的某些道德原则为其他生活领域所效仿。

(一) 运动竞赛道德以维护公平竞争为基本准则

竞争性是运动竞赛活动中人与人之间最基本的关系。运动竞赛中的竞争是有条件的，是以公平为前提，即参与竞赛活动中的人无论种族、无论社会地位如何都将一视同仁。在竞赛过程中，不允许任何人以弄虚作假、损害他人利益的手段获得竞争的胜利。对于参与竞争的每一个运动队或者运动员而言，具有同等权利和获取成功的机会。运动竞赛活动中，从运动竞赛规则、章程的制定和修改，到对运动员竞技活动和裁判员裁判工作的具体要求，无时无处不是以公平为基本出发点的。任何弄虚作假的行为，任何有损于他人利益的行为，都以不符合该原则而被视为不道德的行为，将受到制裁和社会舆论的谴责。

(二) 运动竞赛道德是规范性与超越性的统一

运动竞赛道德对运动竞赛过程中人的态度和行为起到了一定的调节和制约作用，但是以不损害活动本身所提倡的更快、更高、更强为前提。运动竞赛包含的许多项目，其活动方式和方法在社会活动的其他领域是不允许的。我们之所以将对方身体为攻击对象的拳击、摔跤、柔道、击剑等称之为竞技项目而不是斗殴或者故意伤害行为，并且要求比赛的双方在比赛过程中竭尽全力，没有半点谦让，更不能"和平共处"，即是上述精神的体现。正是运动竞赛活动中的行为规范与所提倡的"更快、更高、更强"精神的对立统一，构成了运动竞赛道德最鲜明的特征。

(三) 运动竞赛道德集中体现在运动竞赛规则之中

游戏论认为，体育本质上是一种游戏。而规则是游戏世界得以持续的重要条件。瑞士心理学家皮亚杰（Jean Piaget）通过观察儿童游戏揭示了道德的根源和依据。在《儿童道德的判断》（1932）一书中，他认为儿童德性的发展和对规则的体认与互动密切相关，规则的训练就是道德行为的开端，道德的实质就是遵守规则。我们可以看到，几乎在所有的运动竞赛规则中，都包含道德意义的规范。特别是那些直接对抗和要发生身体接触的运动竞赛项目，容易发生由于一方行为不当而损害另一方利益的现象，在其规则中，道德意义上的规范占很大比重，以防止不当行为的发生。例如，最早的篮球竞赛规则，就是为了防止和限制那些粗暴的、有损于他人的抢球行为而制定的。时值今日，竞赛规则还在不断修改和完善，其中重要原因之一，就是要使其更加符合运动竞赛的道德原则和要求。因此，遵循运动竞赛规则就是对参赛者最起码、最基本的道德要求。

三、运动竞赛道德的功能

运动竞赛道德对于社会规范文化的建立和运动竞赛的发展具有多方面的功能，为人们普遍认同。

（一）强化与引领社会道德

运动竞赛道德体现了一定社会的道德准则和行为规范。在运动竞赛过程中所树立的公正、民主、竞争、协作、团结、友谊、谦虚、诚实等道德品质，是社会不可或缺的规范文化，对青少年乃至全体社会成员都具有重要的教育意义。《奥林匹克宪章》中的"基本原则"部分曾指出，奥林匹克运动的宗旨是"通过没有任何歧视、具有奥林匹克精神——以友谊、团结和公平精神互相了解——的体育活动来教育青年，从而为建立一个和平的更美好的世界做出贡献"。特别是当前我国社会正处于转型期，运动竞赛的道德对社会价值观变化的引领作用日趋明显。我国传统文化中人性所表现出的缺乏进取、逃避竞争、宽厚和平、安于知足、听天由命、善恶谦恭、自然放任、宁静乐观、委屈忍让、阴柔内向等特征与当前市场经济人文环境难以融为一体，而运动竞赛以公平、正义、自由、法制为价值取向，并且行为模式以超越、创新、拼搏、冒险为特征，将对我国现阶段建立理性竞争的社会环境和价值体系起到良好的示范作用。

（二）实现"竞技人"的全面发展

道德完善既是人全面发展的重要组成，也是重要的精神力量。对于运动竞赛的参与者，道德素养是人格中的核心素质。同时，它又是一个重要的手段，让运动竞赛的参加者通过认识从事竞技运动的目的、意义、自身的价值，增强自我的主体意识，不断提高自我激励、自我约束和自我控制能力，协调与他人和社会之间的关系，增强作为人"实践—精神"的能力，从而逐步完善自身各种素质。

（三）净化运动竞赛风气

法规与道德有联系也有区别。某些职业道德为了行之有效可以列入法规，这是它们的联系之处。但是，道德调整的社会关系范围比法规更广泛，比如在运动竞赛中的某些社会关系，如友谊、团结、彼此尊重等是道德加以规范的，不属于法律调整的范围。目前，竞技运动作为社会主义建设事业的重要部分，正在逐步走向全面的产业化，是一个具有远大前途的朝阳产业，但由于其年轻，以及受整个社会环境的影响，存在着制度、法规不健全的弱点。面对因单纯的功利性追求而导致享乐主义、金钱至上、腐败滋生等严重困扰竞技体育正常健康发展的状况，应借助社会舆论、教育和大众传媒等多种方式，强化运动竞赛参与者的内心道德体验，全面提升运动竞赛参与者的道德修养，将是控制竞技运动中不道德行为出现的有效手段。

（四）实现竞技运动的可持续发展

竞技运动是人们通过身体的积极参与，最大限度地发挥和提高人在身体、心理和运动等方面的潜能，在一定规则基础上进行的具有竞争性和挑战性的活动。现代奥林匹克运动的创始人顾拜旦在其名作《体育颂》中就曾写道："任何人想要超越速度一分一秒，逾越高度一分一厘，取得成功的关键，只能是体力与精神融为一体。"当前尽管科技因素逐步深入到运动竞赛活动的方方面面，在一定程度上提升了竞赛的水平与成绩，但是却饱受体育伦理的考问。从本质上讲，竞技体育的成就不仅取决于资金与技术，更取决于从事该事业的人们的态度、奋斗精神和崇高的价值取向。从这个意义上说，运动竞赛道德与价值取向具有很高的契合性和一致性，是实现竞技运动可持续发展内在的、核心的推动力量。

四、运动竞赛道德行为主体及相应的道德规范

道德作为人的自觉行为总有特定的承担者，即道德行为的主体。根据承担者的不同，运动竞赛道德可以划分为运动员道德、教练员道德、裁判员道德、观众道德等。

（一）运动员道德

运动员是竞技运动的主体。提高运动员道德水平，能促进其全面发展，充分发挥其积极性和主动性，创造和延长他们的最佳运动竞赛状态。

运动员的道德品质主要有以下几个方面：

1. 追求卓越

运动竞赛最基本的特征是竞争。奥林匹克运动的精神是"更快、更高、更强"。勇攀高峰是竞技体育对优秀运动员的客观要求。积极进取、力争最好、不甘落后、永不满足既是一种高尚的精神，也是运动员职业道德的标志。许许多多运动员用泪水、用毅力、用意志进行刻苦训练，练就了技艺精、作风顽强、能征善战的过硬本领。另一方面，现在优秀运动员一般在社会上享有较高的知名度，伴之而来的是较丰厚的物质收益。如果不能正确处理这一点，极可能造成所谓"享乐型"退役，缩短其运动寿命，这对国家、对竞技运动本身都可能造成不可估量的损失，解决问题的关键就是培养运动员的敬业精神，即不断进取、不断自我完善的精神境界。

2. 公平竞争

体育尊崇公正、平等、合理的竞争。"不以不正当的手段取胜"是奥林匹克运动的神圣誓言，也是基本的道德要求。公平竞争是指在客观条件相同的情况下，彼此互相争胜。凡是弄虚作假、冒名顶替、故意伤害、君子协定、借助违禁药物等非法手段谋取优胜的做法都是不道德的、不公正的，理应受到谴责和处罚。所以，运动员要培养这种公平竞争的道德观念，忠于职守，努力维护体育比赛的公正性、真实性、严肃性，维护比赛的纯洁。

3. 团结协作

任何一次运动竞赛活动都不是个人的孤立活动，一个世界冠军的诞生，凝聚着千千万万人的心血。在冠军的身后有着一支庞大的集体，在这个集体中包括教练员、队医、队友、后勤保障人员，乃至社会方方面面的支持和帮助，个人项目如此，集体项目则更不用说。"同心山成玉，协力土成金"，这句话形象地道出了团结的强大威力和丰厚回报。中国乒乓球队和女子排球队都是出色的队伍。乒乓球队曾经包揽过第36、43和46届世界乒乓球锦标赛所有项目金牌，在50年间获得世界三大赛的 120 多个世界冠军，完全可以载入世界吉尼斯纪录。女排姑娘们也同样成绩辉煌。采访过中国乒乓球队和女排的记者们深有感触——他们都是讲求集体荣誉的集体，这是他们获得佳绩的关键。

4. 文明礼让

虽然竞争激烈，但运动员在竞争面前不能失去理性。对于运动竞赛，党和国家领导人十分重视讲文明、讲礼貌、讲风格。周恩来总理说过，运动员要"三尊重"，即尊重对方、尊重裁判、尊重观众。贺龙副总理也一再强调要"打出风格、打出水平"。我国运动员"宁失一球，不伤一人""赢球又赢人，输球不输人"的体育道德，受到国际上很好的评价和赞扬。我国著名三级跳远运动员邹振先，一次在瑞士参加国际比赛时，冠军是一名外国运动员，跳完后拿起外衣就走，跟谁也不打招呼，观众对他的傲慢无礼十分反感。邹振先虽然只得了个第 2 名，但他比赛结束后，主动走到每一个裁判面前，同他们一一握手道谢，向观众致意。发奖时，观众们为他爆发出一阵一阵的呼喊声"中国、中国"。邹振先用自己高尚的道德水平和高超的技术水平为祖国争了光。

（二）裁判员道德

运动竞赛是在规则限定下的竞争活动，而规则要由裁判员来具体执行，裁判员担当着"赛场法官"的角色。由于职责的特殊性，裁判员所具备的职业道德对比赛能否在公平、公正的条件下举行至关重要。

裁判员道德品质有以下主要方面：

1. 坚持原则，秉公执法

裁判员在场上执法是规则赋予的权利。因此，在比赛过程中，裁判员应坚定不移地站在"法官"的立场上，以规则为准绳，用规则的条款和精神来处理比赛中发生的一切问题。裁判员要处处坚持原则，秉公执法；严于律己，清正廉洁，不受任何权力的胁迫和财、色诱惑；不能因为考虑到自己地区或者国家的利益而牺牲比赛的公正性。曾经在一次跳水世界大赛上，有两个国家的裁判员压低了我国运动员的分数，翻译和记者激动地对当时的中国裁判员宣增镛说，他们压我们的分，明天你也狠狠地压。结果第二天，宣增镛仍然坚持原则公正给分。面对别人的质疑，他讲出了自己的看法："在国际比赛中我们要做大量的友好工作，要在各国裁判员之间建立友谊，我们交朋友的目的是为了团结更多的朋友，为了使裁判员在比赛中公正地对待我国运动员。如果我采取报复性压分，虽然感到一时的痛快，但是这种以牙还牙的做法会失掉公正的形象，会失去很多朋友，对我们的运动员不利，也会使我们多年的努力毁于一旦。"

2. 尊重比赛双方

运动员、教练员是运动发展的实践者和探索者。为了提高竞技战术水平，平时他们克服种种困难，忍受着疾病、伤痛，刻苦训练，盼望着在比赛中发挥出水平，取得好的成绩。裁判员只有理解了运动员、教练员的这种心理状态，才能兢兢业业，一丝不苟地努力工作，做好每一次判罚。对强队、弱队一个样，专业队、业余队一个样，对成年队、少年队一个样，这是裁判员保证比赛正常进行应具备的心理因素，也是对运动员、教练员尊重的具体体现。

3. 端正动机，主动配合

裁判员要树立不为名不为利的正确动机。比赛的双方是队员，裁判员只是为比赛服务。裁判员切忌好出风头、突出自我，把比赛当做自己的舞台，不讲配合、不讲协作、主观臆断、哗众取宠。特别是许多比赛是多名裁判制，裁判员之间的互相尊重、互相信任、互相支持十分重要，事事从大局出发，处处以比赛为重，才能圆满执行规则和裁判法。

4. 不断学习与总结

比赛场上的情况瞬息万变、错综复杂，比赛的强度和节奏不断加强，比赛规则不断在发展、修改。在这种情况下，裁判员要对各种各样的大量信息在很短的时间里作出正确判断是比较困难的，误判现象时有发生在所难免。然而，由于错判、误判造成的结果却是严重的，甚至直接影响到比赛结果，因此作为裁判员，不但在赛场上要有坚毅果敢的性格，还要养成赛后认真总结的习惯，对问题的出现要分析清楚，虚心听取别人意见，最大限度地减少错、漏判的现象，不断提高自己的执法水平。

（三）教练员道德

教练员是运动员的"老师"，其一言一行、举手投足都是运动员学习的榜样。可以说，教练员在职业行为中以怎样的道德风貌来履行自己的职业责任，直接影响着运动员的身心健康，关系着整个运动队道德风尚建设。

教练员应有如下道德品质：

1. 爱岗敬业，忠于职守

教练员要完成培养运动员的任务，首先要解决对本职工作的热爱问题。只有认识到教练员职业的意义、作用，把本职工作和全社会的伟大事业联系起来，才能激发起高度的热情和责任感以及对职业的自豪感，这是做好本职工作的内在动力。优秀运动员的背后无一例外都有一位"忘我"的教练员。我国评出的若干最佳教练员之所以成绩优异，主要原因就是他们把自己从事的工作看成自己应尽的道德义务。在工作中，他们以苦为乐，以难为荣，把培养出优秀运动员作为工作的努力方向和事业的坚定信念，这种献身精神正是对体育事业热爱的表现，也是教练员职业道德的核心。

2. 尊重关心队员

人是有感情的动物，教练员只有真正地关心、尊重和爱护运动员，才能了解和把握运动员的心理需要、情感和动机，才能"对症下药"，做好工作。"三从一大"的训练方式使运动员承受了极大的生理和心理负担，特别需要别人的理解、关心、支持和安慰，这要求教练员要像对待自己的家人、孩子一样来对待运动员。作为教练员，要特别注意运动员的健康和安全，不能把运动员仅仅视为取得成绩的手段，而是目的和手段的统一，确保每位运动员参与能够挑战其潜能，又与其能力相符的运动项目，并通过自己的行为，为接受训练的运动员树立良好的榜样。

3. 以身作则，为人师表

对别人严，首先要对自己严格。凡事要求运动员做到的，教练员首先要做到。教练员思想的好坏、品德的高低、知识的多少、能力的强弱，以及情感和意志状况，都对运动员起着直观示范作用。因此，教练员无论在何时何地，无论在哪些方面都不能有松懈和不检点，否则就会损害其道德形象，降低道德威信。"其身正，不令而行。其身不正，虽令不从。"我们现有不少教练员深受运动员爱戴，当运动员在比赛中遇到挫折，只要看到教练员投来坚定的目光，就会油然产生信心，或者每当精疲力竭地完成一个动作后，看到教练员赞许的眼神，顿时勇气倍增，这就是教练员平时一贯注重言传身教的结果。

4. 刻苦钻研，勤于进取

愿不愿意提高自己的业务能力，有无勤奋刻苦的精神是衡量教练员职业道德水平的标准之一。运动训练既是对运动员的体能进行生物改造和生物适应的过程，又是对运动员的整体素质进行全面提升的过程，加之运动训练所面临的日新月异的挑战，因此要求教练员要具有相对合理的知识结构和完善的能力结构。解决此问题的唯一途径只有虚心好学，不断创新。原国家男排教练员戴廷彬就是一个很好的榜样。刚跨入教练员行列时，即不断向其他教练员请教，到处索求排球技术资料，并给自己定了三条规定：系统学习、掌握排球理论；不耻下问，虚心请教老教练；积累练与赛的实践经验。孜孜不倦地学习使他带出了全国冠军队，走上了国家队教练员的岗位，被评为全国最佳教练员。

5．互相尊重，团结协作

优秀运动员的成才，是教练员集体智慧的结晶，因此教练员之间应该密切配合，坚决反对互相封锁、互相嫉妒的现象，要尊重同行、团结协作、共同努力。从更广的角度看，这里面还有领队工作、科室配合、领导支持，还涉及家庭的理解以及社会的支持等。因此，一个能把运动队的各项工作做得很好的教练员，必须十分重视团结意识、合作意识和集体意识的培养。

（四）观众道德

观众是运动竞赛的参与者、欣赏者和传播者。观众的现场表现对运动员、教练员和裁判员都产生着很大的影响。作为观众应遵循的道德规范有：第一，要遵循赛场纪律和秩序，不夹带任何违禁物品入场；第二，赛场内举止文明，不谩骂裁判员、教练员和运动员，更不能对裁判员和运动员投掷物品进行人身攻击；第三，要为双方运动员的精彩表演鼓掌喝彩，不偏袒一方队员，无原则地瞎起哄；第四，组织使用的口号、标语内容要健康；第五，观众之间应宽容大度，不互相攻击。

第二节　运动竞赛道德失范

一、道德失范与运动竞赛道德失范

道德失范指在社会生活中，作为存在意义、生活规范的道德价值及其规范要求或者缺失，或者缺少有效性，不能对社会生活发挥正常的调节作用，从而表现为社会行为混乱（高兆明，1999）。道德失范在社会各领域都有不同程度的存在，特别是在社会的转型期道德失范现象十分突出。

作为特殊的社会活动，运动竞赛道德失范问题备受人们的关注。随着竞技运动的商业化和职业化不断深入，传统的集体主义观念和奉献精神正在受到越来越大的冲击，金钱、个人利益高于一切。为了"赢得"或"保持"比赛胜利，取得更多自身利益，竞赛中公平竞争的道德原则被运动竞赛的参与者置于脑后，少数运动员和教练员为追求名利不择手段，竞技场上类似"假球、黑哨"和运动员弄虚作假、违纪肇事、殴打辱骂裁判员等事件时有发生，而观众因不满裁判员判罚和假球现象引发的赛场暴力比比皆是，触目惊心。运动竞赛的健康形象和名誉受到了严重损害。

二、运动竞赛道德失范的主体分类

（一）运动员道德失范

运动员道德失范主要表现为运动员为获取巨额物质利益和精神奖励，以及其他利益不惜冒生命危险服用兴奋剂；在参赛资格上弄虚作假、冒名顶替；贿赂裁判员或对手；在比赛中故意打"默契球""假球"；在赛场上举止粗鲁，辱骂对手或裁判员，甚至大打出手；因过分追求待遇、条件而罢赛等。

服用兴奋剂是比较突出的问题，此举不仅影响了比赛的公正性，而且直接危害了运动员的身心健康。曾有一个叫戈德曼的医生每两年给高水平运动员发放500份问卷进行调查，问题归纳起来有两个，一是"如果有人劝你服用兴奋剂，并且保证不但不会被抓住，而且能赢得比赛，你会同意服用兴奋剂吗？"对于这个问题，平均有半数的运动员回答"同意"。二是"如果保证服用兴奋剂不但不会被抓住，而且在今后的5年能够赢得所有的比赛，但是你后来会死于所服用兴奋剂的副作用，在这种情况下，你会同意服用兴奋剂吗？"仍有半数以上的运动员表示"准备为成为明星和为挣钱而死"。可见少部分运动员为了名利，甚至愿意以"牺牲"生命为代价，道德规范已被严重践踏。尽管国际反兴奋剂组织以及兴奋剂检查监督机构作了大量的工作，但从目前看情况远未禁止。

（二）教练员的道德失范

从个人利益角度出发，对教练员而言，夺取金牌就意味着奖金、房子和提拔，因此教练员往往是运动员和裁判员做出不道德行为的始作俑者，他们甚至采用欺骗运动员的手段达到自己不可告人的目的。训练时殴打和辱骂运动员，或者克扣运动员工资和奖金，以及鼓励和默认运动员服用兴奋剂等违禁药品时有发生。

（三）裁判员道德失范

裁判员道德失范主要表现为裁判员在执行裁判工作时没有做到严肃、认真、公正、准确，徇私舞弊，搞不正之风，收受贿赂，在主观评分比赛项目中裁判员打人情分、关系分、吹黑哨等现象。裁判员道德失范使运动竞赛的公正性严重受损，甚至直接阻碍了运动竞赛的顺利进行，频繁发生的球场暴力与裁判员的道德行为失范也密切相关。

在2004年8月21日进行的德国杯第一轮比赛中，地区联赛的乙级球队帕德伯恩出人意料地以4比2战胜了德甲球队汉堡队。比赛在汉堡队2比0领先的情况下，主裁判霍伊泽尔判给了帕队两个有争议的点球，并以不服裁判为由将汉堡队主力队员红牌罚下场。不久后几名知情人向德国足协裁判委员会举报，称霍伊泽尔人为操纵了这场比赛的最终比分。一时间舆论哗然，各大媒体竞相报道，事态越"闹"越大。开始时霍伊泽尔本人再三否认自己吹"黑哨"，称对自己的指控纯属无中生有，但德国足协经调查后认为，"这场比赛是一场骗局"。德国最大的博彩机构总经理也证实，帕德伯恩和汉堡比赛之前确有大笔的投注，金额大约是10万欧元。在事实面前霍伊泽尔不得不承认："所有针对我的指控都是真实的，我对我的行为非常后悔，因此我向德国足协、我的裁判同事，以及所有球迷表示真诚的歉意"[31]。

（四）观众道德失范

观众道德失范主要表现为，观众受赛场气氛及其突发事件影响所引起的赛场暴力及其他不文明行为。自从运动竞赛诞生以来暴力行为就相伴而行。拳击、橄榄球、冰球和足球等运动项目被认为是最为野蛮，是经常发生观众暴力事件的运动项目。频频发生的球场观众暴力事件，使享有"绿茵场"美誉的足球场，实际已经变成了"没有硝烟的战场"，甚至成为少数滋事者及别有用心的人惹是生非的场所。

20世纪80年代改革开放后，由于媒体的传播，我国少部分球迷开始效仿国外球迷的过激行为。从辱骂开始，继而使用矿泉水瓶等物品攻击运动员、教练员、裁判员和对方球迷。为了防止这种暴力事件的发生，赛场上加强了安保工作，但暴力事件仍时有发生，且程度不断恶化。不仅在场内施暴，而且在场外也出现使用拳头和木棒伤人、损毁公共财物的现象，造成了不良的社会影响。

表 17　2003～2004 赛季我国篮球职业联赛球场观众暴力情况一览[32]

时　　间	比赛双方	事　　件
2003 年 12 月 10 日	浙江万马 VS 江苏同曦	球迷投掷杂物，围堵江苏队
2003 年 12 月 21 日	辽宁盼盼 VS 北京万丰	观众扔杂物，致使比赛中断 30 分钟
2003 年 12 月 27 日	浙江万马 VS 八一双鹿	观众扔杂物，致使比赛中断 2 次
2003 年 12 月 31 日	北京万丰 VS 陕西东盛	观众扔杂物，致使比赛中断 3 次
2004 年 2 月 18 日	辽宁盼盼 VS 北京万丰	观众扔矿泉水瓶，致使比赛暂停
2004 年 2 月 23 日	八一火箭 VS 广东宏远	观众围攻球员休息室，与保安冲突

（五）运动竞赛组织管理者道德失范

运动竞赛组织管理者道德失范表现为比赛主管机关控制比赛结果，内定比赛名次；各代表团对比赛名次和成绩不能够树立正确的参赛观，以奖牌多少论英雄；不能维护公正竞赛、公平竞争赛事环境等现象。

1. 兴奋剂保护主义

据美联社报道，国际奥委会的官员抱怨，由于美国的职业体育比赛中缺乏认真的兴奋剂检查，全球范围内的反兴奋剂斗争正在削弱。前国际奥委会主席萨马兰奇早在 1998 年春天就曾指出，许多体育运动组织仍对运动员服用兴奋剂的问题麻木不仁。国际奥委会副主席、美国人阿妮塔·德弗朗茨说："美国许多职业体育组织对兴奋剂检查根本不当回事，它们有时会暗示运动员防备检查。我们对这些体育组织对药检的严肃性表示怀疑。"米尔西尔曾是法国标致车队的自行车赛手，他说："每段赛程开始前，我们通常都知道次日会不会进行兴奋剂检查，所以我们是很主动的。至于检查，任何比赛的组织者都不愿意看到著名选手被迫退出比赛，所以，这当中也有个兴奋剂'保护主义'。"

2. 意大利足球丑闻

那不勒斯检察院以"舞弊集团罪"向意足球界 41 人发出传票，令其出庭聆讯。此间媒体称,意足球界"发生特大地震""陷入了全面混乱之中"。据那不勒斯检察院透露,意大利足球黑幕掩盖着一个"真正的犯罪集团",这个集团里存在着类似黑手党"库波拉"的领导核心。意大利足协副主席英诺森·马志尼、尤文图斯足球俱乐部总经理莫吉和常务董事长吉拉乌多、国际裁判员桑蒂斯、意甲裁判指派员佩雷托和贝加莫等6人就是这个足球"库波拉"的成员。检察院在调查中发现,他们不仅通过舞弊、欺诈、威胁等各种手段操控了整个意大利的足球赛事,还涉嫌通过一些经纪公司操纵队员转会,伪造账目,并与非法足球赌博团伙勾结,颠覆足球市场规则[33]。

三、运动竞赛道德失范原因

运动竞赛领域的道德失范是一个世界性的问题,成因极其复杂,与各国国情有密切联系。从我国的现实情况分析,主要原因可以概括为以下两方面:

(一)体制转型中,体育制度化、规范化、程序化程度较低,存在"无法可依""有法难依"现象

1. 现行体育法律、规范覆盖面小,针对性差,约束力弱

体育竞技行为涉及面广泛、特殊、复杂,现有的法律、法规尚未完全覆盖体育竞技所有内容,可供选择的法律、法规较缺乏,在运用现有法律、法规(如《刑法》)处理相关问题时也很难找到针对性强的法律条文。对于竞赛活动过程中各种不良行为,更多是由体育社会团体依据章程给予处罚。针对层出不穷的问题,甚至多数体育协会通过协议、保证的方式来解决。由于章程和协议的惩罚力度和社会影响较小,对成员的约束力不如正式的法律法规,因此效果不佳。

2. 执法主体不合理,管理体制不完善,缺乏有效的执法监督

根据《体育法》的精神,现在竞技体育的诸多问题都是由体育社会团体、体育行政管理部门作为执法主体来解决。从目前竞技体育管理体制来看,体育团体本身就在办运动队,而且我国多数仍然是体育行政部门办运动队,这样在体育执法的过程中就存在自己检查自己的情况,执法人员往往从部门行业的局部利益出发考虑问题,或者因有千丝万缕的联系,处理问题受到诸多干扰,对待问题手下留情,甚至不了了之。时间长了,矛盾愈积愈多,严重影响了竞技体育事业的发展。

有效监督是保证竞技体育健康有序发展的关键环节。当前我国竞技体育的监督体系存在监督主体单一（主要是上级对下级监督）、监督对象单一（主要是对运动员监督）、监督方法单一（主要是事后监督）等种种问题。监督不力使得不法行为泛滥，严重败坏了体育行业之风。

（二）道德教育功能萎缩导致个人利己主义泛化、价值观念扭曲

我国传统体育道德的核心是集体主义、爱国主义。新中国成立以来，中华健儿在世界体坛上团结奋斗、顽强拼搏，充分展现了中华民族自强不息的风采，取得了丰硕成果，其中体育道德教育功能的发挥功不可没。但是，随着经济体制的转变，人们的价值观念发生了深刻变化。传统道德的日渐式微和适应社会发展需要的新道德体系尚处于建设之中，新旧道德观念交替中留下许多空白。在现实生活中，社会道德教育功能出现萎缩，思想政治工作有所弱化。

由于体育行业的特殊性，我国专业运动员几乎没有时间和精力接受系统的文化教育，因此道德素养提升的渠道比较单一，更多的只能靠在运动训练和比赛的过程中积累与培养。由于竞技运动的功利性强，过分追求结果，运动员受到不良信息的影响更多，如"在比赛中规则可以遵守，也可以违反，只要是对比赛有利"；运动场上的对手就是"敌人"；"犯规而又不被捉住，就是聪明的运动员"。在这样的"教育"下，运动员自然而然形成了一种意识，即公正、平等、为他人着想和遵守规则是不重要的。而教练员、裁判员包括管理者多数是运动员出身，受社会上追求经济利益最大化的影响，往往成了不道德行为的始作俑者或者制造者。

奖励方式的不恰当反映了道德评价机制的不健全。当前在竞技体育领域，对获胜者给予高额的物质奖励和很高的荣誉。尽管也设置了体育道德风尚奖，但是大多形同虚设，评比往往流于形式，影响力较差，奖励的数量和质量都不相称，因此没有起到应有的作用，促使运动员与运动队选择时只看中比赛成绩，导致其道德行为走向极端。

四、建立健全运动竞赛道德失范的防范机制

运动竞赛道德失范的产生有深刻的社会原因，解决问题也是一个社会系统工程，需要齐抓共管，综合治理。

（一）加强道德教育体系建设，弘扬体育道德精神

道德教育是提升道德素养的重要手段，是对受教育者有目的地施以道德影响的活动，其内容包括提高道德觉悟和认识、陶冶道德情感、锻炼道德意志、树立道德信念、培养道德品质、养成道德习惯等。

根据"美德即知识"的论断，要特别注意加强竞技体育领域从业人员的文化素质教育，从人文素质教育入手，提高其道德行为的选择能力。

丰富道德教育的内容和形式，提高道德教育的针对性和实效性。要结合行业的特点，以理想信念教育、职业道德教育为重点，大力开展体育道德教育，增强公平竞赛意识。

建立健全道德评价与激励机制。成立体育道德委员会，负责监督体育比赛，并且要加大对道德行为的奖励力度。

（二）营造健康的体育法制环境，加大对道德失范行为的惩戒力度

针对我国体育立法严重滞后于体育发展的形势，要加强相关问题的法律研究，加快立法的进程，使各种问题的解决做到有法可依。

单独设置执法主体，保持执法者的中立。尽快设置体育仲裁法庭，建立体育仲裁制度，公正、及时、快捷地解决轻微不正当竞争行为引起的纷争。鉴于司法裁判的严格性、公正性和权威性，必要时要引进司法最终解决机制。

进一步推进协会实体化发展，把一些"名义性"的运动协会转化为责、权、利相统一的实体，加速产权改造，逐步建立多元化体育产权结构，让俱乐部成为财产法人，作为完全市场主体参与市场竞争，让体育行政管理部门管理权与经营权分离，履行宏观管理职能。

加强执法监督机制建设，以权力约束权力，防止权力的滥用。通过法律监督、行政监督、经济监督，以及舆论监督等多种方式的多向联合，形成良好的执法环境。

第三节 当前运动竞赛中的道德冲突

一、道德冲突的含义

道德冲突，是指人们在进行道德选择时发生的一种善恶矛盾和对立的状态。

在道德生活中，人们常常会遇到相互矛盾的可供选择的道德价值，并同时要求或影响人们作出行动的抉择，这就会造成人们在思想动机和行动上发生对立和冲突[34]。道德冲突是一种社会现象，作为社会生活矛盾的普遍性和多样性而广泛存在。

对目前存在的这种道德冲突，无论是理论工作者，还是运动员、教练员、竞赛管理者，甚至是社会与观众都陷入深深的困惑之中。

二、运动竞赛中道德冲突的具体表现形式

运动竞赛道德规范体系不是先在的、凝固不变的，而是随着运动竞赛的发展不断变化，因此其本身具有充满内在否定的生长过程。随着社会的发展，运动竞赛的内外环境、条件发生了巨大变化，引发了新旧价值观冲突，同时运动竞赛道德规范体系自身的不自制、不一致也在新的历史条件下凸显出来。

（一）对健康和生命的尊重与"更快、更高、更强"精神在现实中难以调和

运动竞赛以竞争为主要特征，奥林匹克格言"更快、更高、更强"自然成为运动竞赛的主要道德价值取向和基本规范，也成为运动员甘愿接受任何冒险和忍受痛苦，作出任何牺牲的内在信念。从现实状况来看，高水平竞技运动与运动员身心健康之间似乎存在着不可调和的矛盾。因为对运动成绩的追求，运动员不得不放弃其他方面的发展，"单向度"的人在竞技体育运动场上不断地复制。为了取得好成绩，在运动训练的过程中，他们常常要接受各种竞争的挑战，并且承受着由此带来的无尽伤痛。面对此类情况人们在深思，运动训练的道德底线是什么？运动的终极目的究竟是什么？但是从现实来看，无论是社会舆论、媒体，还是教练员和运动员都没有答案。

（二）榜样示范与培养看客——运动竞赛价值观呈现典型"二律背反"现象

"更快、更高、更强"与"参与比获胜更重要"这两句广为流传的奥运格言，体现出奥林匹克运动既要追求卓越，又要鼓励参与的活动宗旨，然而在现实生活中，两者存在内在的矛盾与冲突。竞技体育的宗旨之一是提供运动的榜样，但有

可能把越来越多的人培养成看客。

(三) 追求技术进步与公平竞赛理念出现冲突

科技是第一生产力,科学的发展促进了社会各项事业的长足进步,因此追求技术进步是社会发展的应有之意。随着科技的飞速发展,运动竞赛的科技含量也在不断增加。但是,技术进步在促进运动竞赛发展的同时,也带来了新的伦理道德问题。

有学者指出,当前技术本身已构成强烈的伦理冲突,表现在今天的竞技体育与运动员似乎有越来越分离的倾向,蜕变为技术的竞争,人反而成为了技术的奴隶,胜利与否不在运动员的身体和智力能力,而在体育技术水平的高低和运动员与技术结合程度(李艳翎等,2003)。我们也看到了这样的种种事实:在日本长野冬奥会前的1995年,国际冰坛出现了"踏拉板式"速滑鞋,使世界速滑水平有了较大幅度的提高,运动员使用这种新冰鞋打破了多项世界纪录。而我国没有跟上和采用这种技术,直接影响了运动员在长野冬奥会的成绩。目前世界上一些发达国家采用纳米技术已生产了多种微型机器,这些超微型机器的问世将为那些想用不正当途径而获取优异成绩的运动员提供一条比服用兴奋剂更安全、对自身伤害更小的途径。例如,田径运动员可在脚、手腿、臂植入一种超微型泵机以增加自身的爆发力,而体操运动员也可在不同的身体部位植入自身所需功能的超微型机以提高动作的稳定性、柔韧性和持久性,游泳运动员也可借助这种超微型机而获得优异成绩。

面对科技带来的运动成绩提高,有学者提出了一连串的追问:其一,"运动竞赛是技术的竞争还是运动员之间的较量?谁是运动竞赛的主体";其二,"当运动成绩的提高在较大程度上依赖于高科技,这是否会带来一些新的不公平(经济弱国与经济强国之间)";其三,"高科技运动器械是否会成为兴奋剂的另一种表现形式";其四,"纳米技术的使用会不会掀起新的科技崇拜而带来体育运动与其目的的背离"(申建勇等,2001)。问题鲜明而发人深省,启发人们去思考运动竞赛存在的价值根基。

(四) 传统道德评价与临场战略战术选择有时存在尖锐矛盾

临场战略战术选择例一:在2002年世界女排锦标赛上,中国队以连打两场"假球"而引起轩然大波。在德国举行的该项世界大赛中,被视为夺标大热门的中国女排，在第一阶段以直落三局负于被看做"鱼腩部队"的希腊队。几日之隔，中国队以 0 比 3 再次故意输球给韩国队。中国女排先后两"败"，第一败是躲俄罗斯，第二败是避意大利。中国女排已认定在循环赛的第一阶段与第二阶段拿小组第二最有利。如此以来，面对当今女排公认的中国、俄罗斯、古巴、美国四强，中国队从头至尾可以避开俄罗斯、古巴、美国，只在决赛阶段与当年自己多次的手下败将美国队交锋，这一战略战术选择应该是十分漂亮的。不幸的是，中国队最终由于输给了意大利队而不得不在三四名争战中与俄罗斯对垒，最终仅获得第 4 名。对于中国队的战略战术选择，国际国内争议颇多。应当指出，类似情况在国际国内比赛中数不胜数，无非是做得是否巧妙而已。

临场战略战术选择例二：当集体项目中一场比赛胜定或负定时，教练员往往会换下部分乃至全部主力。

临场战略战术选择例三：田径、游泳项目中，当运动员稳获下一赛次赛权后，往往会"放"一段距离。

然而，在现实中受到抨击最多的是例一。抨击的理由是违背奥林匹克运动"更快、更高、更强"的宗旨；违背了"公平竞赛"的原则；不尊重对手；只顾小集体利益。

对以上抨击，人们感到了如下困惑：

奥林匹克运动"更快、更高、更强"的宗旨是不是必须贯穿到每一场具体比赛中；是不是每场（轮、次）比赛都必须全力以赴；是不是每场（轮、次）比赛都要力争胜利。如是，那"示弱""迂回"等战术意图都将因为所谓"道德"问题而失去意义。

选择对手和"公平竞赛"有何必然关系？

如果说例一中有关运动队（员）在比赛中不尽全力是不尊重对手，那例二、例三同样不尽全力又作何解释。我们知道，在评价同类事项时不能执行双重标准，在进行道德评价时同样如此。

"只顾小集体利益"可能有一定合理性，但同样不能忽视的是运动成绩在很大程度上是代表国家利益。如果我们承认这一点，在比赛中就可能陷入一个怪圈：进行临场战略战术选择将会受到道德谴责，但会保护本方各级利益；不进行临场战略战术选择将不会受到道德谴责，但可能使本方各级利益受损！

三、正确认识和对待运动竞赛中的道德冲突

运动竞赛中种种道德冲突及由此而产生困惑的根源，在于对运动竞赛道德体

系内种种具有冲突的价值观的深入思考与审视。我们必须认识到这是一种进步的表现。社会是一个发展着的可能世界,人类文明是在人类不断克服自身发展所遇到问题的过程中进步的。没有新的挑战,没有对问题的不断克服,就不可能有文明的演进。道德冲突的存在往往伴随着深刻的社会变革,而这种冲突将孕生着新的生活世界及新的生活秩序。

面对运动竞赛中的种种道德冲突,我们既不能顾此失彼,更不能故步自封、徘徊不前,而是要积极寻求适当的方法加以解决,使道德体系在新的发展水平上取得新的平衡。有人曾指出,现代竞技体育最明显的危机就是以一切道德代价去换取胜利。从上述种种道德冲突来看,也突出地表现为运动竞赛中追求获胜价值与其他价值选择之间的矛盾(如遵守公平竞争准则、尊重人的生命等)。然而,对于其间的道德行为很难进行是非判断,因为它们或者反映了同一价值体系不同层次的价值要求,或者反映的是不同的价值体系在内容和形式上的根本对立。对此我们要认真分析,对于同一价值体系内不同的价值要求之间的冲突,要确立标准,将不同的价值准则由高到低排序,使道德行为的主体站在一个新的高度,把道德选择的取舍做得更正确,或更合乎理性,或更合乎道德。对于不同的价值体系内的价值冲突,要在尊重的基础上择善从之。

当前,竞技体育伦理正逐步从体育伦理中分化出来。作为应用伦理学,其基本任务在于分析现实社会中不同分支领域里出现重大问题的伦理维度,为这些问题所引起的道德悖论的解决创造一种对话的平台,从而为赢得相应的社会共识提供伦理上的理论支持。这是一个值得期待的研究领域。

思考题

1. 运动竞赛道德的概念和基本特征是什么?
2. 运动竞赛道德的功能有哪些具体表现?
3. 简述运动竞赛不同行为主体道德品质的主要内容。
4. 运动竞赛道德失范有哪些具体表现?
5. 如何防范运动竞赛道德失范?
6. 运动竞赛中道德冲突有哪些具体表现?
7. 怎样正确认识和对待运动竞赛中的道德冲突?

(吴艳红、刘建和、张颖)

第三单元

竞赛规则、规程与常用竞赛方法

授课导入

本单元共分三章。在"竞赛规则"中将阐述规则的发生和发展过程、规则的基本内容、制定竞赛规则的基本原则、竞赛规则发展变化的内外部动因。在"竞赛规程"中，将分析规程的作用、规程与规则的异同、制定规程的依据和竞赛规程的具体内容。在"常用竞赛方法"专章中，将简要介绍循环赛制、淘汰赛制、混合赛制等方法。

第十三章 竞赛规则

第一节 竞赛规则概述

一、竞赛规则的基本定义

竞赛规则的产生是竞赛活动发展的客观需要。在竞赛活动中,比赛双方难免会因为利益冲突、出发点不同或看问题的视角不一致而产生一定的矛盾,在这样的情况下,就必须通过一定的机构制定和认可在竞赛中的技术规范和准则,以保证体育比赛的顺利进行。从最初关于比赛项目的界定,到现在国际各单项体育联合会所颁布的最新竞赛规则,竞赛规则随着体育运动自身的发展而不断发展、完善,保证了比赛条件的同一性和成绩计取的统一性、比赛结果的公正性,使运动竞赛成为提高运动成绩、交流经验、增强友谊和促进运动健康发展最重要的途径。

竞赛规则的概念为,为了避免运动竞赛中人为因素和客观因素的影响,使所有参赛运动员在条件均等的情况下进行公平竞赛,对竞赛中所采用的技术、器械和行为等作出一定的限制和规定。

总之,竞赛规则是运动竞赛必须遵守的技术规范和各类准则的总称。

二、竞赛规则的产生与发展

竞赛规则经历了一个在发展中变化,在变化中发展的过程。我们以社会历史发展的重大变革作为线索,以竞赛参加人数、规模及级别等为标准,对竞赛规则的发展阶段做如下划分:

(一)"约定俗成"阶段(古奥运会以前)

人类为了生存必须掌握跑、跳、投、攀登等技能。随着社会生产力的发展,人类思维水平不断提高,精神文化需求日益增长,带有自发性的满足身心需要的娱乐活动出现并进一步发展,此时的娱乐活动也就是早期运动竞赛的雏形。人类早期的各种竞技活动是按照双方约定的基本条件和规定,通过一定的运动形式进行的体力竞争和智慧较量。在竞争和较量时,评定技术优劣和胜负的标准就是赛前双方"约定"的基本条件和规定。这种评定优劣和胜负的标准或规定可称为早期的竞赛规则。当时的比赛主要是在零散的个人之间进行,可以随意开始或结束,比赛的方式、内容由双方口头约定,只要比赛双方认同即可,存在着较大的随意性,且每次比赛前双方都要重新"约定",规范性较差,也较为烦琐。

随着社会的发展,人们交往活动日渐密切,竞赛活动逐渐普及,竞赛范围不断扩大,由最早的部落内部的竞争,发展到各部落间、民族间、甚至国家间的较量。竞赛规则也随着竞赛活动的普及及范围的扩大而逐渐演变并不断完善。由于各部落间的传统习惯和道德标准的差异,"双方约定"的这种竞赛规则已较难适应运动竞技的需要,由此便产生了调解这种矛盾的要求和意识。日久天长,竞赛规则由原来的"双方约定"逐渐演变成为所有参赛者都必须共同遵守的"竞赛法规"。这种"约定俗成"的竞赛规则是保证古代奥运会以前竞赛活动顺利进行的重要保证。

这一阶段竞赛规则的主要特征为:

(1) 该时期竞赛是各部落间和个人之间的较量,参赛单位和人数较少,因此竞赛规则主要是赛前由双方约定。

(2) 竞赛内容和竞赛项目受传统习惯和道德标准影响和限制,主要是一些生存技能,如跑、跳、投、攀登、爬越、角力等,竞赛项目较为单一。

(3) 该时期的竞赛规则受当时政治、经济和文化的制约,比较原始、简单,随意性较大,规范性较差。

(二)"区域性"阶段(古奥运会期间)

随着社会的发展,各种比赛活动在规模和形式上逐渐发展成了有一定目的意义,并组织有序的体育赛事。希腊各城邦之间固定的竞技赛会——古希腊奥运会(公元前776年—公元394年)就是其中的典型代表,共举办了293届,历时1169年。这一时期,比赛已初具规模,参赛人数增多,竞赛规则的内容日益丰富,包括对场地的设置要求、比赛距离的确定、参赛人数与条件的限制等(甚至是以团队来参加比赛)……远远超出了"约定俗成"阶段。

公元前561年,古希腊哲学家卓罗斯曾为古代奥运会起草了一份竞赛章程,章程上的有关规定一直是古希腊奥运会比赛必须遵守的规则:

(1) 赛会的组织者由奴隶主贵族的代表人物——地方官员和宗教头面人物具体负责,他们有权决定运动员和观众的资格。

(2) 竞技赛会的仲裁委员会由宙斯神殿中的专职祭司和经过选举产生的裁判人员共同担任。

(3) 竞技者必须是纯希腊血统的未曾有过犯罪行为的自由公民才能参加比赛。

(4) 凡在比赛中贿赂裁判员或行为不检点的人要被罚以巨款或被罚铸造神像。

(5) 竞技比赛只能在个人之间进行,不能在团体之间进行。

我们以古希腊奥运会竞赛章程为对象,可以分析得出这一阶段竞赛规则的主要特征为:

(1) 比赛具有明显的区域特性,因此区域性是该时期竞赛规则的主要特征。

(2) 已建立了较为严格的组织机构,规定了比赛方式、参赛场地、器械等,对违反者的处罚作出了规定。比赛具有一些规范化的特征。

(3) 竞赛规则出现了简单、框架性的文字描述。

(三)"国际化"阶段(1896~1936年)

14~18世纪,在欧洲相继发生了文艺复兴、宗教改革和思想启蒙三大思想文化运动。在这种文化底蕴的影响下,以顾拜旦为首的一大批先驱者试图通过奥运会这一平台来达到"增强各国运动员之间的友谊与团结,促进世界和平以及各国人民之间的相互了解,发展世界体育运动"的目的,现代奥林匹克运动由此而诞生。

现代奥林匹克运动是国际性的运动,来自各国的运动员、教练员、体育官员以及观众生有不同的肤色,穿着不同的服装,操着不同的语言,习于不同的生活方式,本着不同的宗教和信仰,用不同的行为表达自己的喜怒哀乐,因此不可避免地面临着世界上文化间的各种差异及由此引发的各种问题。

国际间比赛要顺利进行必须符合两个核心原则,一是各参赛国之间的平等;二是参赛运动员个人之间的平等。在这种情况下,就必须求助于统一的、规范性的竞赛规则。随着国际各个单项协会的成立,各国选手必须遵守的竞赛规则应运而生。

这一阶段竞赛规则的主要特征为：

（1）国际性的体育组织成立，有了各国公认、统一和规范的竞赛规则，并有了明确、正式、规范的文字形式。

（2）规则的适用范围已有了国界的跨度。

（四）"全球化"阶段（第二次世界大战以后至今）

所谓全球化是人类不断跨越空间障碍、制度和文化等社会障碍，在全球范围内充分实现相互沟通以求达到更多共识和共同行动的过程，是达到人类文明成果共享的过程。

从宏观上分析体育运动全球化的内涵，可从两个方面进行，一是量的标志，即一切地区、国家及其运动员都可以参加国际体育活动，互相交流、互相沟通；二是质的标志，即体育活动都按照国际通行的规则运行。

体育比赛从国际化过渡到全球化，无论是参赛国家、人数、内容，还是组织制度等都发生了巨大变化：

从1896年第1届希腊雅典奥运会到2000年悉尼奥运会，参加比赛的国家和地区，以及运动员人数的变化趋势，见图12和图13。

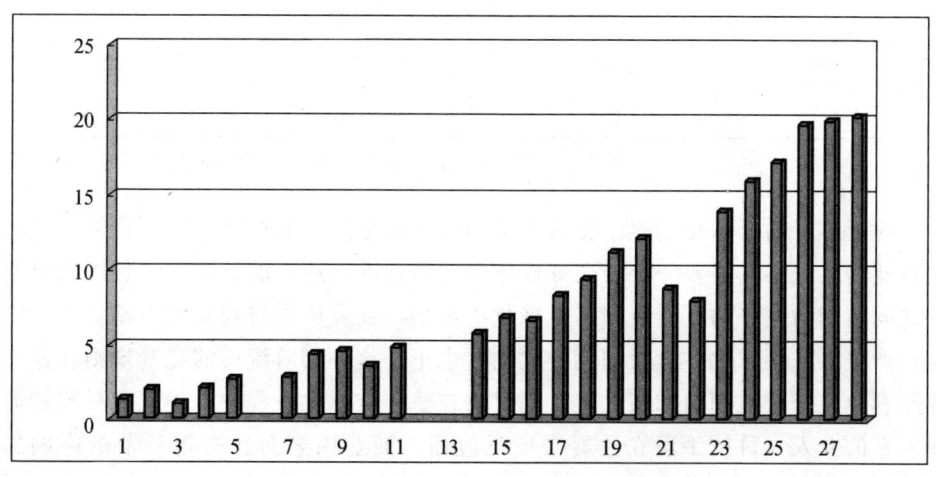

图12　历届奥运会参加比赛的国家数

电视转播加速了体育运动全球普及的脚步。以近6届奥运会田径比赛为例，根据国际奥委会IOC官方网站统计，全球观众同步观看比赛的人数逐届增加（表18）。

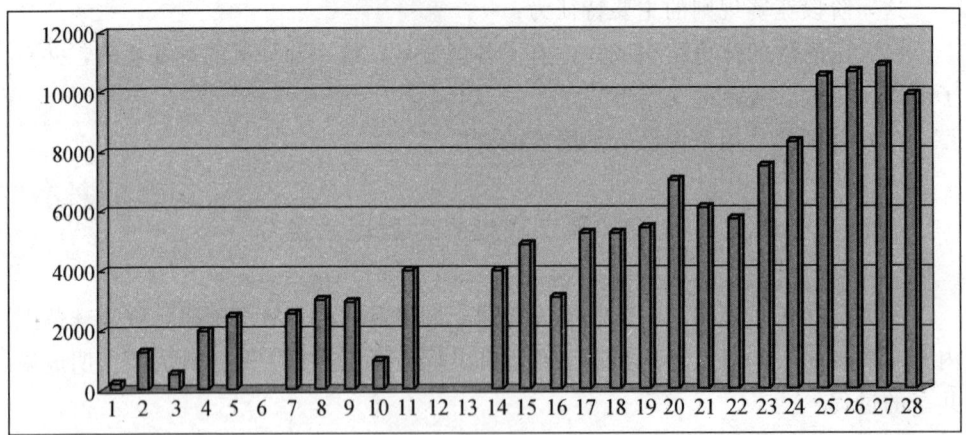

图 13　历届奥运会参加比赛的人数

表 18　近 6 届（1980～2000 年）奥运会田径比赛全球观众人数统计

比赛年次	主办城市	转播国家数	观赏转播人次
1980	莫斯科	111	10
1984	洛杉矶	156	15
1988	汉城	160	18
1992	巴塞罗那	193	20
1996	亚特兰大	214	22
2000	悉尼	220	27

（资料来源：国际奥委会 IOC 官方网站）单位：个、亿

随着体育的全球化进程，参加比赛的国家和地区日益增多，赛事所受到的关注日益增大，必然需要一个与全球性体育比赛标准相适应的、为世界各国所欢迎并共同接受与遵守的竞赛规则。全球化的进程，促发了原有规则的不断修改和完善，产生了"全球化"阶段的竞赛规则，也正是这一相对统一的竞赛规则才使比赛顺利地在全球范围内均衡发展。同时，在整个全球化进程中，随着高科技和商业因素的介入，科技手段在比赛中广泛应用，商业因素对比赛各环节的影响加剧，也迫使竞赛规则不断发生变化。

这一阶段竞赛规则主要特征为：

（1）有了公认、更加完善、明确的组织体系，即各国际单项联合会制定了统一的竞赛规则和相关章程。

（2）全球绝大部分国家和地区进行的比赛均使用同一竞赛规则体系。

（3）高科技大量介入、比赛场地器材和成绩计取与名次评判更加科学、准确；整个竞赛过程更加精确化、自动化、实时化。

三、竞赛规则的基本功能

（一）制约功能

竞赛规则规定的技术、战术规范和在竞赛过程中的行为准则，要求所有参赛者、组织者和执法者共同遵守，违反规定将受到警告或处罚。这样，教练员制定的训练计划就必须依照竞赛规则进行。运动员的技术只有符合竞赛规则的基本要求，才能在竞赛中加以运用，得到承认。竞赛规则的制约性，是运动竞赛正常进行的重要保证。

（二）协调功能

从某种意义上讲，竞赛活动是在合理的组织下，通过运动员之间竞争、较量，由裁判员裁决和判定成绩，使运动成绩得到承认的过程。在这个过程中，各方面人员之间由于利益冲突和出发点不同，在竞赛中会产生一定的矛盾，如裁判员与裁判员判决成绩的差异，运动员与裁判员之间关于技术规范的看法不同等，都会使竞赛活动出现矛盾，甚至冲突。竞赛规则明文规定了各种裁判员和工作人员的职责，以及在发生纠纷时的处理方法和程序等。根据竞赛规则精神制定的各项运动的裁判法，既是裁判工作的经验总结，也是裁判工作的组织判罚程序，较好地解决了运动员之间、运动员与裁判员之间、裁判员与教练员之间的种种矛盾，使他们各在其位，各尽其职，以保证运动竞赛的顺利进行。

（三）促进功能

竞赛规则一方面受技术、战术发展规律所制约，另一方面竞赛规则又能促进运动技术的发展。竞赛规则的合理变动对促进技术的发展、战术水平的提高具有较大的推动作用。例如，1977年《排球竞赛规则》对标志杆移动的规定，对提高进攻和防守技术起到了重要的推动作用；足球比赛中"越位"规则的具体规定，改变了旧的攻防战术，使进攻与防守更为合理，增加了技战术的难度，促进了技术的发展。

竞赛规则对技战术的界定通常只是原则性的，只要符合其基本原则的运动技术，都被视为可行。因此，人们从竞赛规则的基本原则出发，研究符合规则精神和人体特点的运动技术，使技术、战术千变万化。在众多技术的较量中，较为先进的新技术会体现较强的生命力，从而取代落后的技术，促进技术的发展。跳高技术的发展史足以说明这一问题。剪式过杆技术出现后，冲击了跳高的世界纪录，淘汰了古老的跨越式。1912年，美国人用"滚式"首次突破2米大关，1923年，苏联人采用了一种新的过杆技术——俯卧式，使跳高技术趋于成熟。随着时间的推移，1968年美国运动员又以一种崭新过杆方式——背越式，创造了跳高纪录，使跳高技术发展到一个新的阶段。当然，人们为了提高运动成绩，而对过杆技术的实践与研究，并没有因背越式的出现而停止脚步。

第二节　竞赛规则的基本内容

人民体育出版社1988年出版的《体育竞赛规则大全》，共收编了53个项目的单项竞赛规则。每个项目的规则虽然在结构上有所差异，各有所侧重，但基本内容是一样的，即裁判员的名称和职责；比赛通则；评定成绩决定名次；对犯规的惩罚办法；场地器材和设备规格；评分表和各种表格等。

一、裁判员的名称和职责

我国现行的各种竞赛规则，对裁判员的名称、职责和在竞赛过程中的基本要求都作了明确具体的规定。对裁判员的基本要求是，认真学习规则和裁判法，加强岗位责任制。执行裁判工作时，要严肃认真、公正准确、谦虚谨慎、团结协作。这不仅是对裁判员的基本要求，而且也是保证竞赛过程公正准确的具体措施。

根据不同运动项目的竞赛规则规定，裁判员通常分为总裁判、裁判长和各种裁判员（有些项目的竞赛规则分得更为详细）。他们分工合作，各在其位，各尽其职，保证运动竞赛的顺利进行。

（一）总裁判的基本职责

1. 赛前对场地、器材、竞赛日程及裁判员的安排等，做好检查和了解。

2. 组织和领导大会裁判工作。组织裁判员学习竞赛规则和竞赛规程,以及具体的裁判方法。必要时,可临时调整裁判员的工作。

3. 处理竞赛中发生的重大问题。

4. 亲临竞赛现场,审核竞赛成绩和名次,宣布比赛结果。

5. 比赛结束后,领导全体裁判员进行工作总结。

(二) 裁判长的基本职责

1. 领导所属裁判员进行工作。比赛前领导裁判员检查场地器材,研究裁判方法,掌握比赛情况。

2. 依照规则解决比赛中的有关问题,并处理发生在比赛期间、因竞赛规则未作明文规定的其他事宜。若对比赛中的疑难问题不能解决时,应签署意见,报请总裁判解决。

(三) 裁判员的基本职责

1. 根据竞赛规程和竞赛规则的具体规定,评定运动员(队)成绩,胜负和名次。

2. 组织运动员(队)进行比赛,掌握和控制比赛进程。

3. 对运动员(队)在竞赛过程中出现的违反竞赛规则和规程的技术动作和其他行为,进行警告或处罚,包括不道德和不文明的举止,如《足球竞赛规则》第五章规定,"裁判员认为队员有粗野行为、严重犯规、使用粗言秽语或辱骂性语言时应罚令出场"。

4. 记录比赛成绩和比赛时间。

二、比赛通则

比赛通则,又称比赛总则,它是竞赛规则的核心,其主要内容包括技术规范、时间规定、分组办法、比赛次序、运动员的服装要求、器材规格等。有些项目的《竞赛规则》,其比赛通则的内容稍广泛。

技术规范是对竞赛中技术动作和方式的时空界定。技术动作如果超越了规则规定的范围应视为犯规。由于人们在制定规则时,受到客观条件和其他因素的影响,存在着一定的局限性,不可能对所有的技术动作进行准确的界定。运动竞赛中的特殊情况和新技术方法的出现，都会促进规则的修改或变化。当一种新技术出现时，可能会受到人们的嘲笑或使裁判员束手无策，如第1届奥运会100米冠军布克，在100米比赛时，采用"蹲踞式"起跑，引起了观众的好奇和哄笑，结果布克以12秒的成绩获得第1名。"蹲踞式"起跑技术很快取代了当时的五花八门的起跑技术在全世界得到推广，并沿用至今。

时间规定，主要包括比赛时间和各赛次之间的时间间隔。项目不同，时间规定也存在一定的差异。主要有以下两种情况：

（1）在规定时间内，通过战胜对手，评定成绩的项目。例如，球类、拳击、摔跤等项目，都规定了每场（局）比赛的具体时间。中国式、古典式、自由式摔跤《竞赛规则》中规定的比赛时间和局数是，"每场比赛两局。每局净摔3分钟，第一局终了休息1分钟"。《足球竞赛规则》规定，"比赛时间，除双方同意另定外，应分为两个45分钟相等的半场……"

（2）在规定时间内，以完成动作的质量评定成绩的项目。例如，艺术体操、武术、花样游泳等项目的竞赛规则在比赛时间和超时的处罚等方面，规定得更为详细。《艺术体操竞赛规则》规定，"个人自选动作比赛时间，各项器械均为1分～1分30秒钟，不遵守此规定的扣分，如每超过或不足1秒钟扣0.10分"。

各赛次间的间隔，主要是指田径等以客观标准评定成绩的项目，如《田径竞赛规则》规定，"每一赛次的最后一组完毕至下一赛次的第一组或决赛开始，应按下列最低间隔时间安排比赛：200米及200米以下的项目为45分钟……"这种规定实际上是让所有参加的运动员，都具有基本相同的休息时间，有利于准备进行下一赛次的角逐。

分组办法和比赛次序是使运动竞赛顺利进行的具体措施，通常以抽签的方式进行分组，比赛次序一般按抽签号码决定。

对运动员的服装和使用的器械，各项目规则都有明文规定。服装要求包括式样、颜色、质地、尺寸和号码布的规格等。使用的器械，包括形态、结构（外部形态和内部结构）、尺寸、物理性能和机械性能等，如《自行车竞赛规则》对场地竞赛和公路竞赛的普通车规定，"必须是平把的普通自行车，轮盘不得多于48齿，飞轮不得少于18齿，车轮直径不得大于71.12厘米，不得装置变速器。没有车闸，不准参加比赛"。

三、评定成绩和决定名次的方法

运动竞赛的主要目的就是要争名次，夺取锦标。评定成绩和决定名次是竞赛工作的重要一环，也是竞赛规则的关键性内容。它包括评定个人和团体成绩与名次。

(一) 评定运动员（队）成绩和名次的方法

运动员（队）比赛的成绩，必须按照规则规定来评定，然后根据成绩决定名次，通常有三种方法：

1. 根据客观标准评定成绩和决定名次

凡以时间、距离、重量、数量等客观标准衡量运动成绩的项目，如田径、游泳、举重、射击、划船、自行车等，按所创成绩的优劣确定名次。若遇2人或2人以上成绩相等时，竞赛规则也做了明确规定，如田径比赛的远度项目，在遇到2人或2人以上成绩相等时，规则规定，"以次优成绩决定名次；如次优成绩仍相等时；则以第三较优成绩判定；余类推"。举重比赛，若成绩相等（举起的重量相同）时，则"以体重轻者名次列前"；"如在一个级别分组竞赛时，如成绩和赛前体重均相等，则以先进行竞赛的运动员名次列前"。

2. 根据规定条件和动作质量评定成绩和决定名次

适用于竞技体操、技巧运动、跳水、花样滑冰、武术等项目。若遇2人或2人以上成绩相等时，一般名次并列。

3. 根据战胜对手或特定因素评定成绩和决定名次

根据规则规定，篮球、足球等项目是以在规定时间内进球数的多少决定胜负，再以积分决定名次。乒乓球、排球、羽毛球、网球等项目则以局为单位。

(二) 评定团体成绩和名次

团体名次的评定，一般是在各单位运动员成绩和名次的基础上计算评定。

1. 按运动员所得分数之和决定团体名次

按录取名次的得分总和决定团体名次，总分多名次列前。适用于田径、游泳、速度滑冰等运动项目。

2. 按规定参加人数所得名次的总积分决定团体名次

适用于以时间、距离、重量及次数确定成绩的单项团体比赛、对抗赛等。这种办法规定每队参加人数相等，按各队运动员的名次计算得分，多者名次列前。

不论用什么办法确定名次，都难免有成绩相同或胜负不分的情况。对此，各项运动的《竞赛规则》都适当做了规定，如篮球可延长比赛时间；足球有加时赛，如还不能分出胜负，则采用互罚球点球的办法决定胜负。

四、对犯规运动员（队）的处罚

在运动竞赛中，由于运动员自身的原因或外界环境的影响，必然会出现各种类型和不同程度的违规现象，这类现象统称犯规。犯规因性质的不同可分为以下三种：

（一）无意犯规

主要是指运动员无意识地违反竞赛规则规定的技术规范。对这类犯规的处罚较轻，在球类比赛时，通常改由对方发球或持球。而田径、游泳等项目如出现无意犯规，则判罚本次试掷、试跳失败，或者因多次犯规而取消比赛资格和录取资格。

（二）故意犯规

主要指对对方运动员有侵害行为和容易造成伤害事故的粗野动作。这类犯规处罚，通常有警告、判对方得分和取消比赛资格。

（三）不文明的行为和不道德的举止

这类犯规，通常罚以警告，对严重者处以取消比赛资格。
如在比赛中出现侵害行为、粗野动作和不文明的、不道德的举止，裁判员未能及时处罚，比赛结束后可根据比赛录像追加处罚，或根据犯规性质和恶劣程度，上报相关机构进行处罚。

五、场地器材和设备规格

竞赛规则中对不同项目的场地器材和设备规格都有明确、具体的规定。

六、各种评分和记录表格

在规则的最后部分，都附有有关竞赛的评分表和各种记录表格，便于裁判员和运动员查阅。

第三节 制定竞赛规则的基本原则

制定竞赛规则时，必须按照一定的规律，遵循一定的原则。本节主要说明作为具有"法律效应"的竞赛规则是根据什么原理、原则建立的，以什么样的科学思想为基础。

制定竞赛规则的基本原则同竞赛过程的特点和运动技术的发展规律相一致，同政治、经济、文化和道德的基本原则紧密联系，反映了竞赛过程的本质。制定《竞赛规则》的基本原则，师承于人类提出的科学的、进步的和正确的"法规"思想，它吸取了许多公平竞赛活动和技术发展过程中积累起来的有益经验，倡导着"更快、更高、更强"的奥林匹克精神，体现着以人为本的人文关怀。现行的许多单项《竞赛规则》中，还保留着许多原始而又可行的基本条文，是经验和科技结合的结晶。

竞赛规则的指导思想就是奥林匹克的基本思想，它的实施过程，可以说就是奥林匹克思想和精神的体现过程。在制定竞赛规则时，必须遵循这些基本思想和原则，使竞赛规则体现出高度的科学性、系统性和权威性。

一、公平竞赛原则

公平竞赛原则既是制定竞赛规则的出发点，又是它的目的所在。在此基础上，根据各项目的特点，制定技术规范和准则，让所有参赛者在相同规格的场地上，使用规则许可的器材，采用合理的竞赛方法进行较量，对违反规则的技术和行为进行判罚。贯彻此项原则时，应注意以下具体问题：

1. 比赛条件应尽可能均等

在竞赛时，不仅要为所有参赛者提供标准的比赛场地，规定使用的器材尺寸和性能，还应考虑阳光、气候对运动成绩的影响，如球类比赛都要进行交换场地。

2. 参赛人数（队）的条件相等

球类比赛不仅规定了上场队员的人数，还规定了每局（场）换人次数和报名人数。举重、摔跤等项目，为了运动员的条件均等，要求以体重划分等级。

3. 比赛顺序、休息时间机会均等

运动员在竞赛时的出场顺序、位置安排都应遵照公平竞争的原则，让其机会均等，一般都以抽签排定比赛顺序和位置。同时，运动员在竞赛中要消耗一定的体力，出现疲劳，因此休息时间也是必须考虑的问题。有些项目，如《田径竞赛规则》明确规定了各项目休息的最短时间，以保证运动员有充足的体力进行下一赛次的比赛。球类项目一般也考虑了各队下一轮比赛的休息时间。

二、促进运动技术水平提高和合理发展原则

如果说制定竞赛规则是让运动员在公平的前提下竞赛，那么修改和补充规则，则是为了提高运动技术水平和促进技战术的合理发展。

竞赛规则的制定，除了考虑让所有运动员公平竞争外，还应注意竞赛规则的具体条文应有利于促进运动水平的提高和技、战术的合理发展，与技术进步相适应。

在20世纪50年代，田径中的800米跑是在同一起点出发。运动员密集在起跑线上，为了在起跑时迅速抢占有利位置，在抢道时常发生冲撞事故，故曾改为1个弯道为分道跑，然后再抢道的方法。后来，又改为两个弯道为分道跑。还一度采用过4×400米接力赛跑的办法，即3个弯道分道跑。而现行800米比赛，已改为"在第一个弯道末端之前为分道跑"。因为人们在实践中认识到，过长的跑道，减少了竞争性，不利于运动成绩的提高。1个弯道为分道跑较为合适，这样既可避免起跑时的抢道冲突，又增加竞赛的竞争性、对抗性，更有利于运动技术水平的发挥和运动成绩的提高。规则这一反复修改过程说明，竞赛规则不是永远不变的，它的制定和改变，应符合技术发展规律和运动竞赛的特点，同时也应体现对运动员的人文关怀。

贯彻此项原则时应注意以下具体问题：
1. 充分认识竞赛规则的发展变化规律与内外部动因。
2. 充分认识竞赛规则与运动技战术和运动成绩的关系。
3. 及时修改和补充不利于运动技战术的发展和运动成绩提高的竞赛规则。
4. 对运动员身心健康可能造成伤害的技战术进行限制。

三、同一性与统一性原则

同一性与统一性原则，是指比赛条件和比赛方法的同一性，成绩评判尺度的统一性。贯彻这一原则，是使运动竞赛成为提高运动成绩，交流经验，增进友谊和促进运动技术水平发展的有效保证。早期的运动竞赛规则都非常简单，如17世纪推铅球比赛，在场地上画一条线，参加比赛的运动员只要不踩线，可采用任何姿势投掷，对技术、场地和丈量方法都没有具体的规定。比赛时，有的运动员跑着投，有的站着投，出现了一些明显不合理的现象。为此，规则做了修改，规定运动员必须在方形投掷区内进行投掷。通过比赛，人们又发现，运动员的投掷方向不一样，方形投掷区不能准确的丈量成绩，才将投掷区改成直径为7英尺（2.135米）的投掷圈，并规定必须把铅球推到90°的扇形区内，否则无效。1952年，因推铅球技术的改进，成绩迅速提高，落地区改成60°，后来又改成45°。现在的《田径竞赛规则》不仅规定落地区为40°，而且还对运动员的投掷方法、投掷次数、投掷圈的构造、丈量成绩的单位和方法，以及犯规和失败等，都做了明确具体的规定。

贯彻此项原则时应注意以下具体问题：
1. 确定的比赛方法要适应比赛形式。
2. 比赛条件要统一，而且必须规格化。
3. 制定的判罚尺度必须保持一致性、客观性。

四、公正性与准确性原则

公正性与准确性原则，要求制定竞赛规则时不偏不倚，站在公正的立场，制定出能反映该项运动技术本质的基本规范，便于裁判员准确评判运动成绩和技术优劣。

竞赛规则的公正性与准确性是辩证联系的。公正性以客观准确性为基础；准确性则是指在公正的前提下，对竞赛过程、竞赛结果判定的正确程度。现代科学技术在运动竞赛中的广泛运用，为公正性与准确性提供了坚实的物质基础和技术保障。

贯彻此项原则时应注意以下具体问题：

1. 应克服狭隘的民族主义和本位主义，以奥林匹克理想和精神为指导。
2. 从各种技术的本质特征出发，制定出能反映该运动项目技术特征的具体条文。不要以某种技术作为整个技战术的规范，既不能制定对某种技术有利，也不能对某种技术无利的竞赛规则。
3. 在考虑准确性时，应从规格化、技术化入手，使之能供裁判员准确无误地判定运动技术的优劣和确定运动成绩。

五、合理组织原则

运动竞赛的合理组织原则，是指竞赛的组织、编排、竞赛形式、竞赛方法等方面要求体现公平竞赛的原则，有利于运动员发挥技术，创造成绩，提高运动技术水平，达到"更快、更高、更强"的目的。

贯彻此项原则时应注意以下具体问题：
1. 组织、编排应与项目特点相适应。
2. 竞赛方法、竞赛形式应与竞赛项目相适应。

六、严肃性原则

竞赛规则是管理竞赛活动至高无上的"法"，具有极高的权威性。竞赛规则的具体条文，任何个人都无权修改或补充。在竞赛规则中没有涉及到的特殊问题，只能按规则精神处理。因此，制定竞赛规则是一项极为严肃的工作。规则的权威性往往是由规则的严肃性决定的。

贯彻此项原则时应注意以下具体问题：
1. 文字的准确性与表述严肃性。
2. 对竞赛活动具有高度的概括性、指导性和权威性。

第四节 竞赛规则发展变化的内外部动因

一、竞赛规则发展变化的内部动因

从竞赛规则发展变化的历程看，竞赛规则往往具有相对稳定和在特定阶段滞后于运动竞赛实践发展的特性。怎样改变具体的规则条款，跟上运动竞赛实践的发展速度，是竞赛规则自身发展变化必然面临的问题。

竞赛规则发展变化主要通过三个过程来体现：

（一）自身完善过程

竞赛规则对运动竞赛有关问题的界定，通常是原则性条款。在竞赛过程中，常常会出现竞赛规则没有涉及的特殊问题，裁判员只能按规则精神处理的现象，这就是竞赛规则滞后的特性。规则的自身完善过程，主要是通过细化规则条款，尽可能穷尽对运动竞赛有关问题以及提高文字描述的准确性等途径来实现。

（二）积极适应过程

人们为了提高运动成绩，有效地发挥人体的潜能，进行大量而持续的创新，使运动技战术千变万化，比赛的激烈程度大幅增加。面对竞赛实践，竞赛规则的制定者如世界各单项联合会，通常采用补充规定的办法解决这类问题。通过召开专门的会议，修改和补充现行的竞赛规则，积极适应竞赛相关变化。

（三）选择和限制过程

对于大量而持续的创新活动，竞赛规则的制定者如世界各单项联合会，也不是全盘采用和吸收，而是根据运动竞赛规律、技术发展特点、观赏性和对人体健康等要求进行选择和限制，如20世纪80年代，在田径运动的跳远项目中，曾出现了"空翻"式跳远，其运动成绩已接近当时的跳远世界纪录。但是，由于"空翻"式跳远在落地时，稍有失误容易对运动员造成伤害，而国际田联在当时颁布的竞赛规则中，并没有关于空翻的具体规定。后来，为避免前述可能发生的伤害，国际田联在《田径竞赛规则》中增加了"禁止采用任何空翻姿势"的具体条款。

二、竞赛规则发展变化的外部动因

竞赛规则发展变化的外部动因，即指来源于外部的、能促进竞赛规则改变原来的定位和原有的方法、手段，以及增添相应内容和条款的动力及因素。

主要包括运动竞赛过程中的偶发事件;竞赛中出现的不道德行为;兴奋剂现象;公正性、准确性与判罚结果差异性的矛盾;竞技性与观赏性的矛盾;竞技性与商业化的矛盾;规则条文的相对稳定性和技战术发展性的矛盾等。

(一)偶发事件

人们在制定竞赛规则时不可能考虑得十分周到,制定得十全十美。竞赛中的许多偶发现象,促进了竞赛规则的修改和补充,如第3届奥运会上的撑竿跳高比赛,一名叫富达依的日本运动员,比赛时将竹竿垂直竖立在横杆边,然后迅速顺着竹竿爬上顶端,轻松越过横杆,裁判员却宣布无效,原因是他没有助跑。当富达依了解到什么是助跑以后,几乎在原地慢跑了几步,接着再一次重复上述动作,然而裁判员仍然拒绝承认,结果引起了日本田径队的强烈抗议。仲裁委员会虽然讲不出更多的道理,但却坚决支持裁判员的裁决。从此以后,规则才明确规定,比赛时运动员必须持竿直线助跑,并用单脚起跳,在竿上禁止倒手爬竿的动作。

(二)竞赛中不道德行为

在竞赛过程中,时常出现一些违背体育竞赛精神和体育道德的行为,主要表现在运动员和裁判员两个方面。运动员主要表现为,用相当危险的动作故意伤害对方;报复性攻击动作;不认真比赛,以及一些违背社会公德的言行举止等。裁判员主要表现为,利用职权干扰比赛结果;故意错判、漏判、反判等。对于运动员在竞赛过程中的不道德行为,竞赛规则作了一些明确的规定,通常有警告、判对方得分、取消录取资格和比赛资格等。而目前对于裁判员在竞赛过程中的不道德行为,规则中无具体的条文,只允许受损运动员(队)申诉和抗议。

(三)兴奋剂现象

兴奋剂丑闻在体育竞赛中屡禁不止。目前,使用兴奋剂和反对兴奋剂的斗争已成为国际体坛乃至全社会关注的焦点和热门话题。国际奥委会和各单项协会,针对体育比赛中使用兴奋剂的现象,制定了反兴奋剂的有关章程,成立了兴奋剂检测机构,并在一些兴奋剂比较盛行的运动项目的竞赛规则中增加了禁止使用兴奋剂的条文和相关规定,如《田径竞赛规则》在禁止使用兴奋剂方面,不仅增加了兴奋剂检查代表，还明确规定了其工作范围和具体职责；制定了使用兴奋剂的处罚办法；提供了严格、规范的兴奋剂检测程序和兴奋剂清单；在加强比赛时检测力度的同时，还加强了训练过程的兴奋剂检查。竞赛规则中的这些变化，有效地抑制了使用兴奋剂的行为，较好地净化了赛场风气。

（四）公正性、准确性与判罚结果差异性的矛盾

在运动竞赛的实践中，人们不难发现，竞赛规则的基本条文虽然是建立在公正基础之上的，有时判罚的结果往往出现较大的差异，甚至引起较大的争议和冲突。竞赛规则要求的公正性、准确性与裁判判罚结果的差异性，主要表现在裁判员在执法过程中，对竞赛规则条文和精神把握不准，有时存在狭隘的民族主义、本位主义的现象，执法时带有明显的主观倾向。对此类问题的处罚，由于竞赛规则几乎没有具体条文加以规定，在某种程度上导致了矛盾的加剧。这种矛盾和冲突的结果，必然促使竞赛规则的修改和完善。

（五）竞技性与观赏性的矛盾

竞技性与观赏性的矛盾，主要表现在比赛时间的长短和精彩、激烈程度的关系上。竞赛规则虽然没有直接涉及这方面的内容，但是它规定的技术规范和准则将直接影响比赛的精彩、激烈程度。竞技性与观赏性的矛盾冲突，特别是比赛的观赏性程度降低，直接决定着修改竞赛规则期望的强弱，如第 10 届世界乒乓球锦标赛，由于当时的比赛规则出现了马拉松式的比赛，一分球打了 2 小时 20 分钟。这种来回球过多的比赛，与观众对激烈精彩比赛的要求和欣赏比赛、体会快乐的需求产生了尖锐的冲突，也抑制了乒乓球技战术的发展，导致了乒乓球新规则的出现。在隔网对抗类项目的竞赛规则的变化中，有许多这方面的实例。

（六）竞技性与商业化的矛盾

处于商品社会的当代竞技体育运动，不可避免地带有商品的基本特征。许多国际体育组织对商业化的态度是现实的，也是积极灵活的。国际奥委会前主席萨马兰奇多次明确表示，商品化是必需的、理所当然的。他承认和接受了商业化对竞技体育的促进作用。

随着体育比赛的广泛开展，竞技水平的不断提高，传播媒体的广泛介入，特

别是电视转播的普及和商品广告的大量介入，对竞技体育比赛的宣传起到了巨大的推动作用，也对现行的体育比赛方法提出了挑战，使比赛的竞技性与商业化发生激烈的矛盾与冲突。如果一场比赛的时间过长或电视转播的效果不好，都会产生修改竞赛规则的愿望。

（七）规则条文的相对稳定性与技战术发展的矛盾

运动技术和战术的发展变化是永恒的。科学技术的发展为运动技术的发展提供了良好的物质基础。运动技术、运动设施、运动器械的规范化和科学化，为获得最佳运动成绩提供了新的可能，并促使竞赛规则得到相应发展。

最初的足球比赛，仅由1名守门员和1名后卫队员来抵抗9名运动员的进攻。随着足球技术和战术的改进，两名运动员已不能完全担负起防守的作用。因此，最初采用的办法是将几名进攻者中的两名"前卫队员"挪后，这样防守队员的人数就增加到4名（包括守门员）。这种方法在较长时间内很奏效，因为判罚"越位"有利于后卫防守。1874年规定了直接任意球，1882年规定了掷边线球，1891年规定了罚球，也就在这一年，球门挂上了网。1878年，在足球场上首次出现裁判员，1891年又出现了巡边员，球场的大小也固定下来，1895年正式出版的《足球竞赛规则》一直沿用至今。乒乓球最初使用的是实心球，后来使用充气球和蒙皮纸球拍。1899年发明的赛璐珞球使这个项目进一步发展，后来又使用了贴有胶皮面的球拍。现在对胶皮的厚度、胶皮颗粒的长度、乒乓球的直径和颜色等又进行了具体的规定。由于新运动器材的出现，雪上和冰上运动在19世纪60年代产生了飞跃。"铁冰鞋"和薄冰刀鞋的问世，使这一项目分化为速度滑冰和花样滑冰。

除上述动因外，竞赛规则的发展会受到一些人为因素的干扰，如竞赛规则与制定人的关系、与执行人（裁判员、运动员）的关系等。

三、部分运动项目竞赛规则发展变化的趋势

部分奥运项目竞赛规则变化反映出以下趋势：

（一）改变比赛办法，缩短比赛时间，加快比赛节奏

缩短比赛时间，加快比赛节奏，这是竞赛规则发展变化最主要的趋势和共同

的变化特征。在许多项目的规则中，基本上都是通过改变比赛办法或计分办法等来实现的，如游泳比赛的出发规定由原来的两次出发改为一次出发；举重比赛的试举时间，由原来的 2 分钟改为现在的 1 分钟，连续试举由原来的 3 分钟改为 2 分钟；击剑比赛，每局由原来的 6 分钟 5 剑，缩短到 4 分钟 5 剑；体操比赛取消了运动员适应场地的时间；田径比赛的短跑项目，从 2003 年开始实行"每组允许一次起跑犯规"制度；排球比赛也由原来在决胜局时每球得分，改为现在的每局每球得分……

竞赛规则的这些变化，目的就是要缩短和控制比赛的时间，加快比赛的节奏，适应电视转播和观众观看比赛的需要。

（二）更加注重比赛的观赏性和精彩性

竞赛规则在注重比赛的观赏性和精彩性方面做了较大的改变，主要体现在体操、艺术体操、健美操、跳水、花样游泳等项目。例如，体操竞赛规则对难度、难度之间的连接、同类动作重复、失误和姿态扣分的重新界定，促使运动员在体操比赛中采用的技术动作难度、质量和稳定性得到进一步提高，采用的技术动作的性质和种类更加齐全，动作间的连接更加惊险、流畅。艺术体操、健美操的竞赛规则增加了身体与器械的协调性、对音乐的理解、完成动作时的表现力、编排的独创性等方面的内容，同时，还增加了难度级别、艺术价值、技术价值的评分。这些举措提高了比赛的精彩程度，从而使比赛更具观赏性。

（三）更加注重技术的稳定性和对抗的激烈性

如果说评分类项目竞赛规则的发展变化，在一定程度上提高了比赛的可视性、观赏性，那么，乒乓球、排球竞赛规则的发展变化，更加注重技术发挥的稳定性和比赛的激烈程度。乒乓球比赛大球的使用，每局由原来的 21 分改为 11 分；排球比赛从原来的争夺发球权到现在的每球得分，每局 25 分、决胜局 15 分。这些变化，对运动员技术发挥的稳定性、技术的全面性要求更高。

（四）更加注重评判的规范性和准确性

在艺术体操、健美操竞赛规则的发展变化中，不仅增加了难度级别和不同难度的具体分值，具体规定了加分扣分办法，还增加了艺术价值、技术价值的评分内容。裁判员在评分的过程中，有据可依，便于公正、准确地把握评判尺度，使评判过程更加规范和准确。

（五）加大反兴奋剂的力度

针对在比赛中使用兴奋剂的现象，国际奥委会和各单项联合会加大了反兴奋剂的力度。2000 年国际奥林匹克反兴奋剂章程附录 A 列出的禁用物质类与禁用手段已达 217 种，仅《田径竞赛规则》在加大禁止使用兴奋剂方面，提供的兴奋剂清单由 1985 年的 5 类 43 种增加到 1998 年 3 大部分 8 类 92 种，还不包括这些药物的化学衍生物以及不同的商品制剂。另外，在对运动员的兴奋剂检查手段上，除了传统的尿样检测外，还采用了血检手段，被检测的运动员人数和检测频率都有明显增加。除了赛中的必检外，还加大了赛外检测和"飞检"的力度。

思考题

1. 简要叙述竞赛规则的基本功能。
2. 简要叙述竞赛规则的基本内容。
3. 举实例说明公平竞赛原则。
4. 简要分析竞赛规则发展变化的内外部动因。

（刘　建）

第十四章 竞赛规程

第一节 竞赛规程的作用

竞赛规程是为组织和参与运动竞赛者制定的各种政策条文的总称,是所有组织者和参加者必须共同遵守的制度和章程,是组织运动竞赛的依据,具有高度的权威性和指导性。竞赛规程是运动竞赛得以顺利进行的重要保证,是竞赛的组织者、裁判员、工作人员和运动员必须共同遵守的准则,是组织运动竞赛的依据。

一、竞赛规程的导向作用

竞赛规程不仅是竞赛所遵循的依据,对运动项目的开展和普及也具有重要的导向作用。下面以我国最高水平的竞技体育赛事——全运会为例,具体说明竞赛规程的导向作用。

在1979年之前,全运会项目设置主要强调普及程度和民族特色,不尽规范,伸缩性较大,并带有明显的国防体育特色。1979年之后,在"奥运战略"思想的指导下,全运会项目设置以奥运会项目设置为导向,结合我国竞技体育实际增设或者删减项目,兼顾发展冬季奥运会比赛项目,并保留了我国民族传统体育武术项目。这一变化使得奥运会项目成为全运会比赛项目的主体,重点保证了奥运会项目的布局,促进了奥运战略的实施。

全运会奖励和计分办法的改革,逐步加大了奥运奖牌带入全运会的力度,在一定程度上保证了地方和国家竞技体育利益的统一,有利于实现国家的竞技体育战略。同时不断加大对球类集体项目发展的倾斜力度。两次计分政策也从总体上促进了地方向解放军输送优秀体育后备人才,有效地解决了解放军代表队与地方代表队的矛盾,有助于发挥军队的竞技体育优势。

二、竞赛规程的控制作用

（一）通过参加条件和办法等具体规定，体现公开、公平竞争

竞赛规程相关条文中规定了运动员条件、参加办法等内容，是竞赛参与者必须遵守的基本准则。当运动员的条件符合竞赛规程的要求时方可参加比赛，其成绩才能得到承认，否则将被"拒之门外"或受到处罚。这样，教练员在选材、制订训练计划、确定参赛人员等诸多方面就必须考虑到竞赛规程的有关规定。这是运动竞赛正常进行，体现公平、合理竞争的重要保证。

（二）通过比赛时间、报到和离会等具体要求，控制竞赛过程的长短

竞赛规程对运动员在何时、何地进行比赛作出了明确规定。这些规定为教练员安排训练计划，运动员做好技战术和心理准备提供了重要依据。同时，规程在竞赛的组织者迎送教练员和运动员、安排赛前训练场地等方面规定详细，保证了教练员和运动员顺利参赛。

三、竞赛规程的促进作用

竞赛规程的促进作用，主要是使某项技术或运动者素质在一定的时间及区域内得以表现和发展。以我国乒乓球运动为例，20世纪60年代初，为了研究和适应欧洲的横拍打法，在全国性乒乓球比赛的竞赛规程中规定各参赛队必须要有一名横拍选手，并担任团体赛主力的任务。这一规定，使横拍打法在几年中得以迅速发展，甚至曾一度风靡全国，以致当时的国家体委不得不在后来的乒乓球比赛中重新作出规定，即各参赛队必须有一名直拍选手。这一事例，既反映了竞赛规程对某项技术的控制过程，也反映了对某项技术在一定时间和区域内所具有的促进作用。再如当时的国家体委为选拔培养有发展前途的苗子，克服当时较为普遍存在的重技战术、忽视身体素质这一倾向，自1980年起，对业余体校的比赛实施了加试身体素质，并按照一定比例将身体素质得分和技术（运动）成绩相加决定最后名次的办法，从而较好地制止了"拔苗助长"的倾向。

第二节　竞赛规则与规程的异同

竞赛规则与竞赛规程是保证运动竞赛顺利进行的重要条件。竞赛规则与规程有许多共同之处，又有所区别。

一、竞赛规则与规程的共同点

（一）规则与规程是运动竞赛中必不可少的具有"法律"性质的基本文件

各种规模，任何形式的运动竞赛，都必须有与此相适应的竞赛规则和竞赛规程，缺一不可。

（二）规则与规程共同制约和协调运动竞赛过程

根据规则和规程的规定，竞赛的组织者、参加者和裁判员，都必须以竞赛规程的具体要求和竞赛规则规定的技术规范及准则公平竞争。在竞赛过程中，任何违反规则、规程原则和精神的行为，都将受到制止和处罚。

二、竞赛规则与规程的不同点

（一）内容不同

规则与规程虽然都是运动竞赛的基本文件，但在内容上是有区别的。规则是对某项（类）运动技术的统一规范和准则，主要内容包括裁判员名称和职责、比赛的组织和方法、评定成绩和名次的方法，以及有关场地设备和器材的规格等。规程则是对某次运动竞赛的具体要求，主要内容包括竞赛的名称、目的任务、日期和地点、主办单位、参加单位和运动员条件、比赛项目、比赛方法、比赛规则、个人和团体名次的评定、奖励办法、报名手续以及其他规定。

（二）着重点不同

竞赛规则着重对裁判员的职责、技术规范、运动员的服装、使用的器械和有关场地器材的规格做了详细准确的规定，同时也明文规定了运动员的竞赛办法和判定成绩的办法。总之，规则主要是对技术规范和判定技术规范，以及完成运动技术的有关场地器材的规定。竞赛规程则着重对参加单位和运动员条件、比赛项目和方法、个人和团体名次的评定、奖励及报名手续进行规定。换言之，规程是对组织竞赛、怎样竞赛和如何进行名次的评定，以及奖励办法的规定，它是一次运动竞赛工作的依据。

（三）制定、使用的时间不同

竞赛规程通常对一次运动竞赛而言，在一次运动竞赛前特定时间（例如一年或半年）制定，随着这次运动竞赛的结束，规程也就失去了应有的价值。竞赛规则是对某类（项）运动技术而言，在规则未做修改或变动之前，举办的各种运动竞赛，其技术规范都应符合该项运动的竞赛规则，使用的时间较竞赛规程长。

（四）制定单位不同

竞赛规程通常由主办单位制定，报有关部门批准。我国的竞赛规则由国家体育总局审定和颁发。国际竞赛规则由相应的国际单项体育联合会制定。

第三节 制定竞赛规程的依据和具体内容

一、制定竞赛规程的依据

竞赛规程应根据有关竞赛计划，结合竞赛的规模、目的任务和主办单位的具体条件制定。一般由主办单位指定专人负责起草，经有关人员讨论、修改后，送主管竞赛的领导机关审批确定。经审批后的竞赛规程，就是举办这次运动会的重要法律文件，任何单位和个人无权修改，对规程的最终解释权属主办单位。

二、制定竞赛规程的要求

竞赛规程应简明、准确、具体，使有关单位和参加竞赛的人员不产生误解，能按竞赛规程进行各种准备。竞赛规程制定后，应在赛前特定时间发出，以便参加者能根据规程规定做好充分的准备。大型综合性运动会，可以把共同性条文列为总则，然后再列出各单项的竞赛规程，如我国全运会的竞赛规程就是以全运会竞赛规程总则和单项竞赛规程的形式下发的。

三、竞赛规程的具体内容和注意事项

（一）运动会的名称

在制定竞赛规程时，对比赛的名称应用全称，不能用简称，如"中华人民共和国第10届全国运动会""好运北京2007年国际羽毛球邀请赛"等。

（二）运动会的目的、任务

明确提出比赛的目的、任务，如为准备奥运会选拔赛，或为检查教学效果的教学比赛，或为交流经验、增进友谊的友谊赛，以及为了通过某项等级运动员称号的达标比赛等。

（三）竞赛日期、地点

在制定此项内容时，应考虑季节气候、场地设备和交通食宿等条件，使之尽可能符合本次竞赛的要求。

（四）参加单位及组别

明确列出各参加单位名单和竞赛的组别，便于准备与组织。

（五）竞赛项目

根据运动会的性质、规模、参加单位运动员的水平、主办单位的要求和承办单位实际情况设置。规模大或综合性运动会，设置项目应多；规模小，参加运动员水平较低的，设置项目应较少。

（六）参加办法

它是竞赛规程的主要部分，要求应具体、准确。参加办法包括参加条件、报名办法和人数，以及报名日期等多个方面。

1. 参加条件

对参加者的技术水平、运动成绩、健康状况、性别、年龄、学籍学业和思想作风等方面，都应根据实际情况提出明确的要求，如"全国举重冠军赛"要求在上半年"全国举重锦标赛"上获得前16名的运动员才有资格参加。再如，全国大学生各项比赛，要求参加者应具有正式学籍、在校期间的各门学业成绩达到合格标准方能参加。

2. 参加人数

包括每个单位可报多少队（人），最好分别写明男、女人数，每人可限报几项，每项限报几个人（队）。同时还应注明领队、教练员、医生和其他工作人员的名额。

3. 报名和报到日期

说明报名单的填写方法，规定报名的开始日期和截止日期，以及报名时是否要求运动员的资格证明、身体检查证明和意外伤害保险证明等。

（七）竞赛方法和采用的竞赛规则

采用何种竞赛方法组织竞赛，必须明确具体地加以规定，如单淘汰、双循环等。此外，应写明采用由什么机构（如国家体育总局）审定的某年某项竞赛规则和补充规定。部分项目，还应说明采用哪一年的评分表。

（八）计分及奖励办法

详细说明各项比赛的录取名额，单项和集体项目、全能和破纪录，以及团体总分的计算与奖励办法等，成绩相等后的处理办法亦应具体明确。有些运动会，对运动员还提出了特殊要求，如全运会的计分，就有参加奥运会获得奖牌和取得前 8 名的带入分。有的规程在这一项中，为了促进运动员的全面发展，明文规定每个运动员必须参加全能比赛或身体素质测验，否则不计单项成绩。

（九）参加单位的注意事项

如竞赛的交通费开支、食宿条件和标准，以及对有些项目音乐伴奏的基本要求，在必要时都可注明。

第四节 全国运动会竞赛规程演变的主要内容和特点

中华人民共和国运动会（简称全运会）是我国最高水平的综合性赛事，其竞赛规程的制定具有较大的示范作用。现就其中项目设置和奖励与计分办法等关键条款作简单介绍。

一、项目设置变化的主要特点

以 1979 年我国重返国际奥委会大家庭为界，可分为两个阶段，第 1～4 届为振兴全民体育阶段；第 5～10 届为重视奥运成绩阶段。每个阶段呈现出不同的项目设置特点。

（一）振兴全民体育阶段（第 1～4 届全运会）

1. 带有明显的国防体育特征

新中国成立之初，需要时刻防止各种危及国家安全的事件发生，体育的政治功能因此被放大。全运会项目设置在第 1～4 届全运会中，表现出了明显的国防体育特征，例如，第 1 届全运会设置有无线电收发报、航海多项、滑翔、飞机跳伞、伞塔跳伞、航海模型和航空模型等 10 个项目，占总设置项目的 27.8％；第 2 届全运会虽然只设了无线电收发报、飞机跳伞、航海模型和航空模型等 6 个项目，但由于该届项目设置总数只有 22 项，因此，占总设置项目的比例也达 27.2％。1975 年后，逐步恢复了群众性射击、潜水、航空模型、航海模型、摩托艇等国防体育活动。举行第 3 届全运会时，由于国防体育刚刚恢复，除射击外，其他项目尚无条件参加比赛，跳伞、航空模型、航海模型等只作为表演项目出现在全运会赛场。第 4

届全运会设置了7项，占项目设置总数1/5。

1980～1982年，国家体委对国防体育的管理体制和方针任务作了根本性的调整：国防体育由国家体委统一领导，不再承担军事教育和军事技术训练，为部队培养后备力量的任务。从此"国防体育"便成为了历史，而全运会见证了历史的发展，如表19所示。

表19 第1～4届全运会国防体育项目设置情况

届 次	国防体育项目数	项目总数	所占比例	备 注
第1届	10	36	27.8%	
第2届	6	22	27.2%	
第3届	1	28	3.6%	5个表演项目
第4届	7	34	20.6%	

2．项目设置强调普及程度和民族特色

在这一阶段，我国的体育运动主要是以"发展体育运动，增强人民体质"为根本目的。当时新中国体育处于起步阶段，全运会的设项强调的是普及程度和民族特色，项目设置不尽规范，伸缩性较大。

普及面广的群众体育项目成了全运会比赛项目的重要组成部分，例如，中国象棋、围棋、武术等。很多项目现在看来更像社区运动会的游戏，如第1届全运会中设有蒙古族的摔跤、藏族的投掷、傈僳族和彝族的赛跑、划艇、马球等。第2届和第3届全运会在比赛的项目上比第1届全运会有所发展，增设了很多少数民族体育项目，如第3届全运会上出现了秋千、民族摔跤等。与此同时，在这届全运会上首次出现了冬季项目。随着中国国力的不断增强，竞技体育水平也在不断发展。在第4届全运会上，项目的设置越来越重视竞技性，虽然以前的军事性项目和冬季项目还有所保留，但手球、击剑等国际重要项目都开始进入全运会。

项目设置不尽规范的另一方面还表现在项目设置的级别层次上，第1届全运会项目设置有竞赛项目和表演项目，第2届只有竞赛项目，第3届和第4届项目设置则分成年组、少年组和表演项目。这是当时全运会功能定位所决定的。

（二）重视奥运成绩阶段（第5～10届全运会）

1．以奥运会项目设置为导向

1979年10月25日，国际奥委会执委会在日本名古屋市举行会议，通过了恢复中国在国际奥委会合法席位的决议，确认代表全中国奥林匹克运动的是中华人民共和国奥委会，并于同年11月26日通讯表决通过了中国代表权的决议。名古屋会议是中国奥运发展的里程碑，中国由此重返国际奥林匹克大家庭，从此体育肩负着攀登世界竞技体育高峰、振兴中华的重任。根据"国内练兵，一致对外"的原则，我国全运会设项开始和奥运会接轨。从第5届开始，全运会项目设置表现出以奥运会项目设置为主体的特点（表20）。

表20　第5～10届全运会中奥运会项目设置情况

届　次	奥运会项目数	项目总数	奥运项目所占比例
第5届	20	25	80%
第6届	27	44	61.4%
第7届	33	43	76.7%
第8届	27	28	96.4%
第9届	29	30	96.7%
第10届	31	32	96.9%

从表20可以看出，从第5届全运会开始基本上按照奥运会的项目设项，奥运会项目设置数量总体呈逐渐增多的趋势，并趋于稳定。近几届全运会项目总数基本上保持在30个左右，所占全运会项目设置总数的比例平均达到80%以上。最明显的是第8、9、10连续三届全运会，除我国民族传统体育项目武术以外，其余全部为奥运会比赛项目。

2. 夏季、冬季奥运项目协调发展

随着我国竞技体育水平的提高，中国人不仅要在夏季奥运会上展现风采，而且需要在冬季项目上取得突破。在国际上，冬季体育项目开展的国家越来越多，其影响也越来越大，日益受到人们的关注和重视。冬季体育项目与夏季体育项目一样，有着巨大的社会影响力。但是，我国冰雪运动发展的规模和基础条件有限，难以满足冬季体育项目发展的需要，与夏季体育项目的发展规模和速度形成了比较大的反差，呈现出不平衡状态。

20世纪80年代中后期，我国加强了对冰雪项目发展的研究，在全面总结中国冬季运动项目发展历程和分析国际冰雪运动发展形势的基础上，根据国情对冰雪项目布局进行了调整，将速度滑冰、短道速度滑冰和花样滑冰（女子单人和双人）列为重点项目，作为振兴中国冬季运动的突破口，并提出了实现冬奥会突破奖牌和金牌零的目标。因此，从第7届全运会开始，将速度滑冰和短道速度滑冰两个冬季奥运会项目设置为比赛项目，第9、10届全运会在第8届全运会继续保留这两个项目的基础上，又增设了花样滑冰（表21），以期充分利用全运会的竞赛平台，保证冬季和夏季奥运项目同步发展提高。

表21 第7～10届全运会冬奥项目设置情况

届次	冬季奥运会项目	合计
第7届	速度滑冰、短道速度滑冰	2
第8届	速度滑冰、短道速度滑冰	2
第9届	速度滑冰、短道速度滑冰、花样滑冰	3
第10届	速度滑冰、短道速度滑冰、花样滑冰	3

二、奖励与计分办法的发展变化特点

奖励与计分办法是全运会竞赛规程中的重要条款之一，是有效发挥竞赛杠杆作用的重要保障。奖励与计分办法条款不仅对运动项目的发展起着控制作用，而且对各参赛单位竞赛备战有着重要的导向作用。回顾历届全运会竞赛规程，前4届全运会竞赛规程中有关奖励与计分办法条款规定相对简单，而且内容上基本上没有变化。自从第5届全运会开始，竞赛规程中有关奖励与计分办法条款有了明显变化，并且变得越来越详细具体。第5～10届全运会竞赛规程中，相关奖励与计分办法条款的变化发展主要表现为以下几个特点。

（一）实行计团体总分的方式

当追求竞技体育高水平发展成为中国体育事业的头等目标时，以省市代表团为参加单位的全运会，也开始从带动群众体育发展的目标转变为对金牌和名次的追逐。但是，毕竟金奖牌的奖励面太小，在一定程度上挫伤了中小省市的积极性。国家为了调动各省市发展竞技体育的积极性，扩大项目发展基础，从第6届全运会开始，一改传统的以金牌数为主的计分方法为统计各代表团团体总分。全运会的排名方式也从金牌排名制过渡到积分排名制。规定如下，计代表团总分，按获总分数公布各代表团名次。从此，全运会上各省市代表团在追逐奖牌榜排名的同时也非常重视团体总分的排定。为与奥运会等国际大赛接轨，从第10届全运会开始，又采用了金牌、奖牌排位和总分排位并举的方式。

（二）加大奥运奖牌带入全运会的力度

全运会作为我国国内最大规模、最高水平的竞技体育赛事，自然成了调动地方竞技体育工作的总杠杆。各地区在发展本地竞技体育时，都把着眼点放在如何使本地区运动员在全运会上夺取好名次，即实施所谓"全运会战略"。地方的竞技体育战略规划（在此主要指运动项目的投入）均以本地区利益为主，在某种程度上忽略了奥运会战略的需要，影响了我国奥运战略的实施和奥运会目标的实现。为了引导和鼓励地方竞技体育发展重视奥运会项目的投入，全运会奖励和计分办法的改革和调整成了协调这一矛盾的有效途径。

通过对第5～10届全运会竞赛规程的分析表明，奖励和计分办法条款的发展变化表现出了加大奥运会奖牌带入全运会力度的特点。第5届全运会奖励和计分办法相对简单，只是强调对部分重点项目的重视：额外颁发奖章、奖状和奖杯等。第6届全运会中开始突出对奥运会项目的倾斜计分：奥运会项目奖励前8名，按9、7、6……2、1计分；非奥项目奖励前6名，按7、5……2、1计分，但没有实行奥运奖牌带入全运会制度。从第7届全运会开始，在奥运会上获得的奖牌按照1比1的方式计入全运会的各参赛代表团：第7届全运会竞赛规程规定，运动员在第25届夏季奥运会和第16届冬季奥运会上取得前3名成绩，以金、银、铜和9、7、6分计入该代表团奖牌总数和团体总分。第8届全运会加大了奥运会奖牌和计分的带入力度：运动员在第26届夏季奥运会和第17届冬季奥运会上取得前3名的成绩，以金、银、铜和13、11、10分计入代表团奖牌总数和总分。第9届全运会又在第8届全运会的基础上，增加了一条规定，即运动员在第27届夏季奥运会上每创造1项奥运会项目世界纪录，增加1枚金牌和13分计入各代表团总成绩。为了进一步引导各省市自治区向奥运会战略靠拢，在第10届全运会上，运动员在第28届夏季奥运会和第19届冬季奥运会上获得前3名成绩，分别以金、银、铜各2枚和26、22、20分计入代表团的奖牌总数和总分内。第11届全运会，凡在北京奥运会上取得前8名，均按全运会记分方法带入奖牌和分数，列入有关地区代表团总成绩中。

（三）地方和解放军实行两次计分

解放军体协在我国是一个特殊的实体，拥有良好的竞技体育资源，为我国的竞技体育事业作出了巨大的历史贡献。部队由于编制限制，没有业余体校，后备力量完全由地方培养输送。部队有着管理、教育和技术力量的优势，充分发挥部队的作用，攀登世界体育高峰，是我国在世界体育史上的创举。然而，改革开放以来，地方的体育事业发展迅猛，在全运会上与部队形成了竞争的格局。由于利益关系对立，地方不愿再向部队输送后备人才。部队尽管条件优越，没有人才也只是无米之炊。军地矛盾，曾一度到了十分尖锐的程度，军地之间打官司、告状的事件屡有发生。双方关系不畅，极大地损害了国家的竞技体育利益。为了解决这一矛盾，从1997年第8届全运会开始，规定解放军的运动员与原输送单位实行两次计分，即运动员取得成绩（奖牌和分数）后给解放军计一次，再给地方（原输送单位）计一次。

（四）鼓励球类等集体项目的发展

在全运会指挥棒下，各省市围绕全运会金牌的分布，掀起一股运动项目调整布局之风。由于项目特点，球类集体项目要发展不仅需要大量的人力资源（主要指运动员）投入，而且还需要相当的场地设施做保障，而全运会上却最多设男女各1枚金牌，投入产出不成比例。因此，许多地区纷纷把球类集体项目的省一级代表队砍掉。在省队的示范下，各级体校也相继作出调整。这种急功近利的做法造成部分球类集体项目后备人才匮乏。20世纪90年代初期，全国各省市区的专业篮球队由27支锐减至10支左右。进入90年代，全国排球队伍由80年代前后的30多支锐减到10多支，目前全国一线专业男、女球员仅有814人，各级各类体校在训人员总计为3385人。垒球和棒球项目等因起步晚、群众基础差，后备力量极其缺乏，梯队建设也没有做好，很多地方队面临青黄不接甚至被迫解散的局面。

为了改变这种状况，促进球类集体项目的发展，国家体委从1997年第8届全运会开始，在竞赛规程中对球类集体项目奖励和计分办法作了调整和改革。为了鼓励足球、篮球、排球、手球、曲棍球、棒垒球和水球等集体项目的开展，对足球、篮球、排球项目奖励前12名，并按26、22、20、18、16……4、2计分；手球、曲棍球、棒垒球项目奖励前8名（按26、22……12、10计分）。同时，对获得足球、篮球、排球、手球、曲棍球、棒垒球、水球项目前3名的队分别各按2枚金（银、铜）牌计算。到第10届全运会时，对水球、曲棍球、棒垒球、水球项目的奖励名次扩大到了前12名。

地方的省运会、市运会、区运会的奖励和计分条款，都在不同程度上依据全运会奖励和计分办法的变化进行了调整，使之与全运会奖励和计分办法改革相一致。这种地方运动会与全运会奖励和计分办法改革的一致性，在一定程度上，保证了地方和国家竞技体育利益的统一，有利于实现国家的竞技体育战略目标。

思考题

1. 简要分析竞赛规程的作用。
2. 简要分析竞赛规则与规程的异同。
3. 任选一运动项目，制定一份竞赛规程。

（刘　建）

第十五章 常用竞赛方法

任何竞技项目比赛的运动成绩，都是由运动员在比赛中的表现、对手在比赛中的表现，以及竞赛结果的评定行为这三方面因素所决定。其中，比赛结果的评定行为包括竞赛规则、评定手段及裁判员的道德与业务水平三个方面。毋庸置疑，竞赛方法对上述三个方面都直接或间接地产生影响，因为任何竞技项目的比赛都必须由具体的比赛方法来实现最终竞技名次的排定。在重大国际比赛中，除了运动员的优异表现备受瞩目外，具体的比赛方法也受到运动员、教练员的高度重视，运动员或运动队的竞技表现和状态的调控将会因比赛方法的不同而迥然有异。因此，教练员和运动员必须了解和掌握不同的竞赛方法。

第一节 循环赛制

循环赛主要包括单循环赛、双循环赛和分组循环赛三种比赛形式。根据不同性质的比赛，可以采用不同的循环赛形式以达到举办不同比赛的目的。在各种形式的循环赛中，单循环赛制最能反映出循环赛制的特点和本质。同时，单循环赛制也是各种运动竞赛中最常采用的方法。

一、单循环赛制

使参加竞赛的各队或运动员之间都相互比赛一次，称为单循环赛。单循环赛的优缺点见表22。

表22 单循环赛制优缺点

优 点	缺 点
• 所有参赛选手彼此之间都要进行比赛，因此最后的排名非常可靠	• 需要进行很多场比赛
• 种子编排并不特别重要	• 出现许多实力悬殊的比赛
• 能高效地利用多个比赛场地	
• 没有一个人被淘汰	
• 竞赛秩序非常重要	
最佳利用：联赛和最后排名十分重要的赛事	

在单循环赛中，各队（或运动员）均出场比赛一次，称为"一轮"。每两名队员之间比赛一次，称为一场。

单循环赛场数的计算公式：总场数$=\dfrac{n(n-1)}{2}$，n 为参赛队数或人数。

单循环赛轮数的计算：n 为偶数时，轮数＝n－1；

如 6 个队参加比赛，轮数＝6－1＝5。

n 为奇数时，轮数＝n；

如 7 个队参加比赛，轮数＝7。

（一）单循环赛制的比赛秩序

为使竞赛获得最佳效果，解决比赛秩序中机会不均等情况，确定较理想的单循环竞赛秩序，有以下几种办法：

1. 左上角固定"1 号位"的逆时针轮转法

这种轮转方法是把 1 号位固定在左上角不动，其他号位每轮逆时针方向轮转一个位置，即可排出下一轮全部轮次的比赛秩序，例如，8 个队参加比赛排法如表 23。

表 23　左上角固定"1 号位"的逆时针轮转法的比赛秩序

第一轮	第二轮	第三轮	第四轮	第五轮	第六轮	第七轮
1——8	1——7	1——6	1——5	1——4	1——3	1——2
2——7	8——6	7——5	6——4	5——3	4——2	3——8
3——6	2——5	8——4	7——3	6——2	5——8	4——7
4——5	3——4	2——3	8——2	7——8	6——7	5——6

如参赛队数（人数）是奇数时，用"0"补成双数进行上述轮转，与"0"相遇的队该轮轮空，即该场不比赛，如 7 个队参加比赛排法如表 24。

表 24　左上角固定"1 号位"的逆时针轮转法的比赛秩序（轮空）

第一轮	第二轮	第三轮	第四轮	第五轮	第六轮	第七轮
1——0	1——7	1——6	1——5	1——4	1——3	1——2
2——7	0——6	7——5	6——4	5——3	4——2	3——0
3——6	2——5	0——4	7——3	6——2	5——0	4——7
4——5	3——4	2——3	0——2	7——0	6——7	5——6

"逆时针轮转法"的特点是保证了各队（选手）比赛进度的一致；最可能成为冠军决赛的比赛安排在整个比赛秩序的最后一轮，使比赛在最后阶段进入高潮。最强队"1"（选手）的比赛对手实力由弱到强，最强的一个对手"2"（选手），在最后一轮相遇，在理论上体现了对最强队的照顾；各轮比赛强弱的搭配相当均匀。

此种编排方法的优点非常突出，但也存在着一些问题，如当参赛队为较大的奇数时，号码为"n-1"的参赛者或参赛队从第四轮起，每轮比赛将与上一轮比赛的轮空队进行比赛，直至比赛结束。显然，这种比赛秩序如出现在对抗激烈，体能要求较高的项目比赛中，竞赛秩序上的不平等将格外引人注目。

2．左上角固定"1号位"的顺时针轮转法

在这种轮转方法中，先确定最后一轮的比赛，再固定1号位，其他位置按"顺"时针轮转一个号位，倒推出各轮的比赛秩序（表25）。

表25　左上角固定"1号位"的顺时针轮转法的比赛秩序

第一轮	第二轮	第三轮	第四轮	第五轮	第六轮	第七轮
1——4	1——6	1——8	1——7	1——5	1——3	1——2
2——6	4——8	6——7	5——8	7——3	5——2	3——4
3——8	2——7	4——5	6——3	8——2	7——4	5——6
5——7	3——5	2——3	4——2	6——4	8——6	7——8

"顺时针轮转法"的特点是在最后一轮安排了四场实力最接近的比赛，使比赛在最后一轮走向最高潮，但也存在各轮比赛强弱搭配不均匀这样明显的缺陷。这种方法在乒乓球比赛中有时也被采用。

3．左上角固定"轮空"号位的逆时针轮转法

在此种方法中，当参赛队为奇数时，"轮空"号位即"0"号位被固定在左上角，其他号位每轮逆时针方向轮转一个位置，即排出下一轮全部轮次的比赛秩序。表26是9支队参加比赛的比赛秩序。

表26　左上角固定"轮空"号位的逆时针轮转法的比赛秩序

第一轮	第二轮	第三轮	第四轮	第五轮	第六轮	第七轮	第八轮	第九轮
0—9	0—8	0—7	0—6	0—5	0—4	0—3	0—2	0—1
1—8	9—7	8—6	7—5	6—4	5—3	4—2	3—1	2—9
2—7	1—6	9—5	8—4	7—3	6—2	5—1	4—9	3—8
3—6	2—5	1—4	9—3	8—2	7—1	6—9	5—8	4—7
4—5	3—4	2—3	1—2	9—1	8—9	7—8	6—7	5—6

在这种轮转方法中,比赛将不会出现"左上角固定的逆时针轮转法"中奇数队参赛时,"n-1"号码队与上轮轮空队比赛的情况,但这种方法也有其本身具有的一些缺点:其一,对"1"号队或队员的安排不是特别恰当,"1"号队在最后一轮的轮空使比赛的精彩程度大打折扣,其二,比赛的结束阶段,即最后一轮的比赛秩序不能使最后比赛达到高潮,实力接近的比赛不多,大多是实力较为悬殊的比赛,冷清收场绝对不是比赛主办方所期望的。

如果参赛队是偶数,那么这种比赛方法与"左上角固定的逆时针轮转法"完全一样。

4. 右上角固定"轮空"号位或"最大"号位的逆时针轮转法

当参赛队是偶数时,将最大号固定在右上角,采用逆时针轮转依次排出后面的比赛秩序。以 6 支队为例,其比赛秩序如表 27。

表 27 右上角固定"最大"号位的逆时针轮转法的比赛秩序

第一轮	第二轮	第三轮	第四轮	第五轮
1——6	5——6	4——6	3——6	2——6
2——5	1——4	5——3	4——2	3——1
3——4	2——3	1——2	5——1	4——5

当参赛队是奇数时,将"0"号固定在右上角,采用逆时针轮转依次排出后面的比赛秩序。以 7 支队为例,其比赛秩序如表 28。

表 28 右上角固定"轮空"号位的逆时针轮转法的比赛秩序

第一轮	第二轮	第三轮	第四轮	第五轮	第六轮	第七轮
1——0	7——0	6——0	5——0	4——0	3——0	2——0
2——7	1——6	7——5	6——4	5——3	4——2	3——1
3——6	2——5	1——4	7——3	6——2	5——1	4——7
4——5	3——4	2——3	1——2	7——1	6——7	5——6

在这种轮转方法中,比赛也不会出现"左上角固定逆时针轮转法"中奇数队参赛时,"n-1"号码队与上轮轮空队比赛的情况,这种安排使各队比赛秩序的排定较为均衡。在羽毛球"汤姆斯杯"和"尤伯杯"比赛中,国际羽联采用的循环赛制的比赛秩序就是以这种轮转为基本依据,不同之处只在比赛轮次和表述的形式上有所变化,其比赛秩序如表 29 所示。

表29 羽毛球汤姆斯杯、尤伯杯比赛秩序

第一轮	第二轮	第三轮	第四轮	第五轮	第六轮	第七轮
1——2	1——3	1——4	1——5	1——6	1——7	1——8
3——7	2——8	2——3	2——4	2——5	2——6	2——7
4——6	4——7	5——7	3——8	3——4	3——5	3——6
5——8	5——6	6——8	6——7	7——8	4——8	4——5

另外,在国际象棋、中国象棋和围棋比赛的循环比赛中,对局秩序的最基本来源也出自于右上角固定"轮空"号位,或"最大"号位的逆时针轮转法,只是在列表形式和具体的说明上有所不同。例如,在竞赛规则的附录中具体表述为"首尾相接,末号摆动,邻近相对,号前执先"。表30为棋类项目的一个对局秩序表。

表30 棋类项目比赛对局秩序表

第一轮	第二轮	第三轮	第四轮	第五轮	第六轮	第七轮
1——0	0——5	2——0	0——6	3——0	0——7	4——0
2——7	6——4	3——1	7——5	4——2	1——6	5——3
3——6	7——3	4——7	1——4	5——1	2——5	6——2
4——5	1——2	5——6	2——3	6——7	3——4	7——1

分析表29和30,不难看出两表在轮转的方法上完全一致,只是在比赛的轮次上有所变化。

排球比赛中较常使用的"贝格尔"编排方法的轮转依据也同于右上角固定"轮空"号位,或"最大"号位的逆时针轮转法,如表31所示。

表31 贝格尔编排法比赛秩序

第一轮	第二轮	第三轮	第四轮	第五轮	第六轮	第七轮
1——8	8——5	2——8	8——6	3——8	8——7	4——8
2——7	6——4	3——1	7——5	4——2	1——6	5——3
3——6	7——3	4——7	1——4	5——1	2——5	6——2
4——5	1——2	5——6	2——3	6——7	3——4	7——1

(二) 单循环赛制的名次计算

各类竞赛项目单循环赛制名次计算的焦点,主要集中在对积分计算、相同积分名次计算和弃权处理三个方面。

1. 积分计算

如表32所示,在这些项目中,足球和曲棍球的积分方法迥然不同于其他竞赛项目，胜一场将全取 3 分，胜场的总分值 3 分大于平场总分值 2 分，这样的积分手段无疑提高了胜场的价值，使获胜场次较多的队在最后的积分中处于有利地位，其目的在于鼓励积极比赛，提高比赛的激烈度和精彩度。

表 32 部分竞赛项目积分办法

项目	积分方法
乒乓球	胜一场 2 分　负一场 1 分　弃权 0 分
羽毛球	胜一场 1 分　负一场 0 分
网球	胜一场 1 分　负一场 0 分
排球	胜一场 2 分　负一场 1 分
足球	胜一场 3 分　平一场 1 分　负一场 0 分
篮球	胜一场 2 分　负一场 1 分　弃权 0 分
手球	胜一场 2 分　平一场 1 分　负一场 0 分
曲棍球	胜一场 3 分　平一场 1 分　负一场 0 分
水球	胜一场 2 分　负一场 0 分

2. 相同积分名次计算

如表 33 所示，不同的竞赛项目由于各项目的属性、特点以及对本项目竞赛的认识不同，在相同积分队的比较范围和计算方式上有所不同，但其目的相同，即都是为了更加公平、合理的决出这些运动员或运动队的排名顺序。

表 33 部分竞赛项目相同积分比较

项目	比较范围	计算方式
乒乓球	相互间比赛成绩	i. 胜值　ii. 胜负比率（胜/负）
羽毛球	全部比赛成绩	胜负差值
网球	全部比赛成绩	i. 胜负差值　ii. 胜负比率（胜/胜＋负）
排球	全部比赛成绩	胜负比率（胜/负）
足球	i. 相互间比赛成绩	i. 胜值
	ii. 全部比赛成绩	ii. 胜负差值
篮球	i. 相互间比赛成绩	i. 胜值
	ii. 全部比赛成绩	ii. 胜负比率（胜/负）
手球	i. 相互间比赛成绩	i. 胜值
	ii. 全部比赛成绩	ii. 胜负差值
曲棍球	i. 全部比赛成绩	i. 胜值
	ii. 相互间比赛成绩	ii. 胜负差值
水球	相互间比赛成绩	胜负差值

3. 弃权的处理

在各种竞赛项目中，主要是由于以下两种原因出现弃权缺赛现象，第一，因各种不正当理由和延误时间等缺席比赛；第二，因受伤、生病等身体原因缺席比赛。从表34中可以看出，不同竞赛项目对弃权的处理不完全相同。对个人项目如乒乓球弃权的处理就较为宽松，弃权的运动员或运动队能参加最后的名次排定，且对弃权的次数没有具体的限定。但是，在排球、手球等集体项目中，对弃权的处理则非常严格，弃权后将被取消全部比赛成绩。

表34 部分竞赛项目弃权处理方法

项　目	弃权处理办法
乒乓球	弃权得0分，参加最后名次的排定
排　球	弃权取消全部比赛成绩
篮　球	弃权得0分，再次弃权名次排末位
手　球	弃权取消全部比赛成绩
水　球	弃权判定对方5比0获胜

4. 乒乓球单循环赛计算名次示例

有A、B、C、D、E、F、G、H、I 9支队参加乒乓球男子团体比赛，其比赛成绩见表35，请计算出各队的比赛名次。

表35 各队团体比赛成绩

	A	B	C	D	E	F	G	H	I	积分	比率	名次
A		3:2	3:1	3:0	3:1	3:0	3:1	3:2	3:0			
B	2:3		3:2	3:1	3:1	2:3	1:3	0:3	3:0			
C	1:3	2:3		3:1	1:3	3:2	0:3	1:3	3:1			
D	0:3	1:3	1:3		3:0	3:2	3:1	3:2	3:0			
E	1:3	1:3	3:1	0:3		3:0	3:1	2:3	3:2			
F	0:3	3:2	2:3	2:3	0:3		3:1	3:0	3:1			
G	1:3	3:1	3:0	1:3	1:3	1:3		3:1	3:2			
H	2:3	3:0	3:1	2:3	3:2	0:3	1:3		3:1			
I	弃权	0:3	1:3	0:3	2:3	1:3	2:3	1:3				

步骤提示

（1）胜一场得2分，输一场得1分，未出场比赛或完成比赛输的场次得0分，名次根据获得的场次分数决定。

（2）如两个或更多的成员得分数相同，他们的名次按其相互之间比赛的成绩决定。

——计算他们之间获得的场次分数。

——如场次分数相同，再根据需要计算个人比赛场次（团体赛）、局和分的胜负比率。

（3）在任何阶段已经决出一个或更多成员的名次后，而其他成员得分依然相同，为决定相同分数成员的名次，根据（1）和（2）条程序计算时应删除已决定出名次的成员的比赛成绩。

（4）如按照（1）～（3）条所规定的程序，仍不能决定某些队（人）的名次时，这些队（人）的名次将由抽签决定。

计算实施

（1）计算各队的场次分数

根据积分可以确定：A队8场比赛全胜积16分，为第1名；I队8场比赛全负，其中一场弃权，积7分，为第9名；D队胜5场负3场积13分，名列第2名；C队胜3场负5场积11分，名列第8名；B、E、F、G、H 5队都是胜4场负4场，积12分，为第3～7名，见表36。

表36　9支队团体比赛积分及部分名次的确定

	A	B	C	D	E	F	G	H	I	积分	名次
A		3:2	3:1	3:0	3:1	3:0	3:1	3:2	3:0	16	1
B	2:3		3:2	3:1	3:1	2:3	1:3	0:3	3:0	12	3～7
C	1:3	2:3		3:1	1:3	3:2	0:3	1:3	3:1	11	8
D	0:3	1:3	1:3		3:0	3:2	3:1	3:2	3:0	13	2
E	1:3	1:3	3:1	0:3		3:0	3:1	2:3	3:2	12	3～7
F	0:3	3:2	2:3	2:3	0:3		3:1	3:0	3:1	12	3～7
G	1:3	3:1	3:0	1:3	1:3	1:3		3:1	3:2	12	3～7
H	2:3	0:3	3:1	2:3	3:2	0:3	1:3		3:1	12	3～7
I	弃权	0:3	1:3	0:3	2:3	1:3	2:3	1:3		7	9

（2）计算B、E、F、G、H 5队之间相互比赛的场次分数

F队胜3场负1场，积7分，列第3名；B队胜1场负3场，积5分，列第

7名；E、G、H3队均为胜2场负2场，积6分，列4～6名，见表37。

表37 5支队积分及部分名次的确定

	B	E	F	G	H	积分	名次
B		3∶1	2∶3	1∶3	0∶3	5	7
E	1∶3		3∶0	3∶1	2∶3	6	4～6
F	3∶2	0∶3		3∶1	3∶0	7	3
G	3∶1	1∶3	1∶3		3∶1	6	4～6
H	3∶0	3∶2	0∶3	1∶3		6	4～6

(3) 计算E、G、H3队之间相互比赛的场次分数

三队均为胜1场负1场，积3分，需要进一步计算他们之间的场次胜负比率，见表38。

表38 3支队积分、比率及名次的确定

	E	G	H	积分	场数胜负比率	名次
E		3∶1	2∶3	3	5/4＝1.25	4
G	1∶3		3∶1	3	4/4＝1	5
H	3∶2	1∶3		3	4/5＝0.8	6

(4) 计算E、G、H3队之间相互比赛的场数胜负比率

根据场数胜负比率可以确定，E队胜5场负4场，胜负比率为1.25，为第4名；G队胜4场负4场，胜负比率为1，为第5名；H队胜4场负5场，胜负比率等于0.8，为第6名。

至此，9队的比赛名次全部算出，A队为第1名，D队为第2名，F队为第3名，E队为第4名，G队为第5名，H队为第6名，B队为第7名，C队为第8名，I队为第9名。

二、双循环赛制

参加比赛的各队或运动员之间相互比赛两次即为双循环赛。在参赛队伍较少，以锻炼队伍、增进交流和磨炼技战术能力时可以使用。

双循环赛能使各队有较多的比赛机会，比赛结果能真实地反映出各参赛队或运

动员的技战术水平，但比赛的场次较多，对比赛场地和比赛的时间要求较高。

双循环赛分为两个阶段，由两次单循环比赛构成。第二次循环的比赛秩序可以与第一次循环的秩序完全相同，也可根据第一次比赛的成绩重新排定比赛秩序，即采用"抽签"的办法确定各比赛队伍在第二循环中的比赛序号，然后按照排定的比赛秩序进行比赛。最后的名次排定需要对两轮循环赛的比赛积分进行计算。以6支队为例，双循环赛制的比赛秩序如表39。

表39 双循环比赛秩序

	第一轮	第二轮	第三轮	第四轮	第五轮
第一次循环	1——6	1——5	1——4	1——3	1——2
	2——5	6——4	5——3	4——2	3——6
	3——4	2——3	6——2	5——6	4——5
第二次循环	1——6	1——5	1——4	1——3	1——2
	2——5	6——4	5——3	4——2	3——6
	3——4	2——3	6——2	5——6	4——5

三、分组循环赛制

如在参赛队数较多，但最后排名又十分重要的情况下，用单循环比赛则不能达到较理想的效果。克服其局限性可采用分小组的办法，使每个小组的队数减少到可以接受的数量（表40）。

表40 分组循环赛制优缺点

优　　点	缺　　点
• 比单循环赛所需的比赛场次要少 • 较能合理择优	种子不易选择与定位
最佳利用：联赛和最后排名十分重要，且时间和场地受限的赛事	

（一）分组不分阶段的循环赛

一种是采用等级制比赛，即按照技术水平划分为若干等级进行分组循环赛。例如，40支队参加一次比赛，将这40支队按技术水平的高低，分成甲、乙、丙、丁4个级别，每个级别10支队，比赛只在同一级别内进行，共需180场比赛。如果40支队进行单循环比赛，则需780场比赛。

另一种是分区比赛，即按地区进行分组，划为若干组别进行分组循环赛。例如，把 30 支队分成 4 个赛区，每赛区 7~8 支队，各自进行循环赛。比赛分别在各个赛区进行，各赛区比赛结束，整个分区赛亦宣告结束。7 支队的赛区总比赛场次为 $7 \times 6/2 = 21$ 场；8 支队的赛区为 $8 \times 7/2 = 28$ 场。4 个赛场总场数为：$21 \times 2 + 28 \times 2 = 98$。如果 30 支队整体单循环则需要场次 $30 \times 29/2 = 435$ 场。

（二）分组又分阶段的循环赛

用分组循环赛的方法，把比赛分为两个阶段或更多阶段，可以用比较少的比赛场数完成所有阶段比赛，同时产生所有参赛队的名次。例如，30 支参赛队参加比赛，第一阶段分 8 个组进行单循环赛，第二阶段由第一阶段比赛各小组同名次的队重新组成 4 个组，进行分组循环，决出 30 支队的全部排名。全部比赛共需 141 场比赛，而 30 支队单循环则需 435 场。

第二节 淘汰赛制

淘汰赛制是一种非常古老的竞赛方法，早在第 18 届古奥运会的摔跤比赛中，其比赛方法就具备了淘汰制的雏形。淘汰赛制在对抗性竞赛中最为常用，是极为重要的一种竞赛方法。淘汰赛分为单淘汰赛和双淘汰赛两种。

一、单淘汰赛

所谓单淘汰，就是运动员（队）按排定的秩序由相邻的两名参赛者进行比赛，胜者进入下一轮，负者淘汰，直到唯一一名未被淘汰的参赛者，就成为这次竞赛的冠军。

表 41 单淘汰赛优缺点

优　点	缺　点
• 组织形式容易被人理解	• 每名参赛者只能保证有一次参赛机会
• 适合于有大量参与者的比赛	• 正确的种子编排难度较大
• 比赛场次少	• 不能最大限度地利用多个比赛场地
• 比赛场地少	

以 16 人参加乒乓球比赛为例，单淘汰赛的比赛秩序见图 14。

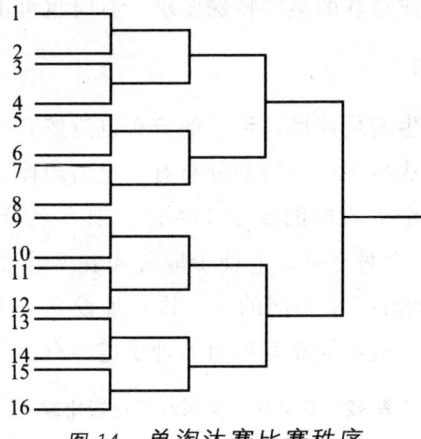

图 14　单淘汰赛比赛秩序

淘汰赛竞赛方法的对抗性强、吸引力大和竞赛效率高的基本属性，符合体育竞赛的特点和要求，但也存在合理性差、偶然性大、不完整性等严重缺陷。为了使淘汰赛具有更强的生命力，必须采用相应手段克服这些缺陷。

（一）单淘汰赛合理性差的缺陷及其相应对策

单淘汰赛采用设定"种子"选手的办法来克服其合理性差的缺陷。

1. 确定种子和种子序号的原则

种子和种子序号应根据技术水平确定，技术水平的最直接依据是运动员（队）的比赛成绩。运动员比赛成绩可参照以下一些相关原则。

（1）小比赛的成绩服从大比赛的成绩。
（2）低水平比赛的成绩服从高水平的成绩。
（3）远期比赛的成绩服从近期比赛的成绩。
（4）团体赛中单打场次的成绩服从单打项目的成绩。
（5）世界比赛的种子可根据最新的世界优秀选手电脑排名表确定。

2. 种子数目的确定

种子数目应根据参加比赛的队数和人数的多少来确定。当单项比赛采用淘汰赛时，种子数目应为 2 的乘方数。一般情况下，选用 16 个号码位置时设立 2 个种子；选用 32 个号码位置时设立 4 个种子；选用 64 个号码位置时设立 8 个种子；选用 128 个号码位置时设立 16 个种子。设立种子数太多或太少都会影响竞赛结果的合理性。

根据不同的竞赛，或竞赛的某些特殊要求，有时也可不设种子。

3．种子位置的分布

根据单淘汰名次产生的规律性，种子的分布也应按其序号合理地进（抽）入不同的"区"内。单淘汰赛比赛成绩的分布有一定的规律，冠亚军分别产生于上下半区；前4名分别产生于不同的4个1/4区，前8名分别产生于不同的8个1/8区。因此，如设立2个种子，2个种子应分布在2个不同的半区；如设立4个种子，4个种子应分布在4个不同的1/4区；如设立8个种子，8个种子应分布在8个不同的1/8区。但不同竞赛项目的种子进位有所不同（表42）。

表42　乒乓球、网球种子位置比较

1/8区	1	2	3	4	5	6	7	8
号码位置	1－8	9－16	17－24	25－32	33－40	41－48	49－56	57－64
乒乓球	(1)	(8)	(5)	(4)	(3)	(6)	(7)	(2)
网　球	(1)	(8)	(4)	(5)	(6)	(3)	(7)	(2)

从表42的阴影部分可以看出乒乓球和网球的部分种子位置有所不同。第1、2号种子进位相同，分别在上半区的顶部和下半区的底部。3、4号种子和5~8号种子的进位则有不同之处，乒乓球的3、4号种子抽签进入偶数1/4区的底部和奇数1/4区的顶部，网球的3、4号种子抽签则进入偶数1/4区的顶部和奇数1/4区的底部。乒乓球的5~8号种子抽签进入偶数1/8区的底部和奇数1/8的顶部，网球的5~8号种子抽签则进入偶数1/8区的顶部和奇数1/8区的底部。虽然乒乓球和网球的3、4号种子和5~8号种子最后的定位完全不一样，但每个种子都进入相应的1/4区和1/8区，而且两个项目比赛的1/2区和1/4区的种子实力序号之和相等。这样的种子位置均体现了种子合理分开和单淘汰赛名次产生的特点。

（二）单淘汰赛位置、名次不完整性的缺陷及其相应对策

1．设置"轮空""抢号"位置

通过设置"轮空"或"抢号"，使第一轮比赛的号码位置数正好是2的某次乘方数，可克服单淘汰赛秩序的不完整性。

（1）轮空：所谓轮空，就是某个选手在不经过与另一名选手角逐的情况下，不战而胜,自动升一级。没有运动员的号码位置称为"轮空位置"。"某选手轮空"是指选手在该轮比赛没有对手,他的对手位置是轮空位置。轮空位置在2号时,1号选手轮空。

(2) 选择号码位置数:应根据参赛人(对)数选择最接近的、较大的2的乘方数作为安排竞赛秩序的号码位置数。较常用的号码位置数有16、32、64、128。

(3) 轮空位置数:轮空位置数=号码位置数-运动员人(队)数。

(4) 确定轮空位置:轮空位置应均匀地分布在各个区内。在种子与非种子之间,种子优先轮空;在种子内部,种子序号在前的优先轮空。轮空位置号码可查轮空位置表(表43)。

表43 轮空位置表

2	255	130	127	66	191	194	63	
34	223	162	95	98	159	226	31	
18	239	146	111	82	175	210	47	
50	207	178	79	114	143	242	15	
10	247	138	119	74	183	202	55	
42	215	170	87	106	151	234	23	
26	231	154	103	90	167	218	39	
58	199	186	71	122	135	250	7	
6	251	134	123	70	187	198	59	
38	219	166	91	102	155	230	27	
22	235	150	107	86	171	214	43	
54	203	182	75	118	139	246	11	
14	243	142	115	78	179	206	51	
46	211	174	83	110	147	238	19	
30	227	158	99	94	163	222	35	
62	195	190	67	126	131	354	3	

(5) 查表方法:按轮空位置数目,依次(逐行由左至右)摘出小于比赛位置数的号码,即为轮空位置号码。例如,59人参加比赛,应选用64个号码位置,有5个轮空位置,依次从左向右摘出小于64的5个号码——2、63、34、31、18即为轮空位置号码。

(6) 抢号:如参加比赛的人(队)数稍大于2的某次方数,使用轮空法则会出现过多的轮空位,在实际操作时会感到不便。在这种情况下,一种变通方法产生了,即"抢号"的方法。在某一个号码位置上同时安排两名(队)运动员,比赛的胜者即抢得该号码位置。经一轮抢号比赛后余下的运动员人数正好为2的某次乘方数。

（7）选择号码位置数：单淘汰赛中采用抢号办法时根据参加比赛的人（队）数，选择最接近的、较小的 2 的乘方数作为号码位置数，如 67 名运动员参加比赛，应当选用 64 个号码位置，而不采用 128 个号码位置。

（8）抢号数目：抢号数目＝运动员人（队）数－号码位置数。

（9）抢号位置："抢号"和"轮空"的区别完全是形式上的，没有任何实质性的变化，仅是处理的技术方法有所不同。因此，抢号位置的号码可直接从"轮空位置表"中查得，69 名运动员参加比赛，应选用 64 个号码位置数，有 5 个抢号位置，在"轮空位置"表中从"左至右"依次摘出小于 64 的 5 个号码——2、63、34、31、18，即为抢号位置号码。

2．合理使用"附加赛"

单淘汰比赛可利用"附加赛"技术，排出竞赛所需的全部名次。比赛方法是每一轮的胜者与胜者，负者与负者之间进行比赛，直至排出竞赛所需确定的名次顺序。

例如，竞赛要求排出前 8 名运动员的名次顺序，即另需在前 8 名运动员中安排附加赛。秩序表见图 15。

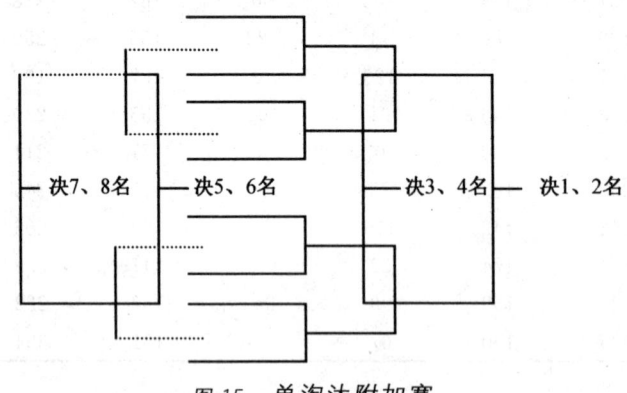

图 15　单淘汰附加赛

（三）单淘汰赛机遇性强的缺陷及其相应对策

单淘汰赛常使用"抽签"技术克服机遇性强的缺陷。"抽签"是一种以机遇对机遇的对策性措施，它将使每个运动员有相同的机会面临可能的机遇，以保证竞赛的合理性。

单淘汰赛抽签要解决的主要问题是，第一，对种子运动员或运动队的抽签；第二，对非种子运动员抽签的目的是使同队队员合理分开，包括非种子运动员分区和定位两个步骤。

二、双淘汰赛

运动员按编排的秩序进行比赛，失败两场即被淘汰，最后失败一场为亚军，不败者为冠军，这种比赛方法称为双淘汰赛。双淘汰赛的优缺点见表44。

表44　双淘汰赛优缺点

优　点	缺　点
• 保证每名参赛者至少参赛两场 • 失败过一次的参赛者依然可能赢得冠军 • 种子编排并不十分重要 • 比赛场地要求少 • 比单淘汰制更能衡量参赛者的水平	• 某些参赛者要参加很多比赛，某些则很少 • 需要多个轮次才能结束比赛

双淘汰赛的轮数、场数计算：

轮数＝n+(2n-2)+1=3n-1，n为指数；

场数＝(x-1)×2（x为参赛人数）。

例如8人参加比赛，选用8个号码位置数，指数为3

则　轮数＝3×3-1=8轮

　　场数＝(8-1)×2=14场

双淘汰赛的比赛秩序如图16所示：

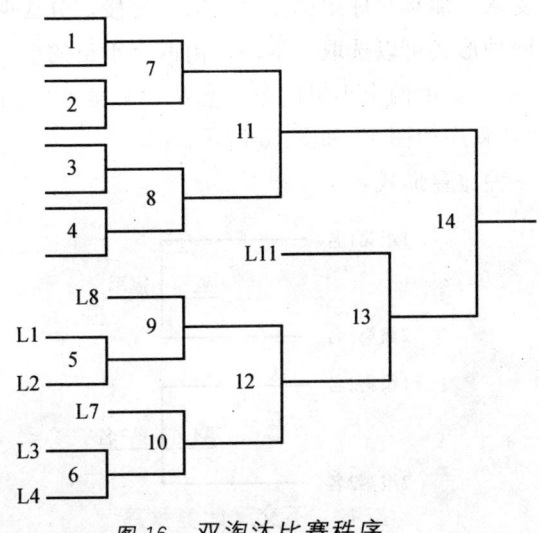

图16　双淘汰比赛秩序

第三节 混合赛制

一次竞赛中同时利用循环制和淘汰制称为混合制。在对抗性竞赛中,更多的项目采用淘汰赛制和循环赛制相结合的混合制,不仅使比赛更加精彩激烈,也使比赛最后的名次排定愈加合理。

一、先淘汰后循环

先采用单淘汰赛的方法,将大多数或绝大多数的队(运动员)淘汰,最后剩下少数优秀队(运动员)再进行单循环赛。这种竞赛办法可使少数优秀队(运动员)得到更多的锻炼,或对他们进行更好地选拔。在参赛人数和队数较多的时候可以采用这种方法进行比赛。

二、先循环后淘汰

整个竞赛分为两个阶段:第一阶段,将参加比赛的队(运动员)分成若干小组,分组进行单循环赛;第二阶段,由各个小组相应的同名次进行单淘汰赛,决出部分或全部名次。这种竞赛办法,不仅可以有效地控制整个竞赛总量和各队(运动员)比赛强度,而且能使竞赛在最后阶段逐步推向高潮。

示例:有8支队参加乒乓球团体比赛。第一阶段,分成两个小组进行单循环赛。第二阶段有两种形式可以选取,第一,由两个小组的前2名交叉淘汰,决出比赛的1~4名;第二,由两个小组的第一名决出冠亚军,两个小组的第二名决出3、4名。其比赛秩序如图17和图18所示。

第二阶段第一种比赛形式:

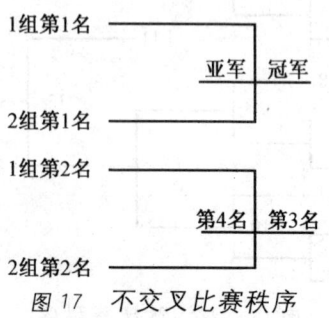

图17 不交叉比赛秩序

第二阶段第二种比赛形式：

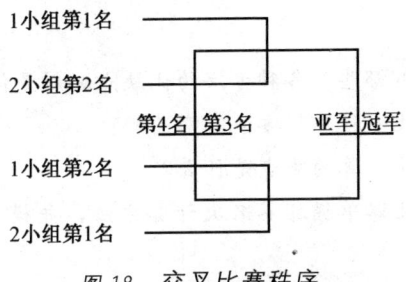

图18 交叉比赛秩序

目前第二种比赛形式使用最多。与第一种相比较，第二种交叉淘汰增加了一轮比赛，使比赛的进程具有立体感，更重要的是使更多的高水平队伍或优秀运动员有机会参与到冠军的争夺战中，使比赛更加具有悬念，激烈程度大大增加。但采用这种混合制需要注意的是，如果小组前两名出线，在小组的比赛秩序安排中，应使小组中比赛序号为2和3的两队在最后一轮进行比赛，以保持比赛的公平性。

三、循环结合佩寄制

在先循环后淘汰的比赛中，运动员（队）为了在淘汰赛中选择有利于自己的对手，可能会在某些场次出现"让球"现象。采用循环赛结合佩寄制可在一定程度上防止这种问题，佩寄制比赛秩序见图19。

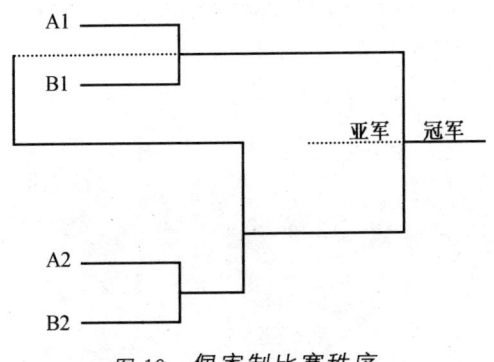

图19 佩寄制比赛秩序

思考题

1. 常用竞赛方法有哪些？各种方法的优缺点分别是什么？
2. 单循环赛确定比赛秩序的方法有哪几种？
3. 单循环比赛名次计算的难点是什么？
4. 查阅一种球类比赛单循环赛名次计算方法，并模拟一次比赛结果计算比赛名次。
5. 单淘汰赛有哪些缺陷，克服它们的具体方法有哪些？
6. 一般在什么情况下，比赛将采用混合赛制？

（李　林）

参 考 文 献

[1] 罗伯特·路威. 文明与野蛮 [M]. 吕叔湘, 译. 北京: 三联书店, 2005.

[2] 哈肯·史密斯. 西洋体育史 [M]. 周恃天, 译. 北京: 人民体育出版社, 1987.

[3] 康罗·洛伦兹. 攻击与人性 [M]. 王守珍, 吴月娇, 译. 北京: 作家出版社, 1987.

[4] 冯·克劳塞维茨. 战争论 [M]. 中国人民解放军军事科学院, 译. 北京: 解放军出版社, 1964.

[5] 田麦久, 武福全, 等. 运动训练科学化探索 [M]. 北京: 人民体育出版社, 1988.

[6] 马特维也夫. 竞技运动理论 [M]. 姚颂平, 译. 上海: 华东理工大学出版社, 1997.

[7] 田麦久. 论运动训练过程 [M]. 成都: 四川教育出版社, 1988.

[8] 田麦久, 等. 项群训练理论 [M]. 北京: 人民体育出版社, 1998.

[9] 杨桦, 等. 竞技体育实战制胜案例 [M]. 北京: 北京体育大学出版社, 2006.

[10] 李少丹, 等. 运动竞赛学 [M]. 北京: 北京体育大学出版社, 2005.

[11] 郑幸红, 等. 从女子体操规则的变化态势分析难美项群的制胜因素 [J]. 中国体育科技, 2001 (12).

[12] 谢亚龙, 王汝英, 等. 中国优势竞技项目制胜规律 [M]. 北京: 人民体育出版社, 1992.

[13] 戈炳珠, 杨尔绮. 对自由式滑雪空中技巧项目规律与特点的再认识 [J]. 中国体育科技, 2001 (1).

[14] 郭蓓. 射箭项目制胜规律探讨 [J]. 体育科研, 2006 (4).

[15] 刘建和, 等. 乒乓球教学与训练 [M]. 北京: 人民体育出版社, 2004.

[16] 孙俊. 对羽毛球运动项目制胜规律的探讨 [J]. 南京体育学院学报, 2007 (1).

[17] 陈铁成, 等. 现阶段排球运动主要制胜因素内涵及有序组合研究 [J]. 北

京体育大学学报，2004（3）.

[18] 何玲，等. 现代排球比赛主要制胜因素探悉 [J]. 北京体育师范学院学报，1995（12）.

[19] 李庆有，陈正. 我国女网历史性突破之经验与制胜因素 [J]. 中国体育教练员，2007（1）.

[20] 刘丹，等. 球类运动训练理念批判 [M]. 北京：北京体育大学出版社，2006.

[21] 刘钦龙，等. 我国女子水球竞技现状研究 [J]. 中国体育科技，2007（3）.

[22] 佟庆辉. 散打拳击技法 [M]. 北京：北京体育大学出版社，1996.

[23] 蒋云. 柔道比赛制胜内外要素的分析 [J]. 南京体育学院学报，2006（4）.

[24] 杨桦，等. 竞技体育与奥运备战重要问题的研究 [M]. 北京：北京体育大学出版社，2006.

[25] 李诚志，等. 教练员训练指南 [M]. 北京：人民体育出版社，1992.

[26] 文超，等. 田径热点论 [M]. 北京：人民体育出版社，1995.

[27] 梁子军. 对我国跳高项目制胜因素的分析 [J]. 体育与科学，2003（3）.

[28] 茅鹏. 运动训练新思路 [M]. 北京：人民体育出版社，1994.

[29] 董二为，等. 马拉松比赛制胜的关键因素（1）——现场营养科学指导 [J]. 中国体育科技，2000（5）.

[30] 朱明英，等. 中国竞技田径优势项目制胜因素探微 [J]. 聊城师院学报自然科学版，2001（3）.

[31] 柴野. 德国黑哨——体育公正形象遭扭曲 [N]. 光明日报，2005-11-25.

[32] 石岩，等. 球场观众暴力的发展趋势、研究进展与遏制策略 [J]. 体育科学，2007（1）.

[33] 穆方顺. 意大利爆出特大足球丑闻 [N]. 光明日报，2006-05-15.

[34] 宋希仁，等. 伦理学大辞典 [M]. 长春：吉林人民出版社，1989.

[35] 陈国慰，等. 再论竞技篮球运动规律 [J]. 武汉体育学院学报，2007（4）.

[36] 梁晓杰，等. 2008年奥运会我国现代五项运动制胜要素研究 [J]. 北京体育大学学报，2007（2）.

[37] 陶志翔. 持拍隔网对抗项群理论与应用成果研究 [J]. 北京体育大学学报，2007（2）.

[38] 姚颂平. 继承与弘扬马特维也夫教授的运动训练学术思想 [J]. 体育科学，2006（11）.

[39] 姒刚彦. 追求"最佳"还是强调"应对"——对理想竞技表现的重新定义

及心理训练范式改革 [J]. 体育科学, 2006 (10).
[40] 刘建和. 论运动技术的序列发展与分群演进 [M]. 北京: 北京体育大学出版社, 2006 (10).
[41] 须晓东. 现代乒乓球制胜因素探讨 [J]. 体育世界, 2006 (8).
[42] 刘钦龙, 等. 世界优秀女子水球队竞技特征研究 [J]. 中国体育科技, 2006 (4).
[43] 刘钦龙, 等. 我国男子水球运动战术应用特征研究 [J]. 中国体育科技, 2006 (3).
[44] 朱静华, 等. 更新训练理念, 提高训练效果 [J]. 田径, 2006 (3).
[45] 李金珠, 等. 中国田径优势项目制胜规律探析 [J]. 河北体育学院学报, 2006 (3).
[46] 李景林. 共通性与共同性 [J]. 齐鲁学刊, 2006 (2).
[47] 罗珍霞, 等. 21世纪初西部竞技体育发展战略及目标体系研究 [J]. 成都体育学院学报, 2006 (2).
[48] 田麦久, 等. 运动训练学 [M]. 北京: 高等教育出版社, 2006.
[49] 张超. 我国运动员注册与交流管理办法及对策研究 [D] //成都体育学院硕士研究生毕业论文, 2006.
[50] 葛会忠. 奥运战略需要全运会赛制 [N]. 中国体育报, 2005-11-19.
[51] 张欣, 等. 竞技体操、健美操、艺术体操制胜因素的研究 [J]. 西安体育学院学报, 2005 (11).
[52] 唐磊. 孙福明的眼泪 [N]. 中国新闻周刊, 2005-10-28.
[53] 范江怀, 等. 我军体育健儿在十运会上的表现与展望 [N]. 解放军报, 2005-10-25 (5).
[54] 陈敏. 协议计分的红与黑 [N]. 青年报, 2005-10-20.
[55] 王力, 等. 奥运项目有出有进 中国射击如何应对 [OL]. 新华网, 2005-10-19.
[56] 李贺普. 6角度审视全运会 [J]. 新体育, 2005 (10).
[57] 洪恩猛. 辽宁军团力争前三 访省体育局局长孙永言 [N]. 千山晚报, 2005-10-08.
[58] 梁学增. 冰舞金牌为何能花落江南 [N]. 人民日报, 2005-10-08 (7).
[59] 梁学增. 冰舞金牌为何落江南从十运花滑说"北冰南展" [N]. 黑龙江日报, 2005-09-28.
[60] 钱凯. 江苏夺十运会冰舞金牌肖天: "北冰南展"计划成功 [N]. 扬子体

育报，2005-09-26.

[61] 方玉. 十运会拳击在争议中收场 弃权率超高领导在操控？[N]. 足球-劲体育，2005-09-14.

[62] 慈鑫. 中国竞技体育承受奥运牵制之痛 [N]. 中国青年报，2005-07-18.

[63] 唐建军. 我国竞赛制度安排中的竞赛设置与竞赛约束 [J]. 北京体育大学学报，2005 (7).

[64] 宋校能，等. 浅析棒球运动在中国的发展之路 [J]. 哈尔滨体育学院学报，2005 (5).

[65] 王进. 体操难美项群制胜因素的研究 [J]. 辽宁体育科技，2005 (4).

[66] 刘建和，等. 隔网对抗类项群（乒、羽、网、排）技术和打法演进过程的初步考察 [J]. 成都体育学院学报，2005 (2).

[67] 林凯明，等. 广东省竞技体育后备人才培养的发展对策研究 [J]. 首都体育学院学报，2005 (2).

[68] 关于第28届奥运会和第19届冬奥会获得前三名成绩计入十运会参加单位奖牌数和总分数情况统计的通知 [OL]. 体总网，2005-01-04.

[69] 孔庆鹏. 竞技体育战略"同心圆"理论的研究及其在江苏的成功实践 [J]. 南京体育学院报，2005 (1).

[70] 孙汉超. 中国竞技体育的巨大进步得益于五大管理对策 [J]. 武汉体育学院学报，2005 (1).

[71] 石岩. 我国优势项目高水平运动员参赛风险的识别评估与应对 [M]. 北京：北京体育大学出版社，2005.

[72] 任海. 奥林匹克运动（体育院校通用教材）[M]. 北京：人民体育出版社，2005.

[73] 王仁周，等. 冬季奥林匹克运动（1924—2002）[M]. 北京：人民体育出版社，2005.

[74] 昱伽. 全运会之争在奥运赛场上已狼烟四起 [N]. 足球-劲体育，2004-08-30.

[75] 张黎平. 市场经济条件下我国竞赛体制改革研究 [J]. 广州体育学院学报，2004 (5).

[76] 孙杰，等. 西北地区竞技体育可持续发展的多因素分析 [J]. 西安体育学报，2004 (5).

[77] 潘惠文，等. 竞技体育人才交流与本土人才培养关系的探讨 [J]. 山东体育学院学报，2004 (4).

[78] 黄海滨. 中国竞技跆拳道运动发展与分析 [J]. 广州体育学院学报, 2004 (4).

[79] 赵鲁南. 奥运竞赛项目发展趋势的研究 [J]. 山东体育学院学报, 2004 (4).

[80] 赵鲁南, 等. 我国奥运争光计划中的奥运战略与全运战略研究 [J]. 西安体育学院学报, 2004 (4).

[81] 熊焰. 竞技状态及其特征剖析 [J]. 体育学刊, 2004 (3).

[82] 陈铁成, 等. 现阶段排球运动主要制胜因素内涵及有序组合研究 [J]. 北京体育大学学报, 2004 (3).

[83] 白成良, 等. 散打比赛应对策略探析 [J]. 成都体育学院学报, 2004 (3).

[84] 于立强, 等. 我国冰上运动项目"北冰南展"的战略研究 [J]. 上海体育学院学报, 2004 (3).

[85] 关于印发第十届全国运动会竞赛项目小项设置方案的通知（体竞字（2004）31号）2004-02-12.

[86] 俞继英, 等. 我国竞技体育人才流动和人才市场 [J]. 体育科学, 2004 (1).

[87] 汪玮琳. 运动竞赛学 [M]. 北京: 中国经济出版社, 2004.

[88] 宋全征. 中国竞技体育人才开发 [M]. 北京: 北京体育大学出版社, 2004.

[89] 国家体育总局. 体竞字（2004）27号、28号、80号、119号、158号文件. 2004.

[90] 盛昌黎在全省体育工作会议上的讲话要点 [R]. 浙江省人民政府办公厅, 2003-12-23.

[91] 金赛英. 论篮球比赛的观赏性 [J]. 体育与科学, 2003 (6).

[92] 潘勇. 论全球化与中国教育现代化 [J]. 北京大学教育评论, 2003 (4).

[93] 李行勇, 等. 对21世纪初叶西北地区体育发展战略的多元思考与对策研究 [C] //体育软科学研究成果, 2003 (7).

[94] 罗雁. 广西省谢向东谈区十运会五大特点 [N]. 桂林日报, 2003-06-09.

[95] 刘菁. 田径新赛制下制定训练计划的科学性 [J]. 西安体育学院学报, 2003 (5).

[96] 赵景来. 文化全球化研究论略 [J]. 当代世界与社会主义, 2003 (5).

[97] 曾理. 全球化下的奥林匹克运动利益审视 [J]. 体育学刊, 2003 (5).

[98] 姚侠文等. 难美技能类体育项目技术创新理论研究 [J]. 北京体育大学学

报，2003（4）.

[99] 陈小平. 对马特维也夫"训练周期"理论的审视 [J]. 中国体育科技，2003（4）.

[100] 许琦，等. 对马特维也夫运动训练分期理论的质疑——维尔霍山斯基的运动训练理论观点 [J]. 中国体育科技，2003（4）.

[101] 胡小明. 竞技与体育 [J]. 广州体育学院学报，2003（3）.

[102] 白良成. 影响奥林匹克发展的因素分析 [J]. 体育文化导刊，2003（3）.

[103] 梁子军. 对我国跳高项目制胜因素的分析 [J]. 体育与科学，2003（3）.

[104] 王延郁，等. 奥运项目调整，影响有多大？[N]. 中国体育报，2003-03-03（5）.

[105] 张晓慧. 全球化思潮 [J]. 国际资料信息，2003（2）.

[106] 中国乒乓球协会. 乒乓球竞赛规则 2000～2003 [M]. 北京：人民体育出版社，2000.

[107] 程嘉炎. 球类运动竞赛法 [M]. 北京：人民体育出版社，2003.

[108] 田径运动教程编写组. 田径运动高级教程（修订版）[M]. 北京：人民体育出版社，2003.

[109] 梁晓龙. 当代中国体育若干基本理论问题 [M]. 北京：人民体育出版社，2003.

[110] 上海市第十二届运动会举行. 上海年鉴，2003.

[111] 刘光涛. 全球化与体育文化功能的变化 [J]. 体育文化导刊，2003.

[112] 池牧. 谁损害了体育的独立性 [J]. 体育博览，2002（11）.

[113] 赵洪明. 对竞技体操制胜规律的再认识 [J]. 南京体育学院学报，2002（6）.

[114] 黄瑞苑. 奥林匹克运动的发展趋势 [J]. 武汉体育学院学报，2002（6）.

[115] 李益群，等. 体育博弈论 [M]. 北京：北京体育大学出版社，2002（4）.

[116] 陈培德，等. 全运会赛制的历史功绩和时代局限 [J]. 浙江体育科学，2002（4）.

[117] 袁伟民. 坚定不移实施"奥运战略"，进一步提高我国竞技运动水平 [J]. 中国体育教练员，2002（3）.

[118] JOHNW LOY, JR. 竞技运动的本质含义 [J]. 外国体育，2002（3）.

[119] 高风华. 奥林匹克运动全球化的意义 [J]. 体育与科学，2002（3）.

[120] 刘建. 竞赛规则发展的外部动因分析 [J]. 成都体育学院学报，2002（2）.

[121] 章楚. 去你的，全运会 [J]. 记者观察，2002 (1).

[122] 郝勤. 全运会，给我一个理由 [J]. 体育文化导刊，2002 (1).

[123] 刘志敏. 对竞技体育"公平竞争"的哲学阐释 [J]. 体育与科学，2002 (1).

[124] 乔治·迪特曼. 提高速度的秘诀 [M]. 段炼，等，译. 长沙：湖南文艺出版社，2002.

[125] 谢琼桓. 乒乓长盛的训练学探索 [M]. 北京：北京体育大学出版社，2002.

[126] 杨世勇，等. 体能训练学 [M]. 成都：四川科学技术出版社，2002.

[127] 詹立. 新中国全运会的变迁 [D] // 成都体育学院硕士研究生毕业论文，2002.

[128] 贾文军. 实力铸就辉煌——九运会广东代表团缘何一枝独秀 [OL]. 新华网，2001-11-26.

[129] 杜锐. 交流就是双刃剑 [N]. 北京青年报，2001-11-21.

[130] 北京市科学技术委员会. 科技奥运 [M]. 北京：北京科学技术出版社，2001.

[131] 高谊. 奥林匹克百事通 [M]. 北京：北京体育大学出版社，2001.

[132] 刘建和. 运动竞赛复杂性：复杂科学新视野 [J]. 成都体育学院学报，2001 (6).

[133] 吴寿章. 竞技体育改革方案出台的前前后后 [J]. 体育文化导刊，2001 (6).

[134] 冯胜刚. 中国的现代化进程与竞技运动 [J]. 贵州师范大学学报，2001 (4).

[135] 屈东华. 试论竞技排球运动的主要制胜因素及发展趋势 [J]. 湖北体育科技，2001 (3).

[136] 宋雯. 世界体操强国制胜探秘 [J]. 成都体育学院学报，2001 (3).

[137] 杜利军. 奥林匹克运动与现代科学技术 [J]. 中国体育科学，2001 (3).

[138] 叶羽. 论竞技状态 [J]. 江苏理工大学学报（社会科学版），2001 (3).

[139] 陈小平. 德国训练学热点问题研究述评 [J]. 体育科学，2001 (3).

[140] 李晖. 中国排球六大反省 [N]. 北京青年报，2001-03-07.

[141] 成思危. 复杂科学与组织管理 [J]. 科学，2001 (1).

[142] 徐本力. 我国全运会体制利弊与走向的探析 [J]. 体育学刊，2001 (1).

[143] 王蒲. 运动竞赛方法研究 [M]. 北京：人民体育出版社，2001.

[144] 刘涛,等. 令人失望的新人——中国篮球后备人才"饥荒"之现状篇 [OL]. 新华网,2001.

[145] 高红. 奥林匹克运动与现代科技 [M]. 北京：大众文艺出版社出版,2000.

[146] 张培峰,等. 对市场经济条件下体育人才流动问题的探讨 [J]. 成都体育学院学报,2000 (5).

[147] 凌平. 奥运会、亚运会、全运会竞争格局的比较研究 [J]. 浙江体育科学,2000 (3).

[148] 李益群. 博弈制胜与竞赛中的心理 [J]. 中国体育科技,2000 (1).

[149] 吴寿章. 我国体育竞赛工作的经验与发展设想 [J]. 体育科学,2000 (1).

[150] 约翰·拜尔. 组织成功的竞赛 [M]. 北京：人民体育出版社,2000.

[151] 田麦久,等. 体育院校通用教材——运动训练学 [M]. 北京：人民体育出版社,2000.

[152] 凌平. 关于浙江省各地市运动项目布局和第12届省运会竞赛规程改革的若干思考 [J]. 浙江体育科学,1999 (6).

[153] 吴寿章,等. 中国2010年经济体育发展战略研究 [J]. 体育文史,1999 (5).

[154] 国家体育总局. 第九届全国运动会竞赛项目设置方案. 1999-04-20.

[155] 黄苑林. 三级跳远的制胜因素及发展趋势 [J]. 淮北煤炭师范学院学报,1999 (3).

[156] 孔庆鹏. 浅论构建竞技体育战略同心圆 [J]. 中国体育科技,1999 (3).

[157] 边垣,等. 论身体对抗、接触和侵人犯规 [J]. 北京体育大学学报,1999 (1).

[158] 全国体育院校教材委员会. 田径运动教程 [M]. 北京：人民体育出版社,1999.

[159] 伍绍祖,等. 中华人民共和国体育史（综合卷）[M]. 北京：中国书籍出版社,1999.

[160] 岳海鹏,等. 竞技体育中"相克现象"的初步研究 [J]. 成都体育学院学报,1998 (2).

[161] 霍照,等. 市场经济下的体育人才流动 [J]. 生产力研究,1998 (2).

[162] 刘霞. 体坛涌春潮——我国体育人才问题面面观 [J]. 中国体育教练员,1998 (1).

[163] 苏云. 武术训练 [M]. 北京：北京体育大学出版社，1998.

[164] 蔡继玲. 乒乓球裁判必读 [M]. 北京：北京体育大学出版社，1998.

[165] 龙翼."八运"——本世纪末体坛的重大检阅 [J]. 人才开发，1997 (10).

[166] 宋继新. 千年古奥运的兴衰与百年现代奥运挑战的思考 [J]. 体育与科学，1997 (9).

[167] 梅长林. 关于我省参加第八届全国运动会准备情况的汇报 [R]. 江西省第八届人大常委会第二十次会议，1997-06-18.

[168] 吴寿章."八运"劲吹改革风 [J]. 新体育，1997 (5).

[169] 秦笃训. 新中国"国防体育"始末 [J]. 体育文史，1997 (3).

[170] 陈运. 八运会计分办法出新 [J]. 中国体育教练员，1997 (2).

[171] 艾成福. 评波普对马克思历史决定论的诘难 [J]. 吉林大学社会科学学报，1996 (4).

[172] 李景鹏. 论权利分析在政治学研究中的地位 [J]. 天津社会科学，1996 (3).

[173] 罗普磷，等. 对我国竞技体育人才交流现状的调查分析 [J]. 西安体育学院学报，1995 (3).

[174] 乒乓球国际裁判员手册. 中国乒乓球协会裁判委员会编译，1995.

[175] 徐本力. 关于竞技状态最优调控原则体系的初步构想 [J]. 成都体育学院学报，1994 (2).

[176] 谢亚龙. 奥林匹克研究 [M]. 北京：北京体育大学出版社，1994.

[177] 于仙贵. 中国竞技游泳发展特征及其制胜规律 [J]. 中国体育科技，1993 (6).

[178] 体育学院通用教材. 奥林匹克运动 [M]. 北京：人民体育出版社，1993.

[179] 戚蕴. 赛出成绩赛出水平——第七届全运会简介 [J]. 中国体育教练员，1993 (1).

[180] 周守仁. 对称——整合思维模式 [M]. 成都：四川教育出版社，1993.

[181] 邱钟惠，等. 世界乒乓球技术和打法演进过程及其规律 [J]. 体育科学，1992 (12).

[182] 任海等. 奥林匹克百科大全书 [M]. 北京：人民体育出版社，1992.

[183] 刘建和. 竞赛研究三"热"点 [J]. 成都体育学院学报，1992 (3).

[184] 徐本力. 浅析全运会的战略意义 [J]. 体育文化导刊，1992 (3).

[185] 刘建和. 关于训练学研究的几点思考——逻辑的与历史的 [J]. 体育科学，1991 (5).

[186] 刘建，等．论竞赛规程 [J]．成都体育学院学报，1991（3）．

[187] 奥卓林．田径运动 [J]．卢建功，等，译．西安体育学院学报，1991．

[188] 孙武．孙子兵法 [M]．武汉：武汉出版社，1991．

[189] 宗华敬，等．田径词典 [M]．上海：上海辞书出版社，1991．

[190] 颜绍泸．竞技运动史 [M]．北京：人民体育出版社，1990．

[191] 刘建和，等．运动竞赛学 [M]．成都：四川教育出版社，1990．

[192] 刘建．试论竞赛规则 [J]．成都体育学院学报，1990（1）．

[193] 博姆帕．运动训练理论与方法 [M]．北京：人民体育出版社，1990．

[194] 网球竞赛规则．国际网球联合会颁布，1989．

[195] 奥·维·科洛金．田径运动 [M]．张来庭，等，译．北京：北京体育学院出版社，1989．

[196] 张华夏．关于唯物辩证法的两个理论模型的对话 [J]．哲学研究，1989（2）：21．

[197] 刘建和．理论体系的评价与发展——训练学研究的几个认识问题（四）[J]．体育与科学，1988（4）．

[198] 刘建和．规律与规律认识——训练学研究的几个认识问题（二）．体育与科学，1988（3）．

[199] 冬庆辉．武术散打技法 [M]．北京：北京体育学院出版社，1987．

[200] 韩春立，等．对人类设计技能的探索 [N]．光明日报，1986-11-06．

[201] 弗·纳·普拉托诺夫．运动训练的理论和方法 [M]．武汉：武汉体育学院出版社，1986：271．

[202] 哈雷．训练学——运动训练的理论与方法学导论 [M]．郑再新，译．北京：人民体育出版社，1985．

[203] 程嘉炎．乒乓球竞赛法研究 [M]．北京：人民体育出版社，1981．

[204] 汤铭新．奥运会百周年发展 [M]．台湾：中华台北奥林匹克委员会．1996：10-416．

[205] 1980～2005年中国获得世界冠军一览表．中华人民共和国体育总局官方网站．

[206] 中华人民共和国第8届全运会运动员资格规定．

[207] 中华人民共和国第8～10届运动会各代表团奖牌及总分榜．

[208] 中华人民共和国第8～10届运动会运动员交流名单．

[209] 中华人民共和国第1～10届运动会竞赛规程总则．

[210] 中国体育年鉴1980～2004年．

[211] 李磊、高进. 吴寿章：推动经济体育全运会随国家发展而不断演变[OL].

http://www.sports.cn/,2005-11-21.

[212] 高进、舒晶晶、钱芳芳. 08奥运项目调整 中国有喜有忧 创佳绩难度普增[OL].

http://www.sports.cn/,2005-11-01.